U0154625

縮影圖書資料管理

MANAGEMENT OF MICROGRAPHICS

王會均 著

文史哲出版社 印行

縮影圖書資料管理

MANAGEMENT OF MICROGRAPHICS

王會均著

縮影圖書資料管理

著　者：王　會　均
出版者：文　史　哲　出　版　社
登記證字號：行政院新聞局局版臺業字〇七五五號
發行所：文　史　哲　出　版　社
印刷者：文　史　哲　出　版　社
臺北市羅斯福路一段七十二巷四號
郵政劃撥儲金帳戶一六九九五號
電話：三五一一〇二八
中華民國七十二年六月初版
精裝定價新台幣六〇〇元
平裝定價新台幣五〇〇元

自　序

　　人類文化演進，從結繩紀事，而簡册、卷帙至筆墨、紙絹，藉以紀錄及保存先賢無數心血結晶，自紙與印刷術發明，給人類帶來了新的資料儲存媒體。

　　由於社會進步，經濟繁榮，科技發達，促使知識快捷傳播，資料急劇生長，傳統式資料處理方法，不僅費時、費事、費財、費力，且常因人為因素或管理欠當，造成嚴重錯誤，致使資料散失錯置，影響深遠，殆縮影技術發明運用，更具有歷史性創新的意義。

　　科學昌明，日新月異，資訊工業，蓬勃倡興，縮影技術，與時俱增，促使資料管理流通，邁進更新技術境界。同時更予人明確啟示：今天是一個資料氾濫時代，人類面臨知識爆炸危機，掀起訊息革命高潮，造成知識傳播與資料藏用上諸多困難。資訊系統重新建立，乃係當前中心課題，縮影資訊媒體，如何作系統化規劃，科學化管理，多元化運用，公眾化服務，已是刻不容緩重要工作，同時亦是學術研究與文化交流的必要工具。

　　縮影資訊，乃是一種最安全、確實、經濟、簡便、快捷的資料媒體；縮影技術，乃係一門新興的科學技術，亦係資料處理最佳方法。各種圖書典籍，文獻史蹟，探行縮影科學管理，建立縮影資訊服務體系，不僅解決圖書資料庋藏與流通上困難，更能節省空間及人力，增加管理效率，提高圖書資料使用率與再生力，藉資保護文化史蹟，發揮圖書典籍價值，以適應知識發展需求。

　　圖書館暨資料單位，面對圖書資料——處理、流通、維護的挑戰，正宜借助縮影科學技術，採用縮影化管理，發展縮影資訊，推動縮影服務，實係急待解決的基本問題。目前吾國縮影科學正在起步，縮影技術亦急起直追，衡諸國內縮影環境條件，縮影技術水準，以及縮影作業潛力，如何充分有效運用縮影技術，發揮縮影科學管理功能，藉以建立縮影資訊管理制度，提供縮影資訊服務，乃是縮影資訊發展的必然趨勢，亦係資料管理革新最成熟而有利時機。

　　在一個文明進步的社會中，文化遺產實係研究發展必需資源，而與機械設備，研究人才，具有同等重要性，任何學術研究，科學發明，非借助先賢智慧結晶，作充分發揮與有效運用，均無足以為功。特值政府力倡文化建設，保護文化資產，充實精神生活，圖書館暨資料單位，採用縮影管理新技術，進行縮影圖書資料處理。基於文化資產安全維護與使用價值的理念，更具有新的重要貢獻，積極建立縮影圖書資料體系，推動縮影資訊服務，更富有時代性的涵義。

　　著者於圖書館任職十載，曾擔任圖書分類編目及參考諮詢服務，尤以近三年來，於參考諮詢與讀者服務中，屢有國內外文教機構暨學術界人士，委託製作縮影圖書資料，以及諮詢有關縮影管理、規劃、作業等問題。深感縮影科學用途廣大，縮影技術效益良多，縮影作業繁雜瑣碎，因此縮影作業程序、攝製模式、管理方法，應適宜有效，始能事半功倍，獲致預期宏效。縮影資訊系統，力求作業程序一貫化，攝製模式規格化，品質標準國際化，管理方法科學化，資訊服務制度化，方能發揮縮影資訊服務體系多元化功能。

　　本書係筆者從事縮影資訊服務，負責規劃縮影管理制度，確訂縮影作業程序，設計縮影攝製模式，製訂縮影管理規章，並參與各項縮影作業，深切體認縮影作業艱難。為免他人暗中摸索，耗費時間、精力、財力、物力，乃廣覓資料，潛心研磨，實地試驗，以其工作經驗，研究心得，實驗結果，作有系統分析說明，期使理論與實務，技術與實驗，滙合融通，互爲體用。全書內容計分七章，旨在建立完整思想體系，確立縮影科學基本理念，磨鍊縮影作業技術，熟習縮影處理程序，領悟縮影資訊服務價值，尤以縮影軟片作業，縮影圖書資料管理，縮影作業實務等三章，堪稱縮影作業規範，於縮影教學暨縮影管理、規劃、設計、作業上，更富有參考價值。

　　此篇如有助益縮影資訊發展，實賴聯勤技術資料中心吳相鏞先生，提供珍貴資料與寶貴意見，並親自審校指正，國立中央圖書館台灣分館館長劉昌博先生，時加訓勉，以及靑年出版家彭正雄先生，不計血本，鼎力支持出版，無勝銘感。同時內人邱美妹女士，全力照顧家計，悉心敎導幼小，且深夜陪伴照料，極爲辛勞，從無怨言，特表致謝。謹奉此書，獻給先父母，以圖報答養育恩典，藉慰在天之靈。

王會均謹識於國立中央圖書館台灣分館
中華民國七十一年五月廿八日

縮影圖書資料管理　目　錄

第一章　縮影科學認識

第一節　縮影發展史實

　　人類文化，從結繩紀事，而簡册、卷帙、筆墨及紙絹，藉以紀錄、保存古人心血結晶——文物古蹟。然目前公認：紙、電腦磁帶及縮影軟片三者，不僅係紀錄、組合、貯存及處理人類史蹟——文化遺產，最完善而有效之媒體，同時亦係傳播人類智慧，最佳工具與方法。

　　縮影系統，在資料紀錄、保存、流通及管理上，更佔有極重要地位，對人類文化流傳與知識傳播，具有莫大貢獻。尤其在未來「資料爆炸」危機中，必能克服各種困難和障碍，而擔負起重要性角色及神聖使命。

　　今天科學昌明，日新月異，人類紀事方法與技術，與時俱增，資訊處理技藝倡興，促使縮影系統，邁進更新技術境界，同時更予人明確啟示，縮影資料體系，更應配合電算機（電腦）而自動化，期謀系統化分類管理，而作更普遍而有效之使用。

　　縮影技術之發展，自有其時代背景與演變過程，試觀其史實，縮影技術，不但是照相技術引伸，而且是有組織而系統化廣泛運用，同時更朝縮影自動化方向發展。依據偉納（Allen. B. Veaner）說法，縮影資料發展過程，分爲㈠孕育時期、㈡探測時期、㈢初步技術時期、㈣二次大戰時期、㈤持續發展時期、㈥新技術時期等六個階段。[①]唯使讀者更能產生完整性思想體系，特以照相技術與縮影技術兩時代，略加說明，藉資建立明確之基本觀念。

一、照相技術時代：自十一世紀初期至一九三九年間，這一階段，稱爲幻想時期（Visionary period），事實上係縮影資料濫觴時期，亦就是偉納氏所稱之孕育時期。

㈠育種時期：在這階段，最主要貢獻，係照相觀念之建立及照相器材之發明。②

十一世紀初期，阿拉伯物理學家阿勒哈僧（Alhazen 965-1038）氏，研究繪錄（攝影）簡單原理，並裝置一種繪錄形象之「機械眼」，這是照相觀念之建立。

一五五三年波特（Baptista porta）氏，首先發明第一部照相機，其功用僅能將景物形象，投射在平面上，此乃照相器材之產生。

㈡萌芽時期：人類第一張照片，拍攝成功，以及發明錫板照相法，係這階段先驅者，最具體的成就。③

一八二二年法國尼艾普斯（Nicephore Niepce）氏，在試驗室中，經無數次實驗，第一張照片，拍攝成功，不僅是人類照相技術開端，同時亦有感光性化學藥品底片，應用於照相技術，唯品質欠佳，於作業時，費時費事，極不經濟而已。

一八三八年法國達格爾（Louis-Jacques-Mande Daguerre）氏，與尼艾普斯兩人，經十年携手合作，研究試驗結果，發明達格爾照相法（Daguerre photographic Method），俗稱錫板照相法（Tinny plate photographic Method），斯時所採用照相底片，係金屬片，此乃最早期照相技術。

㈢苗壯時期：發明氯化銀化學溶液處理照相底片，並研究試驗成功，用紙代替玻璃片，乃係英國泰波特氏，在照相技術方面，最大之貢獻。④

一八三九年英國泰波特（W. H. Talbot）氏，發明用氯化銀（Silver chloride Agcl）化學溶液，來處理照相底片。這種照相方法，採用玻璃與紙底板，經化學藥品處理，裝置在一個密不漏光，而外形像箱的匣子內，一端裝有鏡頭，另一端裝有磨砂玻璃，將景像投射到一種塗有感光性能（氯化銀的化學溶液）的玻璃（Glass plate）上，用來照相。不久泰波特氏，又研究試驗成功，以紙代替玻璃片，更感便利而有效用。

　　㈣成長時期：一種品質柔軟而透明的照相軟片，和長尺度的電影片，相繼發明，以及使用卅五米厘（MM）軟片之小型照相機產生，更奠定縮影技術基礎。⑤

　　一八八九年英國伊士曼（George Eastman）氏，發明一種品質柔軟而透明的照相軟片，與現在所使的軟片（Film）類似，這種軟片在照相機中曝光後，用化學方法沖洗，加以顯影及定影，便成為底片（Negative），又稱負片，再用照相紙（Photographic paper），自底片複製沖印照片（Picture）又稱正片（Positive），或加以放大（Enlarge），這便是近代照相技術發展由來。

　　同一年代愛廸生（Thomas Alra Edison. 1847-1931）氏，相繼發明一種長尺度電影片，因此使用卅五米厘（MM）軟片之小型照相機，應實際需要而產生，促使照相技術之進步，更奠定縮影照相機及軟片之根基。

　　二、縮影技術時代：照相與縮影兩者，具有密切的聯貫性，事實上，縮影技術乃照相技術延伸，唯以縮影方法、紀錄、貯存與處理資料，則緣自英國光學家丹瑟氏，並經各科學家，不斷研究試驗，以促進縮影技術，邁進縮影自動化境界。

　　㈠探測時期（Time of exploration 1859-1929）：這一階段，

縮影技術先軀者，惟致力於實驗性研究，並無具體計劃，事實上，縮影技術，無法普遍推廣，更無實際使用。⑥

一八三九年英國光學家丹瑟（John Benjamin Dancer）氏，於曼徹斯特實驗室中，以攝影術（Photography）與顯微鏡（Microscope Lens)結合使用，將一頁廿英寸長文件資料，用一百六十比一之倍率，縮攝在三米厘（MM）之膠片上。自此其他科學家，亦嘗試攝製更小微影片及照片。一八五三年丹瑟氏，又將一份六百八十字墓碑帖，縮成十六分之一時微片，寄放在珍品店中，準備出售，這是縮影軟片，製作方法和技術之發明史蹟。

一八六○年英國布魯斯特爵士（Sir David Brewster），曾發表一篇科技論文，形容如何始能將極小照片資料，隱藏在不比墨點（ink Dot）大小面積內，而啟示縮影技術方法，以及攝製之理想與目標。

法國化學家兼攝影師崔剛（Rene Prudent Dragon 1819-1900）氏，亦於一八六○年代，攝製第一件可供使用之縮影膠片，其面積約有二時平方（30 × 35 mm），紀錄有廿句軍事情報，這便是最雛型縮影軟片，亦是近代縮影技術開端。在第一及二兩次大戰期中，並為各國間諜，普遍採用之秘密通訊方法。

一八七○年普法戰爭期間，巴黎被普魯士（今德國）大軍包圍，崔剛氏為協助當時緊急軍事通訊，利用縮影方法，於八週內將四百七十份印刷文件，攝成縮影軟片，並自十一萬五千項情報中，印製二百五十萬份複本，將縮影膠片，繫於信鴿脚上，以與巴黎城外各省地區，進行軍事情報緊急通訊。此乃縮影軟片，正式付諸實用，根據美國漢訂頓圖書館（Huntington Libary），現存脫膜縮影底片，經檢驗結果，衡諸現代攝影技術，仍屬上品，這就是近代縮影，又稱顯微照相（

Microfilming），眞正開端。

　　一九二四年德國照相機名廠，諸如Leitz（Leica）、Zeiss（contax）等，相繼出產攝製文件的小型照相機，因此利用攝影方法，以處理大量文件資料的觀念，正式形成而普受重視。

　　一九二八年代美國柯達公司（Eastman Kodak CO.），附屬機構瑞柯達克公司（Recordak corp），開始製造出售小型縮影照相機（Micro Filming camera），供給銀行及票據交換所，專門拍攝銀行票據交換存證資料之用。同時該公司爲檢索及分類方便，並研究成功一種縮影分類機（Microfilm sorter），使縮影技術邁進自動化，而奠定其良好基礎。

　　實際上，縮影照相機的原始構想，係美國紐約市立帝國（Empire）信託銀行行員喬治・麥克阿色（George L. Mclarthye）氏，鑒於處理票據交換作業，發現往來支票，無法製作詳細而完善紀錄，容易發生事故，乃針對弊端、防範未然，根據個人常識與經驗，研製一具縮影照相機模型（Microfilm Recordak Model），送當地銀行公會展覽示範，竟無人理睬，唯柯達公司代表，獨具慧眼，對麥氏發明，深爲賞識，與其訂立合作契約，開始大量生產出售，首創輪轉式縮影機（Rotary Camera）歷史紀錄，不久即爲美國銀行界普遍採用。

　　一九二九年德國物理學家戈登堡（Emanuel Goldberg）氏，利用銀化微粒方法，將縮影密度，提高達千分之一倍數，雖屬實驗性結果，但爲近代高倍率縮影技術，奠定其穩固根基，貢獻與影響，至深且鉅。

　　㈠初步技術時期（First Generation Technoigical Development）：約在一九三五年至一九四〇年代中，乃縮影技術發展最重要階段，亦係歷史性紀元時期，而縮影資料受新聞暨圖書館界，普遍推廣與公開供衆使用。⑦

一九三〇年美國柯達公司，附屬機構瑞柯達克公司（ Recordak corporation），與紐約公共圖書館合作，共同發行第一次大戰期間，總共五年，紐約時報縮影版，這是首次縮影出版（Micropublishing），瑞柯達克公司所訂價格，每套四百三十四美元，將第一次大戰期間，紐約時報縮影版，售給十個圖書館。

一九三三年紐約前鋒論壇報（Herald Tribune），企圖解決該報儲藏空間問題，特委請瑞柯達克公司，研製一種新聞業專用縮影照相機（Microfihm camera），將該報一百年來所發行舊報紙，全部有系統攝製成縮影資料，加以儲存。並設計一種新聞業專用索引系統，稱爲舊報編號（Back Number），因有索引系統，使縮影資料檢索與複印，極爲便利，對知識傳播工作，大有裨益。而縮影方法，在新聞業界，普遍推廣使用，並充任重要角色。

一九三八年美國哈佛大學圖書館，開始將美國地區以外，報紙進行縮影計劃，以後繼由美國研究圖書館協會執行，在此期間，美國國會圖書館，亦於一九三〇年代，成立照像複製部（Photoduplication Department），因此該館所藏珍貴資料，悉可公開傳播爲公衆利用。

在美國公私機構團體方面，亦於一九三〇年前後，採用縮影方法作業，首先自一九三三年開始，美國各大圖書館，免費贈送縮影複印資料，一九四三年，美國國會與聯邦及州政府等各機構紀錄，都採用縮影化處理存檔，其採用率佔百分之六十二，同時並將原始資料廢棄，以節省儲存空間，更有助資料之流通。

㈢二次大戰時期（1940-1945）：在此階段，縮影廣爲軍事單位使用，最顯著而具體的事實，係德軍發明微點（Microdot）攝影法，以及美國軍事郵件（V-Mail），採用縮影處理，其貢獻最多，影響深遠。⑧

　　第二次大戰期間，德軍為處理情報間諜工作，曾發明微點（Microdot）攝影法，將數頁機密情報，縮成極小的微點，可隱藏在一本書的一句中標點符號（Punctuation Marks）上，只有德國間諜工作人員，方知某書某句點或點上藏有情報。所謂「微點」，就是一九四〇年代，顯微縮影技術，最顯著進步之實例。自此縮影技術方面，更有具體而突出之效果。

　　於二次大戰時，美軍派遣歐陸作戰部隊，約有數十萬人，其國內外鉅量通訊郵件，形成嚴重問題，因此美國軍郵當局，積極發展Ｖ式郵件（V-mail），將原始郵件縮影化，減少航郵傳遞之空間與重量，縮影郵件軟片，運達目的地，再放大而複印，轉送受信者。據說斯時海外軍用郵件，約十五億件，重約二千七百噸，以縮影化處理，僅有卅一噸，其重量比例：六十五比一，如以當時Ｓ-47運輸機，裝載縮影郵件軟片，平均每架可裝運九百六十萬封信件，就效益言，節省軍郵空運重量與空間，而縮影技術在軍郵運輸上，具有高度使用價值，同時更使縮影資料功能，為人深刻瞭解與重視。

　　㈣持續發展時期：自二次大戰結束，至一九五〇年代末期，乃縮影資料軟片發展時代，尤其縮影資料檢索功能，更有具體成果。⑨

　　自二次大戰結束，迄一九六〇年間，縮影資料大量湧進圖書館，尤其圖書館界，試以有效「目錄控制」（Bibliographic Control）作業，期縮影資料充分利用。誠如美國費城目錄中心（Philadelphia Bibliographical center），於一九四二年至一九四九年間，曾編製縮影資料聯合目錄（Union List of Microfilms）。

　　早期縮影資料目錄，未受縮影技術人員重視，最主要的原因，係圖書館未能提出具體方案，以處理縮影資料目錄，殆一九五四年，圖書館界曾為縮影資料攝製作業過程中，應包含書目性資料，提供具體指南（Guidelines），此縮影資料目錄控制方案，被認爲係縮影資料軟體（Software），正類似電腦資料。唯縮影資料軟體功能，係檢索資料內容，而縮影形式（Microforms），屬縮影資料硬體（Hardware），類似電腦打孔卡片，紀錄帶，藉媒體上紀錄，經機器（Device）處理，以傳達其資料內容。

　　㈤新技術時期：在一九六〇年至一九七五年中，縮影系統邁進新的里程，其縮影技術突飛猛進，日新月異，不論是軟片、鏡頭、品質等各方面，均有顯著而具體貢獻與成果。⑩

　　甲、縮影器材體系：縮影資料除硬體（Hardware）系統，具有重大改良，技術更精湛而系統化外，新型軟片產生與發展，誠如縮影單片（Microfiche），於一九六〇年在歐陸誕生，匣式縮影軟片亦發明產生。尤以新型重氮（Diazo）軟片，氣泡（Vesicular）軟片之通用，更使縮影技術蓬勃發展。

　　乙、縮影資料作業：由於新型重氮及氣泡兩種軟片發展和適用，使縮影軟片複製拷貝作業，更有顯著功效，不僅正片可以複製拷貝負片，而且負片亦可複製拷貝負片，這種複製拷貝作業，稱爲直接複製（Direct Duplication），亦稱乾式處理（Dry processing），沖印方便，不需繁雜的作業，而且價格低廉，目前普遍使用。

　　丙、縮影運用型式（The Pattern of utilization）：更顯具變化性與適應性，由於發明閱讀複印機，自動複印機（Automatic xerography），使縮影資料，提供閱讀複印服務。尤以 xerox copyflo 機，更能在極短時間，用合理價格，將縮影資料，複印爲印刷圖書（Hard copy）。

　　丁、縮影出版工業（The Micropublishing Industry）：由於縮影出版工業形成，縮影資料功能，深受各界認定和重視，同時縮影機器與軟片，在技術方面改良創新，促使縮影出版事業，更有具體而顯著發展，每年約有百分之十以上成長率。再者往昔縮影出版，悉以舊資料重刊，現亦有新資料縮影出版，諸如哈佛教育評論（Harvard Educational Review），一九七六年及一九七七年現刊本，均有縮影本發行。

　　戊、縮影新知研究：圖書館界鑑於縮影資料急劇增加，期謀充分瞭解，縮影新媒體功能，而有計劃與系統化，以探討縮影技術新知識，促使縮影資料發展，具有莫大助益。美國圖書館協會（A.L.A.),曾數次舉行會議，討論縮影技術問題。美國資訊協會（A.S.I.S.）、美國國家縮影協會（N.M.A.），對縮影理論與技術研究，深有顯著而具體成就。

　　綜觀以上各時期，縮影新科技之具體史實，各有時代背景，且更有光明前途及其發展方向，偉納（Allen B. Veaner）氏認爲縮影資料，在未來年代，必愈加發達而普遍使用，最主要理由，一係縮影資料經濟性，深受各界重視與厚愛，次在心理上因素，亦以觀賞電視經驗，間接克服閱讀時心理障礙，這便是促使縮影資料，迅速發展重要因素。

註　釋

　　註一　沈曾圻　顧　敏　縮影技術學　民國66年　技術引介社印行　p.9.

　　註二　黃克東　縮影系統資料處理　民國59年　銘傳女子商業專科學校印行　p.1.

　　註三　同註二　p.1-2.

　　註四　同註二　p.2.

註五　吳文進　資料處理的最新技術——縮影系統　民國68年

縮影研究專刊　p.10.

註六　李德竹　資訊科學概論　民國65年　楓城出版社印行

p.52.

方同生　非書資料管理　民國65年　弘道文化事業公司印

行　p.263.

註七　同註二　p.3-4.

註八　同註六㈠　p.52.　同註六㈡　p.264.　同註二　p.4.

註九　同註一　p.13.

註十　同註一　p.14-15.

第二節　縮影科學涵義

縮影一詞，由來已久，唯名稱各異，不僅英文有不同字彙，而中文譯名，亦枚不勝舉，早譯顯微膠捲、微粒膠片、顯微底片、微縮資料，簡譯縮影、微影、微捲，又譯縮影資料、縮影技術，以譯縮影學、縮影技術學、縮影科學，或譯縮影系統、縮影資料系統，更具有學術性意義。因縮影一詞之字彙不同，故涵義亦略異，而且各國尚無法定界說，特從縮影一詞，英文字源、演變、涵義三方面，詳加說明，藉以增進讀者，對縮影系統之認識。

一、**縮影字源**：英文原名"Micro"，原意是極微細的粒子。縮影資料係利用現代精細的攝影技術，縮製而成，所用化學藥膜，極為微細。故依原名及特性，早期譯為微粒資料或微影資料，今譯為縮影資料，縮影技術，縮影科學，縮影資料系統，更通俗易曉，望文知義，而具有學術性與技術性實質內涵。

二、縮影演變：英文字彙有：" Microimage "、" Microfilm "、" Microform "、" Micrographic "，　而且每一字彙，都代表每一階段，特殊意義與具體事實。①

(一)顯微影像（Microimage）時期（1822 - 1860）：自一八二二年法國尼艾普斯（Nicephore Niepce）氏，拍攝人類第一張成功的照片，西歐各國極力實驗照相技術。一八三九年英國光學家丹瑟（J.B. Dancer）氏，在曼徹斯特實驗室中，將一份二十吋長文件，用一百六〇比一的倍率，縮成三米厘的膠片。於一八五三年，又將一份六百八〇字的墓碑銘，縮成十六分之一吋的微片，寄放在珍品店中出售。這是早期顯微技術與方法。

(二)縮影膠片（Microfilm）時期（1860 - 1940）：一八六〇年法國化學家崔剛（R.P.Dragon）氏,在普法戰爭中，使用縮影膠片，傳遞軍事情報。至一九三〇年，紐約時報縮影版發行，歷時八十年中，確使縮影資料，顯著成長。

(三)縮影形式（Microform）時期（1940 - 1960）：二次大戰期中，德軍處理情報間諜工作，發明微點（Microdot）攝影法,將機密情報，縮成極小微點，隱藏於書中的句點上。而美國更積極發展 V 式郵件（V - Mail），將原始信件縮影化處理，以減少航運空間與重量。殆一九六〇年代，歐洲創用縮影單片（Microfiche），以及卡式和匣式縮影片盒製產使用，十六糎和卅五糎捲狀縮影軟片，條狀縮影軟片，片狀（4×6吋）縮影軟片，夾檔縮影軟片，孔卡縮影軟片，更能配合電腦作業，促使縮影自動化。

(四)縮影技術（Micrographic）時期（1970 -　　）：縮影化資料處理，更邁進新的境界，縮影作業程序，達到——規格化，制式化，系統化、標準化——要求。近代縮影化資料處理，係以縮影技術爲主要內涵，依據美國湯姆斯‧貝格氏解釋：縮影技術（Micrographics），所研討的範圍爲縮影硬體與軟體二大部份，包括縮影紀錄、貯存、處理、檢索及展示等技術，這顯示縮影資料系統發展之新紀元。

　　三、縮影涵義：縮影（Micrographics）一詞，字彙及演變史實不同，所代表之內涵亦異，而且各國亦無明確定義，特僅以研究的觀點，綜合研討申述，藉資建立完整的思想體系，並供研究參考。

　　㈠縮影資料（Microfilms）定義：

　　甲、依美國讀者文摘出版社發刊，大百科全書字典（Great Encyclopedia Dictionary）定義：「縮影資料係印製成之文件，或其他資料，攝製在攝影膠片上之複製品，經過極度縮小，以便傳佈與儲存，且能重新放大」。②

　　乙、依一九七六年三月版，聯合國圖書館彙報，所提建議之定義：縮影資料就是將文件縮小攝影於軟片上，或是軟片材料上，一系列的縮小攝影資料，需要利用光學方法才能閱讀，並可供複製副本，或放大製成肉眼可視的文件。③

　　㈡縮影科學之涵義：

　　甲、縮影學（Micrographics）：The use of miniature photography to condense, store, and retrieve graphic information.

　　乙、縮影技術學（Micrographics）：係運用光學原理，將有關資料加以處理，並以光學原理還原於閱讀機上，或加複印出來，供人閱讀利用之一系列整體知識。⑤

　　簡賅地說，縮影科學乃是集科學（science）、藝術（Art）和技術（Technology）之長，而能迅速將原始資料縮製和處理，成爲既便儲存，又利於檢閱之微影底片。就整體的縮影系統言，可說是效率（

Efficiency）、速度（Speed）和經濟（Economy）之結合。

　　㈢縮影體系之涵義：

　　甲、縮影系統（Micrographics System）係光學、電子學及化學之集合體。具體的說，就是一種利用微縮照相方法，可將大量原始文件或資料，拍攝紀錄在面積極小的軟片上，以利貯存，並可顯示在閱讀複印機的銀幕畫面上，更可放大閱讀與複印所需要之原始資料。⑥

　　乙、縮影資料系統（Microfilm Systems）係一種節省空間、時間、人力、財力，而用途廣泛的資料處理方法，可將各種類別及型態文件，藍圖縮小紀錄在微影軟片上，於檢閱時，即可利用自動檢索系統，迅速取出所需資料，放在閱讀複印機上閱覽，亦可複印原件紙質副本資料。⑦

　　綜合以上所述，無論是縮影資料、縮影科學、或縮影體系，各國尚無法定的界說，唯可從縮影的英文字源，演變及意義三方面，綜合其論述，便可瞭解其涵義：縮影資料系統，就是一種能將各種類別和型態文件、紀錄、報表、圖書資料、出版品及工程藍圖等資料，藉著縮影機將其縮小紀錄在微縮軟片上，以備日後應用，而又能節省時間、空間、金錢，且係用途最廣的資料管理方法。

　　更具體地說：縮影資料系統，係利用照相技術，將原始資料或文件，縮攝在一定規格的軟片上，以便利保存與應用，當需要調閱時，則利用放大及複印原理，直接從軟片顯影，閱讀或複印成原始資料。所以縮影資料系統，不僅是一種具有高度效率的資料管理技術，更是一種最有效的資料管理方法與工具。

註　釋

　　註一　顧　敏　縮影技術的發展及其運作模式　民國68年　縮影

研究專刊　p. 5 - 6 .

註二　方同生　非書資料管理　民國65年　弘道文化事業公司印行
　　　p. 263 .

註三　沈曾圻　顧　敏　縮影技術學　民國66年　技術引介社印行
　　　p. 21 .

註四　李德竹　資訊科學概論　民國65年　楓城出版社印行　　p. 122 .

註五　同註一　p. 6 .

註六　佳能縮影系統簡介 .

註七　3 M 縮影資料管理簡介 .

第三節　縮影資料特質

　　縮影資料，不僅具有產生的歷史背景，演進過程與發展的潛力及方向，且更具備一般圖書資料的功能，以及傳統式傳播媒體所缺少的特質。從各種不同的學理和觀點，予以統合性研究分析，縮影系統實具備有科學、技術、藝術、效率、經濟、安全及檢索的獨特性質，同時亦是縮影化資料處理，所預期和追求的理想。

　　一、科學性（Science）：科學的涵義，　國父意簡詞賅的說：科學是系統之學也；條理之學也。先總統　蔣公闡釋：所謂科學，就是指一切有系統的知識。質言之，科學的精神，旨在實事求是，精益求精。換句話說，應用科學管理，乃係最有條理、有系統、有效率的方法。從科學角度言，縮影系統具有全套的機械設備，以及完整的作業程序，同時縮影化處理資料，亦符合科學求真的精神。

　　依一九七六年聯合國教科文組織所發行圖書館彙報的要求，縮影資料必須保證與原始文件完全一致，以代替原始文件的法律地位，無論在外形或內容上，務與原始文件完全相同，以達到真確的要求。所以就科學性分析，縮影系統不但符合科學求真的要旨，而且縮影系統發展，更是追求的理想目標。①

二、技術性（Technology）：所謂技術，即技藝也，技能也。更具體地說，亦就是在技藝上所表現之技能與巧思也。而技術的真義，在於求善，以臻於規格化。然縮影系統，乃係光學、電子、化學、機械及攝影的集合體系，無論從縮影、沖洗、轉換、複製、檢驗、閱讀影印等全部作業，在技術上，務需達到最精善而高超的水準，尤其縮影資料媒體，於軟片攝製時，亦必須設計精善的模式，依序進行作業；亦就是縮影軟片的製作模式，必趨於規格化，方能達到求善的技術標準。

三、藝術性（Art）：藝術的內涵，廣義的說，凡含有技巧與思慮的活動及其製作，皆稱藝術，具有技術的意義。狹義的說，藝術僅指含有美價值的活動或活動的產物，義與美術（Fineart）同。質言之，藝術的精義，旨在求美的表現。就藝術觀點說，資料縮影化處理，與攝影的基本原理相同，但攝影為了達到求美的目的，不惜運用各種特殊的技巧或道具，予以控制或誇張，並透過修飾的功夫，以達到美的最高表現。而資料縮影化處理，其旨亦在求美的表現，唯必需不損縮影資料的真實性，同時在品質的控制上，更需要符合國際的標準化要求。

四、效率性（Efficiency）：效率在物理學的意義，係指物體所放出之能與所成之功的比例，效率大，即表示功能的無益耗費小，反之效率即小。申言之，即為處理事物的成效，亦就是所用的能力與所收效果的比率（功效）。而管理學的意思，凡是做正確的事，就有效率。

無論從物理學或管理學的角度分析，縮影系統原就具有節省時空、確保安全、檢索簡捷、資料精確、管理方便、永久儲藏、成本低廉、配合電腦的效能。尤其縮影化資料管理適用範圍，非常廣泛，誠如政府行政及文教機關、軍事、情報及治安單位、工程、醫藥、金融及財稅機構，以及工商企業團體，均可普遍運用，所以縮影系統的高度效率，不斷創新，同時更能適合各界多元化的使用。

五、經濟性（Economy）：經濟的意義，就是人類利用各種財物，以充足其慾望的一切行為與狀態。更簡要地說，即節儉也，亦就是不要浪費的意思。而縮影系統最大的特質，就是具有經濟性，各種資料採取縮影化處理前，除第一次大額設備費用投資外，其他節省時空、設備、人力、管理、耗材等各方面成本的降低，自不待言。因此縮影化資料管理，實是一種最經濟有效而又簡便實用的方法與利器，所以經濟性，乃是縮影系統積極追求的目標，尤應力求簡便，而使價廉物美，以臻於大眾化的理想。

六、檢索性（Retrieval）：檢索的意義，從目錄學的觀點解釋，就是索引、引得、通檢的意思。簡單地說，就是將原始資料，分列目錄，編製簡明的代碼，以利檢索。實際上，資料處理的目的，在提供迅速而正確的檢索服務，以發揮資料流通的功能。而縮影檢索方法，係依據代碼排列，以編製有計劃而精確的索引系碼，所以縮影資料，具有高度的檢索性，尤其旨在求速（Speed），若配合電腦的輸出作業，更能發揮縮影資料檢索性的速捷功能——自動化。

七、安全性（Security）：安全的精義，就是平安完全的意思，在國防軍事上，含有安全與機密的涵義，就機密角度說，凡在業務上具有保密的原始文件，非業務有關人員，禁止閱讀。同時縮影資料，非借助閱讀機，無法閱知資料內容。因此，凡具有機密性的文件資料，經縮影化處理，便能獲得極高度的保密。就安全觀點說，縮影資料，除重新攝製外，無法竊改或更換，而且縮影軟片，不易損壞，諸如蟲蛀、污漬、受潮、發霉、起縐、脆碎、變黃、褪色、黏住、散失、脫落，以及其他災害之影響，較傳統式資料媒體，更具有安全感。所以為確保縮影資料軟片的安全，除維護良好的儲存環境外，對貯藏的各種措施，務必求實，以達到安全永久化。

統括上述，資料縮影化，乃是科學的管理方法，旨在求真，於攝製時，在有系統化的作業中，謀求技術上——善的表現，絕不求個體的突出技巧，只求縮影資料軟片，品質上標準化的一致成果，於此在縮影全部作業程序，應力求製作模式的規格化，以獲得整體影像美的表現。同時縮影化資料處理，較傳統式資料媒體，更經濟簡便，檢索速捷，安全確實而有高度效率。

註　釋

註一　沈曾圻　顧　敏　縮影技術學　民國 66 年　技術引介社印行　p. 19.

第四節　縮影資料效能

縮影系統在"資料爆炸"危機中，期能適應快速處理與運用鉅量資料之需要，惟有效利用縮影化資料，以紀錄保存原件，便利其流通運用。同時縮影化資料，配合電算機（Electronic Computer）系統作業，並擴大使用，確係一種最便於保存，流通與利用之資料管理系統，較傳統式人工處理方法，實更發揮其獨特之功能。

一、節省空間：人類智慧的傳播，處在"資料爆炸"時代中，深感空間狹小，而覺空間珍貴，然使用縮影系統作業方法，可將原始資料體積縮小，節省資料運輸、儲藏及保管空間，高達百分之九十八以上，以杜絕"資料膨脹"、空間不敷使用之後患。

二、確保安全：原始資料，經縮影化處理，非借助閱讀複印機器，無法以肉眼直接閱讀內容，同時更無法竄改，尤其具有機密性資料，為避免意外災害發生，更可複製拷貝副本（縮影資料軟片），分散儲存保管，防範人為破壞，盜竊及天然災害，以策安全。

三、檢索簡捷：資料積存愈久，存量愈大，如無適當索引，則檢閱利用困難，久而久之，便成無用資料。唯經縮影化處理，並於攝製前，編製完整的編目體系，或適切的索引方法，而與電算機配合，製定自動檢索系統，必能節省檢索時間，促使資料流通，提高資料使用效率。

四、資料精確：縮影化處理方法，對各種文件、圖表、照片及圖像等資料，必能完整而實在地紀錄，絕不會發生漏抄、筆誤等人為的錯誤，而複印或拷貝時，亦不致產生絲毫差錯，更完全不需要審核與校對。依據一九七六年初聯合國教科文組織，所出版圖書館彙報建議：「縮影資料必須保證和原始文件，完全一致，不僅在內容上，保證絕對正確性，而在外形上，亦應完全精確地攝製在縮影資料中，於閱讀縮影資料時，形同閱讀原始文件，完全相同而正確無誤。」其意旨即在要求資料精確性。

五、管理方便：無論任何形式或尺度的原始資料，諸如書刊、檔案、票據、圖表等，均能縮攝成捲狀、條狀、夾檔、片狀、孔卡等各形式的縮影軟片，資料規格化，尺度整齊一致，便利檢索、儲存、流通，而複印或拷貝時，亦不影響資料形式與比例。同時縮影資料位置固定，檢閱時絕無錯置、竄改、遺失等現象，故縮影化資料，管理非常稱便。

六、永久儲藏：原始資料，經縮影化處理，便變成化學物之安定狀態，如有優良條件及合乎標準的貯存環境，加以適當處理與妥善保管，則比任何種類的紀錄資料，儲藏壽命更為長久，絕不會發生變黃、褪色、蟲蛀、起縐、受潮、水漬、發霉、脆碎、黏住、散失、脫落、以及破損等現象，而達到縮影資料永久儲藏之要求。

七、成本低廉：縮影資料軟片，不僅體積較任何種類型態資料微小，可以節省典藏空間，在設備、人員、管理等各項費用言，縮影化處理各種資料，係最經濟有效的方法，而且複製拷貝成本，以及所需郵資、運輸費用，均極低廉，便於資料流通利用，增進資料使用價值。同時縮影化資料處理作業，一勞永逸，乃資料管理最新而實用的工具。

八、配合電腦：縮影系統係一種最安全而經濟的儲存媒介，可將電算機（電腦）輸出（Output）資料，直接縮攝軟片，利用電腦儲存索引，並配合檢索作業，而使縮影資料處理，達到快捷檢閱的效能，以臻十全十美的境界。

綜觀以上所述，縮影資料系統，確實具備許多優異性，促使縮影化資料處理與資料流通過程中，發揮其獨特的功能，唯亦因此，產生難以規避的缺失，而究以補救的方法，藉資維護縮影化資料的高度效益。①

一、縮影軟片資料內容無法更改：原始文件或資料，利用縮影方法處理攝成軟片，實難使用筆或其他書寫工具，更改資料內容。如採用捲狀縮影軟片系統（Micro Roll Film System），其中一幅(Frame)或數幅原始資料內容，有所錯誤，必需更換而要修改，致整捲軟片均失去價值，必須重新再行作業，費時費事，浪費人力及財力。唯自發明條狀縮影軟片系統（Micro strip Film system），夾檔縮影軟片系統（Micro Jacket system）、孔卡縮影軟片系統（Micro Aperture card system）及片狀縮影軟片系統（Microfiche system），而徹底解決捲狀縮影軟片系統缺失，於作業中重攝或更換其中有錯誤之資料內容。故此四種縮影軟片之發明，不僅改進與補救其捲狀縮影軟片之缺失，而更使縮影資料系統之應用，產生最大的效果。

　　二、縮影軟片閱讀必需機器輔助：原在肉眼下產生的資料，經縮影化方法作業，非借機器輔助，實難詳加閱讀，故將縮影顯映及複印，乃是縮影資料閱讀必需程序。因此閱讀機（Reader）及複印機（Printer），為縮影系統必備器材設備。往昔這種設備，價格昂貴，無法普遍設置使用，今科技發達，製造廠商大量產銷，成本低廉，而且形式美觀，極為輕便。據說美國乙台手提式（Portable）閱讀機，或複印機價格，竟比一張高級辦公桌便宜，而一台袋裝型閱讀機，僅售十七元美金，故在美國極普遍使用，祇要職務上需要，已成處理公務必需設備。以吾國現代電子工業技術，以及勞資低廉，只要國人努力，在短期內，必能迎頭趕上美國，而並駕齊驅於縮影技術之林。

　　三、縮影作業流程系統設計困難：縮影系統一貫作業程序，類似電算機（電腦）系統作業流程，於裝置使用前，對作業流程，管理方法，預期效果等制度與系統，必需先作分析、比較、研究、策劃、試驗，於是發生下列三大問題，應該週詳考慮而妥善設計，以免影響預期效果：②

　　　　㈠人才問題：縮影系統策劃設計專家，操作機械之技術人才難求與高薪待遇問題。

　　　　㈡作業問題：縮影系統，不僅需要經費預算，機器設備及技術人員．更需內部各單位協調配合，方能立即展開一貫作業，同時一部份作業，仍需依賴原工作人員，負責雙軌或重疊作業問題。

㈢技術問題：縮影系統設計錯誤，事先試驗不週，致調整設備系統及作業程序，必需延誤或停頓工作，有損預期效果及技術問題。

基於上列問題，所引發之缺失，目前已能通盤而徹底克服，藉資促進縮影系統，更臻於最完善的境界。

註　釋

註一　黃克東　縮影系統資料處理　民國59年　銘傳女子商業專科學校印行　p.10-12.

註二　同註一　p.12.

第五節　縮影系統類別

縮影系統，因設計、規格及形式各異，故有不同之類別，期使讀者容易瞭解，能獲深刻認識，特以簡明通俗而具體說法，可分爲縮影機械與縮影軟片兩大體系，玆依設計、規格、形式、性質之不同，而作綜合性的說明，以建立完整的思想與正確的觀念。

一、縮影機械體系：從機械功能的觀點來說明，縮影器材可分爲生產設備，使用設備，檢驗設備及輔助設備等四大類：

㈠生產設備：乃縮影資料軟片，在生產作業線上，必需具備的器材，包括縮影機、沖洗機，拷貝（複製）機，放大複印機等屬之。

㈡使用設備：係縮影資料軟片，於閱讀使用過程中，不可缺少的器材，諸如閱讀機、閱讀複印機、手用觀察器。

㈢檢驗設備：就是縮影資料軟片，經攝製或拷貝沖洗作業，爲軟片品質管制，於檢驗作業時，不可或缺的器材，如閱讀機、檢驗台、濃度計、顯微鏡、中倍率放大鏡等屬之。

　　㈣輔助設備：亦就是縮影資料軟片，除生產、使用、檢驗作業過程中，必需具備的設備外，尚需要的其他器材，諸如軟片清潔機、接片器、挿片機、裝孔機等屬之。

　　二、縮影軟片體系：依縮影軟片設計、規格、形式及性質的不同，可從縮影倍率、軟片形式、檢索方法、物理性質四方面，以作綜合性的說明，藉資確立具體的理念。

　　㈠縮影倍率區分法：依據美國國家縮影協會（National Microfilm Association・簡稱N.M.A.）所訂縮影倍率標準，縮影資料軟片，可區分爲五種不同的類型：①

　　1.低倍率縮影資料軟片：係縮影倍率在十五倍（15X）以下者，稱爲低倍率縮影資料，早期流通者多屬之。依一九六一年國際標準組織（I.S.O.），於R 218號標準中，對三十五糎（MM）縮影資料，在國際交換規格中，曾具體明列：凡原始資料體積，在寬二十九・七公分乘高四十二公分大小以內者，（亦就是 $11\frac{1}{16}'' \times 16\frac{17}{32}'$ ）應以一比十四（1：14）的倍率，攝成縮影資料。這雖係一項國際標準規格，唯近年來新型縮影資料，已極少使用此項低倍率，以攝製縮影資料軟片。

　　2.中倍率縮影資料軟片：乃縮影倍率在十五至三十倍間的縮影資料屬之，依一九六一年國際標準組織（I.S.O.），於R 218號標準中，對三十五糎（MM）縮影資料的國際交換規格，係原始文件超過二十九・七公分乘四十二公分的資料，不能使用低於一比二十（1：20）倍率，攝製縮影資料。近年來，中倍率縮影資料軟片，最常使用者，爲一比二十四（1：24）倍的倍率。

3. 高倍率縮影資料軟片：就是縮影倍率在三十至六十倍間，均屬於高倍率縮影資料範圍，尤以一比四十二（1：42）倍的倍率，最受重視。美國加州大學呼籲，期待縮影出版界，能將縮影倍率，限在二十四至四十二倍，兩種範圍之內，雖未獲最佳的反應和支持，唯亦確證四十二倍的高倍率縮影資料，深受學界重視。

4. 特高倍率縮影資料軟片：縮影倍率在六十至九十倍範圍以內者，屬特高倍率縮影資料，但通常極少攝製，研其原因，係這種特高倍率縮影資料，非一般閱讀機可供閱讀，同時缺少超級倍率縮影資料特性，且亦未具備高倍率縮影資料功能，故特高倍率縮影資料軟片，便降低其使用價值。

5. 超級縮影資料軟片：即縮影倍率在九十倍以上者，屬超級縮影資料軟片。在理論上，超級縮影資料軟片，並未限制其倍率，唯目前縮影技術，係以一比一百五十（1：150）至一比二百一十（1：210）倍率，較爲通行使用，其攝製的方法，通常係由低倍率或中倍率縮影資料，經再一次縮製而成。換言之，亦就是經過二次縮影作業程序，方能攝成超級縮影資料軟片。

㈡軟片形式區分法：縮影資料軟片，依軟片形式區分時，具備各種不同說法，根據各學者的觀點，僅以最適用之軟片形式，而作綜合性說明。②

1. 捲狀縮影軟片（Micro-Reels）：捲狀縮影資料軟片，計有十六糎（MM）、三十五糎、七十糎、一〇五糎等四種，以十六糎及三十五糎二者，最爲普遍使用，其儲存單位，依國際標準規格，軟片長度每捲三〇公尺，亦就是每捲一百英呎長度爲標準，其形式分卡式及匣式：

(1)卡式縮影捲片（Cassettes）：卡式縮影捲片，儲存型態及裝置原理，同卡式錄音帶相類似，係將縮影軟片，密封在一個片盒內，其形狀有長方形及圓形，於片盒上設有卡筍或溝糟，以利固定位置及檢索。

(2)匣式縮影捲片（Cartridger）：匣式縮影捲片，乃捲狀縮影軟片儲存型態的改進，其方法係將縮影捲片，裝置在塑膠製成的片匣內，於匣口設有卡筍或溝糟，便利固定在閱讀機上的位置，並可使用機械檢索。

2. 條狀縮影軟片（Microstrip）：又稱長條縮影軟片，其儲存型態，同普通剪裁的照相底片類似，係將捲狀縮影軟片，裁切為長約二十至三十公分，裝置在片匣內，最大的功用，係以處理零星而獨立的資料為主。

3. 夾檔縮影軟片（Micro-Jackets）：夾檔縮影軟片的儲存型態，係將縮影捲片剪成小段，納入夾檔中儲存使用，亦就是將長條縮影軟片，貯存在夾檔內，便於管理利用。

4. 片狀縮影軟片（Microfiche）：片狀縮影軟片的儲存型態，國際標準規格：四英吋乘六英吋（10.5公分乘14.8公分），這種大軟片，亦可由一〇五糎（MM）的大型軟片，攝製剪裁而成。

5. 孔卡縮影軟片（Micro Aperture Cards）：孔卡縮影軟片儲存型態，係將一幅三十五糎（MM）的縮影軟片剪下，黏貼在一張電腦孔卡片上組合而成，最大的功能是便利電腦檢索與追踪作業，而儲存的資料，以工程圖表及大幅文件資料為宜。

6. 其他縮影資料：諸如非透明性縮影資料（Micro-opaque），其形式有縮影卡片（Microcard），縮影印刷片（Microprint），縮影紙帶（Micro-tape）等三種，唯未能普遍使用。

㈢檢索方式區分法：縮影資料軟片，不僅係單純的儲存媒體，同時亦具有最佳檢索功能的資料媒體。縮影資料軟片，以檢索方式來區分，可分爲手動式縮影資料軟片，半自動縮影資料軟片，全自動縮影資料軟片等三種。③

1.手動式縮影資料軟片：俗稱人工式縮影資料軟片，簡單地說，就是縮影資料軟片，於閱讀機（Reader）上裝卸及移動等工作，全由人工操作，而閱讀完畢，亦由人工搖動倒轉於原位置，以保持縮影資料的原秩序，通常捲狀縮影軟片，片狀縮影軟片（中低倍率者），都屬手動式縮影資料軟片，其檢索閱讀，頗爲方便。

2.半自動縮影資料軟片：這種縮影資料軟片，須借助機械的操作，以指示所需資料的位置，諸如卡式及匣式縮影資料軟片，便屬於半自動化縮影資料軟片。其檢索方法，就是閱讀人員把縮影資料軟片，裝在閱讀機（Reader）上固定位置，使用按鍵鈕方式，由機械運轉縮影軟片，便能查索所需要的資料。

3.全自動縮影資料軟片：係檢索效率最高的縮影資料軟片系統，從縮影資料輸入、儲存以及檢索，完全由機械處理，以進行縮影資料服務工作，最主要者，係利用電腦快捷的檢索功能，而使縮影與電腦相互配合作業。

㈣物理性質區分法：係以軟片結構組合的物理性質來區分，計有銀鹵軟片、重氮軟片、氣泡軟片、乾銀軟片等四種。④

1.銀鹵軟片（Silver Halides）：這種軟片係鹵族元素：氟、氯、溴、碘等四種元素的化合物，而軟片的表面塗有微小銀粒（Microscopic Grains of Silver），故又稱銀鹵素化合物軟片，乃各界最普遍使用之軟片。

2.重氮軟片（Diazo）：又音譯達索軟片，這種軟片表層塗有一種染色顏料（Dye），遇紫外光線（Ultraviolet Light）而曝光，其作業程序，係裝置在充滿氨氣，亦就是俗稱阿摩尼亞蒸氣（Ammonia Vapor）的貯存器內沖洗而成。

3.氣泡軟片（Vesicular）：商用名稱是卡瓦（Kalver），因這種軟片塗有一層微小氣泡（Bubbles of Gas）之塑狀表層，遇紫外光線曝光，以擴脹氣泡之氣體而攝影，沖洗作業係軟片經過溫度滾軸（Warm-Rollers）而成，不需液狀化學藥品的沖洗程序，由於熱度導致氣泡脹裂而呈現透明膠片，並顯示所攝的影像，故又稱熱效應軟片，這種乾式（Dry Developing）沖洗特性，於商業界攝影特別有用。

4.乾銀軟片（Dry silver）：乾銀片採用的銀鹽材料，最常用者為二十二碳酸銀（Silver Beherate）外，其他原料如苯二甲酸銀（Silver phthalate）、苯甲菲酸銀（Silver Benzoate）、苯甲菲一氮二烯伍圜酸銀（Silver Benzotriazole）等亦均適合。乾銀片的顯影方式，係用乾性加熱處理，借熱傳導的效果，而顯影的基本結構，計有熱滾筒法、熱烘箱法及熱空氣顯影法等三種。⑤

註　釋

註一　沈曾圻　顧　敏　縮影技術學　民國66年　技術引介社印行　p.22-23.

註二　方同生　非書資料管理　民國65年　弘道文化事業公司印行　p.266-276.

註三　同註一　p.26.

註四　李德竹　資訊科學概論　民國65年　楓城出版社印行　p.52-53.

註五　吳相鏞　乾銀片技術及其使用評估　民國69年　縮影研究二輯　p.20-32.

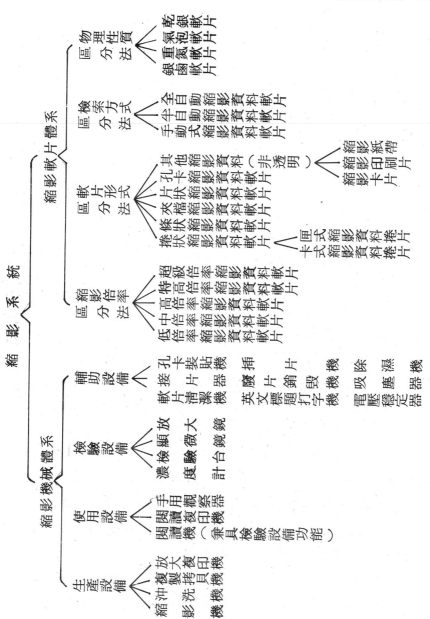

第六節　縮影檢索方法

檢索方法乃縮影資料系統靈魂，原始文件或資料，經縮影化處理作業，期求發揮高度效率與多元化功能，端賴精密的檢索方法，為適應各種縮影資料形態需要，編製索引（index）。換言之，就是將原始資料與縮影軟片，編以代號，攝成與正式內容不同的畫面，而利快速查索所需資料，特即各種型態的縮影軟片，編製檢索方法，作綜合性的說明，藉資建立縮影軟片檢索方法的正確觀念，瞭解縮影檢索方法的重要性。

一、捲狀縮影軟片檢索方法：下列六種檢索方法，係捲狀縮影軟片中，最常用的索引方式（indexing method），唯資料縮影化處理時，必須根據實際作業的需要，妥善設計適合於資料本身的檢索模式，以求最高度的檢索效率。①

㈠閃光卡方法（Flash Target）：簡稱閃示法，係編寫大型字母、數字、文字或記（符）號等標示，在縮影資料軟片上，視實際需要，攝製十至二十幅（Frame）特殊的畫面，有異於正式的內容，用以區分資料性質的段落，編組或組合，而利目視查閱與檢索。

㈡連續號碼法（Sequential Number）：又稱號碼程序法，係資料縮影化作業時，於原始文件上，編製連續號碼，直接縮攝在軟片中，於閱讀時，可從顯示的號碼程序，快捷檢得所需要的特定資料。

以上二種方法，亦可利用人工檢索，而且亦係縮影資料軟片中，設計最簡單，費用最低廉的檢索方法。

㈢線條代號法（Code Line Index）：俗稱鍵示法，檢索編製方法，是在每幅（Frame）影像畫面間隔中，縮攝連續的線條代號，當縮影資料軟片運轉時，線條形成長的水平線，而且不斷的變化，配合閱讀機（Reader）或閱讀影印機（Reader-Printer）檢示幕（Screen）邊上的刻劃度指示，乃是最佳的位置標定系統。換言之，就是操作人員在閱讀機或閱讀影印機的螢光幕上，根據縮影軟片轉動時，所引起線條水平線，上昇下降的移動變化，並使線條與指標配合，在無數的影像中，立即檢索所需的資料。

㈣影像計數法（Image Count）：又稱影像控制法，或鍵盤控制法，簡稱計數法。檢閱的方法，最爲簡捷的方式，係每幅（Frame）影像下方，記錄上一墨色方形小塊的標記稱爲影像標記（Blip Mark），以利用閱讀機或閱讀影印機上光電計數裝置，進行高速連續檢索，閱讀人員只要在閱讀機的鍵盤上，按下號碼，即能快捷而自動地檢閱所需的資料。

㈤碼表計程法（Odometer）：簡稱計程法或計碼法，係以一種感性或連續的方式（Linear or sequential），標定畫面的位置，通常是直接使用計碼表（Odometer），以計量縮影軟片運轉的長度。更具體的說，這種檢索方法，就是縮影化資料，在查索檢閱時，利用計程碼表，計算縮影軟片運轉的長度，協助閱讀人員，快捷的查檢所需要資料。

㈥二進位數法（Miracode）：又稱二進位代碼法，係一種最有效的自動化分類編號檢索方法，編製程序，是在每幅或每組原始資料，於進行縮影作業時，不同的二進位數據所代表之分類編號，亦同時攝製記錄在縮影軟片上，配合電腦終端機（Terminal）使用，於極短時間內，便能正確而快速地尋出所指定的資料。

二、夾檔／片狀縮影軟片檢索方法：通常係由人工來檢索，唯亦可使用自動化檢索系統，其索引的製作，最主要者，係在上方抬頭索引邊，除可利用不同的顏色，加以分類外，更可直接書寫、打字或印刷能供目視的標題、編號等資料，同時亦可在第一張最後一幅（Frame）影像中，記錄有內容及位置的對照索引，以利檢索。

　　三、孔卡縮影軟片檢索方法：係同電腦打孔片類似，而孔卡縮影軟片，亦可在上方抬頭紀錄下標題、代碼、數字等說明，同時經打孔作業，就可利用自動分類機，加以檢索。

　　綜觀上列各種檢索方法，無論是任何類別的縮影軟片檢索方式，如何高度有效率，但最先決的條件，必須在閱讀機或閱讀影印機上，備有認讀（Read）這種索引記號的裝置，同時使用者在做系統選擇時，亦必需優先考慮檢索方法，以及索引記號的配合與製作等問題，方能達到事半功倍的預期效果。

註　釋

　　註一　Introduction to Micrographics, National Microfilm Association of U.S.A. p.6-7.

圖一　捲狀縮影軟片檢索方法

　　A. 閃光卡方法（Flash Target or Flash card）

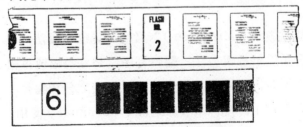

　　B. 連續號碼法（Sequential Number）

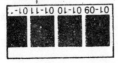

C. 線條代號法（Code line or Bar）

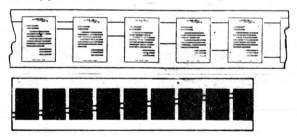

D. 影像控制法（Image count）

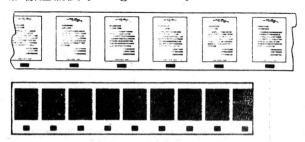

E. 碼表計程法（odometer）

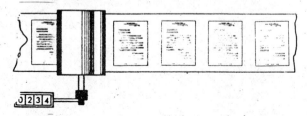

F. 二進位數法（Miracode）

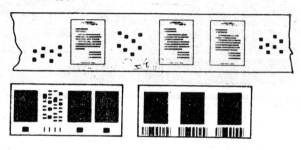

G. 無檢索捲片（Roll film Non-Encoded）

圖二　片狀縮影軟片檢索方法

A　無檢索單片（Microfiche Non-Encoded）

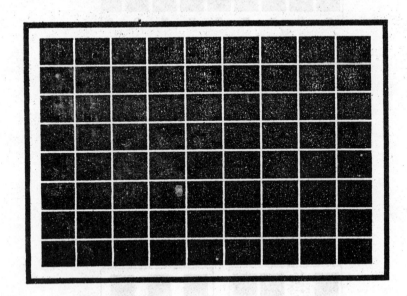

B　單片標題和索引（Micro Fiche Title and Index）

第七節　縮影技術運用

　　縮影科學的基本認識，從本章各節的論述中，不僅建立明確的概念，暨完整的思想體系，同時瞭解其獨特性質與具體功能。是故，各界更應認知縮影系統，具有莫大的使用價值，並應普遍推廣，以發揮縮影系統的高度效用。

　　綜觀世界各國對縮影資料系統所持的態度，不但普遍推廣採用，而且認知縮影資料軟片具有法律地位，諸如美國、英國、瑞士、意大利、希臘、西德、丹麥、比利時、阿根廷、巴西、哥倫比亞、烏拉圭、薩爾瓦多、日本、澳大利亞等十七國，更訂有明確的法律條款，以確定其法律效力。尤其科學技術發達的先進國家，並配合電腦的輸入、輸出、儲存作業，而促進縮影資料系統自動化，益能充份發揮其快捷效率。

　　一九七八年美國 INFOSYSTEMS 雜誌社，所作縮影系統使用現況調查統計分析結果顯示，縮影系統使用率，正在穩定的成長，已有

三七‧七％的公司使用縮影系統，其中又有四二‧六％公司準備添置
設備，擴大縮影作業範圍。這比一九七七年三三‧三％的使用率要高
四‧四％，在未採用縮影系統的公司方面，亦有三二‧一％公司，正
計劃評估縮影系統的效益，更有五％公司，已有安裝縮影系統作業設
備的計劃。

　　從實際應用縮影系統機構方面：依調查統計分析結果，使用縮影
系統最多者係金融銀行業佔七七‧六％，次多為保險業佔六六‧一％，
再次是公共服務與電訊業佔六四‧七％，政府與軍事單位佔六二‧一
％，教育業四九‧九％，使用率最低者係資料處理服務業，僅佔二一
‧八％的比例。而有關各項縮影系統使用現況，特附調查統計分析表
（各表中之比例，若超過一○○％者，乃係有關問題重複作答，而影
響統計的比率結果），以供參考。①

表一　各行業採用縮影系統之比率

順序	行　　　　業　　　　別	採用比率	未採用比率
1	金融／銀行業	77.6	22.4
2	保險業	66.1	33.9
3	公共服務／電訊業	64.7	35.3
4	政府／軍事單位	62.1	37.9
5	教育業	49.4	50.6
6	服務業	38.5	61.5
7	交通運輸業	35.9	64.1
8	製造業	29.5	70.5
9	零售／批發業	28.9	71.1
10	營造業、礦業與農業	22.7	77.3
11	資料處理服務業	21.8	78.2
12	顧問公司	20.3	79.7
13	其　　他	50.0	50.0
14	總　　計	37.7	62.3

表二　各公司應用縮影系統方式

應　　　用　　　方　　　式	1978 年	1977 年
以文件縮影後之原片使用	36.7 %	44.3 %
以拷貝副片使用	26.8 %	27.7 %
將軟片沖晒使用（係指孔卡軟片）	30.9 %	34.9 %
以電腦磁帶轉換軟片（COM）使用	64.9 %	63.3 %
以電腦輸出報表再縮影使用	5.0 %	4.0 %
以軟片複印成紙張再使用	6.2 %	6.6 %
繼爲貯存目的使用	7.2 %	7.4 %

表三　各公司使用各種形式縮影軟片

使　用　軟　片　形　式	1978 年	1977 年
十六糎（MM）捲狀軟片	37.0 %	39.5 %
十六糎（MM）卡匣軟片	19.5 %	23.7 %
卅五糎（MM）捲狀軟片	18.8 %	15.1 %
一〇五糎（MM）捲狀軟片	4.6 %	4.9 %
孔卡軟片（Aperture Card）	14.0 %	17.2 %
片狀軟片（Microfiche）	78.5 %	73.4 %
夾檔軟片（Jacketed Film）	15.7 %	16.0 %
條狀軟片（Film Strips）	5.1 %	5.0 %
其　　他	0.9 %	1.5 %

表四　各公司製作縮影系統之方式

縮　　製　　方　　式	1978 年	1977 年
全部在公司內自行製作	20.6 %	24.0 %
大部份在公司內自行製作	16.6 %	18.8 %
大部份交付縮影服務公司製作	11.1 %	12.8 %
全部交付縮影服務公司製作	36.9 %	31.5 %
自行製作與委託作業各半	14.7 %	12.9 %

表五　各公司使用各種性質軟片之比率

㈠攝製作業使用之軟片

軟　　片　　性　　質	1978 年	1977 年
銀化軟片（Silver）	81.8 %	84.0 %
乾銀軟片（Dry Silver）	21.9 %	18.5 %

㈡複製（拷貝）作業使用之軟片

軟　　片　　性　　質	1978 年	1977 年
銀化軟片（Silver）	36.1 %	32.8 %
重氮軟片（Diazo）	65.6 %	66.6 %
氣泡軟片（Vesicular）	20.4 %	19.3 %

表六　電腦輸出縮影系統COM之作業方式

作　　業　　方　　式	1978 年
公司自行具備機器作業	13.6 %
委託縮影服務公司作業	45.2 %
尚無此項系統但計劃建立	10.0 %
目前尚未採用此項系統	31.2 %

　　於上列各調查統計分析表，不僅深切瞭解美國使用縮影系統概況，同時體認縮影資訊系統重要性，更藉資認識我國縮影資料系統發展潛力，促進國內縮影資訊系統積極推廣運用。

　　試就我國應用縮影資料系統現況言：目前國內各公私機構，使用縮影系統管理資料檔案歷史未久，故未獲社會各界重視與接受，從使用機構觀察分析，其中政府機關，尤以軍事單位採用者居多，惟幾乎全係機關內部管理作業，未能使資料新生而流通，故無法高度發揮縮影資料系統的功能。以我國現在經濟成長，文化建設，政治革新的趨勢分析，如何面對"資料爆炸"的危機，籌謀有效解決方案，實係當前重要急務，於是採用縮影化資料管理，乃是最節省人力，減低成本，而高度有效的進步措施。

　　依民國六十八年七月行政院院研究發展考核委員會，委託中華民國資料處理縮影學會，對「我國政府機關檔案資料使用縮影管理之程序及其法律地位研究」，所作問卷調查統計分析結果，於提供問卷資料的三十七個單位中，已執行縮影作業者佔七五‧六七％，正編擬或將編擬縮影計劃者佔一六‧二一％，不考慮採用縮影者，僅有三個單位佔八‧一％，惟其中有二個單位，俟時機成熟，仍將採用縮影化處理作業。②

　　在已進行縮影化處理作業者，計有三十四個單位中，按縮影化處理資料種類區分，以文書檔案居首位，有十七個單位，佔受調查個案五十％的比率，餘次序為處理工程圖樣、技術資料、史蹟資料、珍貴圖書、人事資料、刑案紀錄、報紙雜誌、財務紀錄、病歷紀錄、電話費賬務及電話用戶資料等項。由於各單位縮影資料，其性質不限於一種，同時各單位亦未能充份提供所需問卷資料，實不足以代表目前國內縮影作業進行現況，各項資料分析表，亦僅作略窺概覽而已（各表中之比例，若超過 100％者，乃係有關問題重複作答,而影響統計的比率結果）。

表一　各機關採用資料縮影處理計劃分析表

調　　　查　　　內　　　容	收到問卷份數	反 應 意 見
1. 已進行縮影作業中	28	75.67％
2. 正編擬縮影計劃中	5	13.51％
3. 將編縮影處理計劃	1	2.70％
4. 不考慮縮影作業	3	8.10％
合　　　　　計	37	99.98％

表二　各機關計劃縮影處理資料性質分析表

資　　　料　　　性　　　質	收到問卷份數	反 應 意 見
1. 文書檔案	17	50.00％
2. 財務紀錄	2	5.88％
3. 刑案紀錄	3	8.82％
4. 人事資料	4	11.76％
5. 史蹟資料	7	20.58％
6. 病歷紀錄	1	2.94％
7. 技術資料	7	20.58％
8. 工程圖樣	8	23.53％
9. 報紙雜誌	3	8.82％
10. 珍貴圖書	6	17.64％
11. 其　　他	13	38.23％

說明：一、本分析表係依收到調查問卷三十七個單位中，除不考慮縮影作業者三單位外，餘三十四個單位提供資料分析而已。

二、各單位縮影作業資料性質，不限於一種，故表中收到問卷份數及反應意見比例，均超過三十四個單位及一〇〇％的比率。

表三　各機關已完成之縮影片型態分析表

軟　　片　　型　　態	收到問卷份數	反應意見（數量）
1. 十六／卅五糎捲片	20	13,472
2. 匣式／卡式捲片	3	2,150
3. 夾檔縮影軟片	2	107,723
4. 單片式縮影片	4	57,650
5. 孔卡式縮影片	2	50,000

說明：一、本分析表係依收回調查問卷三十七個案中，有二十五個單位提供資料所作統計分析。

二、各單位所儲存縮影軟片，不限於一種型態，故超過收回調查問卷份數。

三、有一單位每月生產五〇〇〇張縮影單片。

表四　各機關採取縮影作業方式分析表

作　　業　　方　　式	收到問卷份數	反　應　意　見
1. 全數外包縮影公司製作	2	5.88％
2. 首批外包後續者自製	9	26.48％
3. 全數自行製作	23	70.58％
合　　　　　　計	34	102.94％

表五　各機關自製計劃中縮影作業程序分析表

作　　業　　程　　序	收到問卷份數	反　應　意　見
1. 攝製沖片拷貝完全自製	13	41.94％
2. 自行攝製外包沖片拷貝	7	22.58％
3. 攝製沖片自動機器	11	35.48％
合　　　　　　計	31	100.00％

表六　各機關自製縮影作業人員技術來源分析表

縮 影 作 業 人 員 技 術 來 源	收到問卷份數	反 應 意 見
1. 在現員中調用已具縮影知識者充任	17	48.57％
2. 新聘專業人員擔任	5	14.28％
3. 由承售廠商指導使用	14	40.00％
4. 聘請專家學者指導	9	25.71％
5. 其　　　　　他	5	14.28％

說明：一、本表係依收到問卷調查三十七個案中，由三十五個單位提供資料統計分析。

　　　二、各單位自製縮影作業人員技術來源，不限於一途，故超過收到問卷份數及反應意見比率100％。

　　　三、各單位提出意見不限一種，其他部份尚包括五種，分列於下以供參考。

　　　　㈠該單位自力訓練新作業人員。

　　　　㈡請其他單位派員指導。

　　　　㈢所需知識自報章雜誌上獲得。

　　　　㈣因此項設備日趨自動化，操作人員不需專業知識。

　　　　㈤不考慮自製，無需專業技術人員。

表七　各機關已完成之縮影軟片利用方式分析表

利　　用　　方　　式	收到問卷份數	反　應　意　見
1. 全部資料均可線上立即利用。	0	
2. 電腦檢索索引號碼，人工放置縮影片，人工檢索複印。	0	
3. 電腦檢索索引號碼，人工放置縮影片，機器自動檢索影印。	1	3.70％
4. 人工檢索索引號碼，人工放置縮影片，機器自動檢索影印。	6	22.22％
5. 人工檢索索引號碼，人工放置縮影片，人工檢索影印。	22	81.48％

說明：一、本表係依收到問卷調查三十七個案中，由二十七個單位提供資料統計分析。

二、由於各單位所儲存縮影片型態不限於一種，其檢索利用方式亦不止一種，故統計數超過一〇〇％比率。

三、於調查個案中，有三單位表示，將來發展目標，必定走向電腦檢索索引途徑。

四、據悉調查個案中，除財稅中心已使用電腦檢索索引外，目前尚有交通設計委員會及刑事警察局均利用電腦檢索索引，人工放置縮影片，機器自動檢索影像，而未在調查統計範圍者，僅提供參考。

表八　各機關縮影片貯存方式分析表

貯　　　存　　　環　　　境	收到問卷份數	反　應　意　見
1. 設有專門空調貯存室，無人員在內停留。	3	10.00 %
2. 在有空調室內設有專櫃貯存。	18	40.00 %
3. 在專櫃內貯存但室內無空調設備。	7	23.34 %
4. 與一般檔案資料存放，未作特殊處理。	2	6.66 %
說明：本表係依收到問卷調查三十七個案中，由三〇個單位提供資料統計分析。		

　　綜合上列各項調查統計分析表，不難瞭解當前我國縮影資料系統使用狀況，並未受到社會各界的重視與運用，惟由於目前國內經濟成長，工商企業發達，科學技術倡興、文化建設、政治革新、社會進步等實際需要，而縮影資訊系統更深具發展潛力與條件。茲就國內縮影作業較具規模，並將有系統化推廣使用者，作統合性簡介，以供參考：

　　一、軍事：國防部及各軍總部暨安全情報機關，均已積極利用縮影化處理文書檔案、情治資料、軍工圖表、及國防科技等，更具規模而系統化進行作業。

　　二、行政：以行政院縮影室，較為完善且有發展系統。同時台灣省政府及台南市政府等單位，正積極計劃檔案縮影化處理作業。

　　三、財稅：財稅資料中心，建立財稅資料縮影系統，並配合大型電腦作業，深具規模。

　　四、警務：現已完成全省二六〇輛汽機車牌照資料縮影，並與電腦終端機配合作業，便利台灣省及台北市交通案件查詢管制與刑案處理。同時刑事警察局重要刑案資料，亦採用縮影系統作業。

　　五、地政：台灣省地籍資料管理，採行縮影系統，已完成實驗作業。

　　六、圖書：黨史會、國史館、中央圖書館暨台灣分館、國立政治大學社會科學資料中心等單位，對所藏珍貴圖書及史蹟資料，亦已實施縮影作業，目前雖仍處於輔助管理地位，惟亦研討發展計劃，以發揮縮影系統的功能。

　　七、金融：銀行金融界，亦將支票保存改用縮影化管理，效果顯著，尤以台灣省合作金庫，更訂有辦理付訖支票縮影暫行辦法。

　　八、科技：行政院國科會科技資料中心，行政院農發會農業資料中心、中央研究院、中山科學院等機構，對本單位有關科技資料，均已採用縮影化管理。

　　九、司法：目前台灣高等法院檢察處，對刑事案件資料，已採用縮影系統作業，惟尚未普遍使用。

註　釋

　　註一　朱小瑄譯　美國縮影系統 1978 年使用現況調查　民國 68
　　　　　年　縮影研究專刊　p. 43-47.

　　註二　吳相鏞主持研究　我國政府機關檔案資料使用縮影管理之
　　　　　程序及其法律地位研究　民國 70 年　行政院研究發展考核
　　　　　委員會編印　p. 9-25.

第二章　縮影機械體系

縮影機械體系，因設計、規格、性能各異，故有各種不同類別、形式器材、依機械功能、特性區分：縮影機、沖洗機、複製機、閱讀複印機、檢驗及輔助設備等必需器材。目前國內最普遍使用的縮影機械器材，以廠牌為單位，計有美國３Ｍ公司、ＡＭ公司、ＮＢ公司、柯達（Kadak）公司、貝爾浩（Bell E Howell）公司、愛德（Extex）公司、日本佳能（Canon）公司、富士（FUJI）公司等，且各大公司均有總代理，提供各項服務，特即最基本而具代表性者，作綜合性介紹說明，藉資建立完整觀念。

第一節　縮影設備器材

縮影機（Microfilmer）又稱縮影照相機,乃資料縮影化處理作業線上，最基本而必需具備的生產器材，依縮影機設計形式與功能，計分平床式縮影機（Planetary Microfilmer）、輪轉式縮影機（Rotary Microfilmer）、單片式縮影機（Step and Repeat Microfilmer）、孔卡片縮影機（Aperture card Microfilmer）等四種形式的縮影機，茲即形式、規格、性能、用途，而作統合性簡介，以供參考。

甲、平床式縮影機（Planetary Microfilmer）：本類型縮影機，於縮攝時，原始資料係放在平台上面，無論原始文件形式是冊裝或散頁，體積尺寸是大小或厚薄，資料品質是新或舊，均可適用，且能攝錄品質優美的影像。平床式縮影機，用途最廣泛，以體積大小言，如報紙、地圖、工程圖等較大的資料；就文件形式說，各種型態的圖書資料，諸如精裝書籍（Hard-Bound），無需拆散，亦可置在平台上縮攝。同時機械性優異，如倍率、焦距、光源等，均可依資料需要，以作適度調整。茲選介最基本而通用的機型，附圖說明。

一、瑞柯達克MRG-1型平床縮影機（Recordak Micro-File Machine MRG-1）：本縮影機全部操作控制鈕，集中於右側操作盤上，在極短時間內，快速選擇縮影倍率位置，替換軟片盒，調整工作台高度，同時感光照明透過靈敏而有效的測光器（Photo cell），控制文件於攝製區內安全曝光，且有最佳的顯微縮影效果。[1]

㈠規格：

1.機體：寬 9 呎 8 ½ 吋。

高 8 呎 9 ½ 吋（30：1）※，　9 呎 8 ½ 吋（36：1）。

深 6 呎 6 ½ 吋（30：1）※，　6 呎 9 ½ 吋（36：1）。

重約 975 磅。

※符號於 36：1 倍率攝製時，不能使用。

2.電力：機器本身已具備柯達MRG-1型附件之電路，無需要再補充裝置或增加電力。

(1)使用反射式裝置時：120／208 伏特（Volt）或 115／230V, 50／60 赫（H_z），20 安培（Amps）。

(2)使用透射式裝置時：120／240 伏特（Volt）或 120／280V, 3 導線（wire）50／60 赫（H_z），20 安培（Amps）。

3.縮率：具有 12 X、16 X、20 X、24 X、30 X、36 X 等六種標準縮影倍率。

4.軟片：使用卅五粍（MM）無孔縮影軟片。

5. 鏡頭：本縮影機特殊設計裝置 EKTER 五〇粍（MM）廣角鏡頭。

㈡性能：

1. 曝光控制器：使用四支五〇〇瓦（watt）強烈溢光燈，感光照明係透過高度靈敏的測光器（Photo cell），自動或人工控制按鈕，於拍攝區內，調整適當光度，自動曝光。

2. 控制與警示：全部操作控制鈕與警示信號，裝置在工作枱右前方邊緣控制盤上，操作非常簡便。

3. 替換軟片盒：配有高效率軟片盒，由於快門、鏡頭和框孔固定在托架上，軟片在適當高度，於前方裝卸而無需移動片盒，如片盒替換或九〇度旋轉時，亦無需要調整位置，而對高縮率精確性亦無影響，並可旋轉攝錄適當而有效影像。

㈢附件設備：

1. 透射式照明裝置：在工作枱下裝有 SSG-1 型調節燈，由文件背面照射，以獲得更清晰影像。所需電源為 120／240 伏特（Volt），或 120／208 V，50／60 Hz（cycle／second），20 安培（Amps）。

2. 多影像控制：同一文件，若需要數個影像時使用。

3. 縮率控制楔：用以自動選擇五個額外附加縮率，而配合特殊的需要。

㈣用途：本縮影機所攝製資料，適用於工程設計圖，以及其他大型文件，唯面積尺寸大小，最大範圍以 45×63 英吋為限。

二、瑞柯達克MRD-2型平床式縮影機（Recordak Micro-File Machine MRD-2）：本縮影機設計精確，全部控制機件，均裝藏在翻照枱內，軟片盒上下運動，係由機枱前端轉輪控制，新式特殊設計鏡頭，可自動對準焦點，且有多項附屬裝置，於攝製時，以適應各種體積形式資料需要。②

(一)規格：

1.機體：高一〇二吋（連腳架）、寬七二吋（含燈架）、深三四吋，重約一六五磅。

2.電力：117 V， 50／60 H$_z$（c／s）、8 Amp 交流電。

3.縮率：自 5 X 至 21 X 間，任意調整適當倍率。

4.軟片：裝用寬十六糎（MM）或卅五糎，長一〇〇英呎（ 16／35 MM × 100ft）捲狀縮影軟片。

5.鏡頭：本縮影機裝用 EKTAR 濾光（Lumenized）鏡頭，可攝製極精緻而清晰的軟片，無論是閱讀、複印或拷貝，皆可獲得最佳紋理與影像效果。

(二)性能：

1.膠捲片盒：軟片匣可作三六〇度水平旋轉，於機體正面操縱板上，設有轉輪可任意調整高度，電動馬達自動控制快門及捲片，並將軟片吸帶至焦點面上，以便曝光。

2.縮影曝光：本機裝有電子測光儀器（Photo cell），自動測定各種不同顏色文件，所需要曝光量，由測光儀表，正確指示曝光刻度，以調整適當燈光亮度。操作人員只需手指或腳尖輕觸按鈕，鏡頭即以適合感光度，自動攝錄資料。且自動控制軟片前進。

3.縮影範圍：攝製位置與範圍，由鏡頭投射的四方光線，明顯地照射在平枱上面，操作人員可任意調整拍攝文件，所需尺寸大小、位置、範圍，照相機亦隨指示燈光，自動配合調整所需軟片長度，通常為⅜吋～1 ¾吋，必要時最長可改為 2 吋。

4.照明設備：該機裝配 150 瓦（watt）反射燈（Reflector Flood Lamp）四具，光線投射強度，由自動電流變壓器（Auto - Transformer）控制,照明燈支柱可任意調整，使光線從各種不同角度，均衡地投射在同一水平面，燈架不使用時亦可直豎，以節省空間，並維護安全。

5.警告裝置：本機配有自動警告設備，當縮影軟片未裝妥，或片盒內軟片快用完時，立即自動發出警告聲音，使操作人員，避免發生錯誤。

㈡附屬裝置：為適應各種需要，除設有電動計數器，幅數計算器等多項附屬裝置外，並有組合附件，自由選擇配用。

1.十六糎（MM）轉換組件：專供攝製寬十六糎，長一〇〇呎（16 MM × 100 ft），捲狀縮影軟片使用。

2.高倍率縮攝組件：使縮影倍率自21：1倍，提高至27：1倍，斯時機身高度，需要增加十五吋，亦就是最高達一一七吋。

㈣用途：本縮影機所拍攝資料，適用範圍廣泛，無論是冊裝或散頁文件，均可清晰攝錄，就資料形式說，各種尺寸統計圖表、地圖、工程圖、報紙、期刊、書籍、畫冊，以及其他不同形式紀錄表、卡、簿、冊等，亦不例外，唯體積大小，最大範圍，以寬 26 ½吋、長36 ¾吋，厚5 吋以下各種文件為限。

三、貝爾浩 File Master **平床式縮影機**（Bell E Howell File-master Microfilm Recorder）：本縮影機體積精巧，操作簡便，影像清晰，成本低廉，最適合文教機構、政府機關，以及銀行、信託、保險、法院、律師等各界需要，而縮攝具有規格化，標準化文件。[3]

㈠規格：

1.機體：寬三五吋，深二一吋，高四四吋，重約六六磅（三〇公斤）。

2.電力：117 V、60 H_z（c/s）、1 A交流電。

3. 縮率：具有 21 X 、 25 X 、 27 X 、 29 X 等四種縮影倍率。

4. 軟片：使用寬十六糎（MM），長一〇〇或二一五呎（16 MM ×100／215）縮影捲片。

5. 鏡頭：配有單鏡頭與雙鏡頭兩種，若使用雙鏡頭，實際上係兩部照相機，同時拍攝兩捲軟片，集中控制，操作方便。

㈡性能：

1. 計數裝置：本機裝有軟片縮攝計數器，自動檢索訊號產生器等設計。

2. 自動曝光：本機自動曝光控制，配合文件顏色和組織上差異，自動調整適當亮度而曝光。

3. 光源設置：縮影所需光源，來自二盞 15 瓦（watt）螢光燈，壽命四〇〇小時。

4. 按鈕控制：本機裝有各種鍵鈕，控制視聽訊號暗示：軟片超越鍵，按鈕式間隔控制，按鈕式及腳踏式拍攝控制。

5. 縮影區域：

(1) 12 ⅝吋× 17 ¼吋（ 32.06 × 43.81 ）公分。

(2) 10 吋× 13 ½吋（ 25.4 × 34.29 ）公分。

㈢用途：本縮影機所拍攝資料，適合於標準尺寸文件，唯最大面積，以 11 ½吋× 18 吋（ 29.2 × 45.7 公分）範圍爲限。

四、 3 M DRC-201 型平床式縮影機（ 3 M Data Recording Microfilm Camera DRC-201）：本縮影機採平版式按鍵操作，於拍攝時，燈光由下向上照射，工作人員長期操作，無傷視力。[4]

㈠規格：

1. 機體：高三二～四二吋，寬二八吋，深二九吋，重量六〇磅（約二七公斤）。

2. 電力：110 V， 60 H$_z$（c／s）， 4 A 交流電。

3. 縮率：具有 24 X、 28 X 等倍率。

4. 軟片：採用寬十六糎，長一〇〇呎（ 16 MM × 100 ft ）卡式縮影軟片。

5. 鏡頭：配有 24 倍及 28 倍兩種縮率鏡頭。

㈡性能：

1. 片匣保護：由於採用卡式捲片，而軟片受片匣保護，不易污損，於任何地點、時間、光線下，均可裝卸，無需暗房設備。同時片盒附有安全鎖，更免除遺失，竄改顧慮。

2. 電子計數：具有電子數字記憶裝置，不僅計算軟片中縮攝幅數，且可任意調整數字，而攝製在軟片上方，作調閱時索引代號。

3. 按鍵操作：全部操作採按鍵方式，計有曝光調整控制，電源開關及軟片輸進裝置等三個鍵鈕，並有指示燈（ indiction ），以瞭解機械作業狀況。

4. 濃度控制：配有濃度控制裝置，於攝製時，視文件顏色與對比，隨時任意調整適當濃度。

5. 軟片碼表：裝設軟片前進尺碼表（ odometer ），計算軟片前進長度，以資編製索引。

6. 光點檢索：於軟片下方，拍攝光點（ Blip Mark ），俾日後利用閱讀機，進行光點檢索，迅速調閱資料。

㈢用途：本縮影機適合各界攝製較具標準尺寸文件，唯由於使用縮率不同，而拍攝資料面積亦異，24 X 縮率鏡頭為 8 ½ 吋 × 11 吋，28 X 縮率鏡頭可拍攝 11 吋 × 14 吋資料。每捲寬十六糎（ MM ），長一〇〇英呎縮影軟片，約可攝錄二六〇〇幅，每小時攝錄一五〇〇幅。

五、佳能 PC - 161 G 型縮影沖洗機（ CANON　Processor Ca-

mera 161 G）：本機最大特點，係縮影與沖洗連貫作業同時完成，光度端視 原始文件需要自動調整，鏡頭景深五公分，成冊圖書不必拆裝，而且無需暗房、給水、排水等設備。⑤

　　㈠規格：

　　1.機體：高 22 $\frac{1}{8}$ 吋，寬 33 $\frac{7}{8}$ 吋，深 25 $\frac{7}{8}$ 吋，重量約 66 磅 （30 公斤）。

　　2.電力：115 V， 60 H_z（c/s），440V.A，普通交流電。

　　3.軟片：使用寬十六糎（MM），長一〇〇英呎，無孔縮影軟片。

　　4.鏡頭。

　　5.縮率：由於機型不同，而縮率各異。

　　　⑴機型A：縮影倍率：29 X

　　　　　　　攝製文件：297 × 420 MM。

　　　⑵機型C：縮影倍率：28 X

　　　　　　　攝製文件：288 × 364 MM。

　　　　　　註：自動計數影像號碼，可作自動檢索。

　　㈡性能：

　　1.縮影沖洗同步操作，一次完成，節省時間、金錢、人力。

　　2.速度自動控制，絕不浪費軟片，唯必須連續攝完，以免顯影過久，影響軟片品質與效果。

　　3.照明強度，非常穩定，視原稿顏色對比，自動調整所需亮度而曝光。

　　4.單一沖洗槽、顯影、定影、水洗、烘乾等作業，完全自動一次完成。

　　5.具有溫度自動調節裝置：保持固定沖洗溫度，不須久候。

　　6.採用佳能Monomicrol CM-2 F 沖洗劑，顯影、定影同時作業，效果良好。

7.縮影、沖洗作業完畢，開關自動關閉，安全可靠。

㈢用途：由於機體精巧，不佔空間，且具有縮影，沖洗功能，無需暗房設備，不須接水管，放置任何場所，皆可操作。故適合工商企業或金融保險界，攝製較具規格化及標準化資料。

六、富士L 3縮影機（FUJI Microfilm Camera L 3）：本縮影機拍攝枱面特大，巨型工程藍圖資料，皆能縮影儲存，特設背光裝置（Back Iight），對拍攝透明描圖紙、圖案、軟片等問題，獲得解決。⑥

㈠規格：

1.機體：高一○八吋，寬一一七吋，深八二吋，重量一○七一·六磅（約四八六公斤）。

2.電力：單相三線，100／200V，50／60 H_z（c/s）、20 A。

3.軟片：使用寬十六糎（MM）或三五糎，長一○○英呎，無孔縮影捲片。

4.縮率：自6～30倍，使用電動昇降機變換倍率（7.5、10.5、15、21倍，自動設定）。

5.鏡頭：配用Fujinon-M　f＝56糎，F 7.3糎高解像力鏡頭。

㈡性能：

1.縮率變換：裝有攝影鏡頭昇降機，以電動方式變換縮影倍率，操作快捷，靈活精確，連續式自動焦點，影像清晰，解像力高。

2.縮攝範圍：攝製枱面縮影位置與範圍指示框，由八盞反射燈，從四週清晰而均衡地，投射於攝製枱面上，操作人員視文件及資料尺寸，任意調整所需面積，最大爲 37 $\frac{13}{16}$ × 53 $\frac{1}{8}$ 英吋。

3.控制儀盤：全部操作鍵鈕與指示信號，如感光平衡器、縮率指示器等，裝置在拍攝枱右前方邊緣控制儀盤上，採集中式管制，操作簡便。

4.軟片收匣：縮影軟片收片匣採密閉方式，從縮影機取出，直接裝在縮影軟片沖洗機上，進行沖洗作業，全部縮影及沖洗過程均在明室進行，無需暗房設施。

㈢用途：

1.最適宜工程單位，縮攝大型工程藍圖，透明描圖紙，以及其他圖案等資料，唯縮攝面積，最大為 37 $\frac{13}{16}$ 吋 × 53 $\frac{1}{8}$ 吋。

2.本縮影機可攝製十六糎（MM），三五糎捲狀、夾檔、孔卡縮影軟片。

七、富士密可錄 1200 型縮影機（FUJI　Micle 1200）：本機具有縮影機與影印機特點，以及縮影照相與軟片沖洗雙重功能，無需排水、給水等配管工程，暗房沖洗設施，可置於辦公室內，而且機器操作簡便，就像影印機，只要將資料放在指定位置，輕按鍵鈕，縮影與沖洗同時自動進行。⑦

㈠規格：

1.機體：高 38 $\frac{9}{16}$ 吋，寬 38 $\frac{9}{16}$ 吋，深 25 $\frac{3}{16}$ 吋，重量 220 磅（約 100 公斤）。

2.電力：100／110 V，60 Hz（c／s）、11 安培。

3.軟片：使用寬十六糎（MM），長一〇〇英呎縮影軟片。

4.縮率：縮小倍率為 25：1 。

5.鏡頭：配用 FUJinon f ＝ 37.5 糎（MM），F 5.6 糎（MM）鏡頭。

㈡性能：除具有一般平床式縮影機功能及效用外，本縮影機更備下列特點：

1.使用方法與影印機類同，只需輕按鍵鈕，完全自動化處理，並立即輸出軟片資料。

2.軟片資料適宜夾檔長度，每十二幅（Frame）為一單元，隨即沖洗作業，同時自動編號，以利儲存及檢索。

3.軟片資料裝成夾檔形式，於整理、更新、查索均極簡便，有利資料靈活運用與流通。

4.機械結構精密正確，不佔場地，放置辦公室任何角落，有效利用空間，且操作人員，無需專業訓練。

㈢用途：本縮影機以影印方式進行攝製作業，最適合工商企業，金融信託、行政機關、國防單位、醫療、文教、圖書館、資料中心等機構使用。就縮影資料類別及形式說，以冊裝圖書，散葉圖表或立體實物最為適宜，唯面積範圍最大以B4（25.7×36.4公分）為限，縮影速度，每分鐘50幅（Frame）。

八、柯達神奇縮影系統（KODAK ORACIE SYSTEM）：本神奇縮影系統設備，包括縮影機及檢索機兩大部份，並設計有一套新式編碼縮影系統，使用高密度濃縮處理，增加縮影軟片容量，配合程式靈活運用，以加速資料流通，使用人員於索閱、查詢、存檔時，真正達到快速與精確要求。[8]

㈠規格：

1.機體：

(1)縮影機：高56吋，寬46吋，深33½吋，重量250磅。

(2)檢索機：高20吋，寬35吋，深19吋，重量135磅。

2.電力：使用100／110V，50／60Hz(c／s)，交流電。

3.縮率：具有26X、32X二種標準縮影倍率，檢索機固定放大28倍。

4.軟片：使用寬十六糎（MM），長二一五英呎縮影軟片,若用柯達超薄縮影軟片（Recordak Datapak Ahu Film），更有高度效果。

5.鏡頭：備有二六倍及三二倍縮率兩種鏡頭。

㈡性能：

1.縮影機特性：

(1)自動曝光控制：配有自動曝光控制，只要原始資料置於縮影枱上，即能自動偵測反射光量，而獲適度曝光。

(2)數字編碼裝置：附置八位數字組成編碼系統，靈活運用於建檔、儲存、查詢、調閱等資料處理，更爲簡單有效。於實際作業時，操作人員將各種資料代號直接按鍵輸入，在原件影像下端，自動曝光而形成一種獨特記號，既不影響軟片容量，又因本身系統化，而隨時增添新資料。

(3)配置縮影鍵鈕：裝設電話按鍵式與計算機按鍵式兩種鍵盤，爲一切操作控制中心，用以輸入代號、曝光、空號（Spaces）、清除（Clear）及試驗燈光。並配合使用者習慣,增加實際操作效率。同時由於景深特殊設計，使厚一英吋原始文件，全部置於縮影枱上依序攝製，使縮影建檔過程，更簡便快捷而有效。

2.檢索機特性：

(1)開關裝置：電源、焦距、影像轉位與複印等控制開關，全部裝設在檢索機正前方儀板上，操作簡便。

(2)自動檢索：縮影資料調閱與歸檔等程序，採用自動化檢索作業,節省時間、人力。

(3)按鈕處理：只要一次輸入查詢代號，立可尋出全部相關縮影資料，而索閱完畢，軟片自動捲回片匣，若需複印,祇輕按複印鍵，於十二秒鐘內，立即輸出第一張乾式複印資料。

⑷影像控制：於閱讀機映幕上影像、任意調整呈現速度，查索所需特定影像，立卽自動停在適當位置，以便審閱或複印。

㈢用途：本神奇縮影系統，最適用於工商企業界，以新式縮影化來管理檔案資料。

1.縮影資料：適用於 8 ½ 吋×11 吋，或 11 吋×14 吋大小之圖籍文件，每捲長二一五英呎縮影軟片，能容六千頁文件或圖片。

2.複印資料：具有 5 ½ 吋× 8 ½ 吋及 8 ½ 吋×11 吋兩種尺寸，按鍵操作，第一張乾式複印本（Print），於十二秒鐘內完成，連續複印只需八秒鐘，卽可獲得第二張複印本資料。

圖一⑴　瑞柯達克MRG-1型平床縮影機

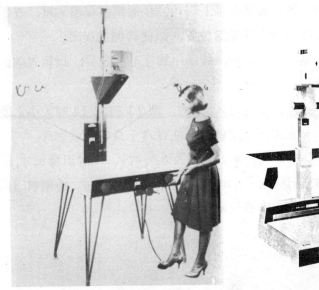

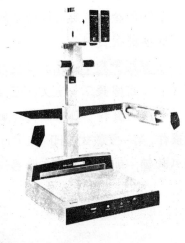

圖—(2)　瑞柯達克MRD-2型　　圖—(3)　貝爾浩Filemaster
　　　　平床縮影機　　　　　　　　　　縮影機

圖—(4)　3 M　DRC-201型平床式縮影機

圖一(5)　佳能PC-161型
　　　　　縮影沖洗機

圖一(6)　富士L 3型縮影機

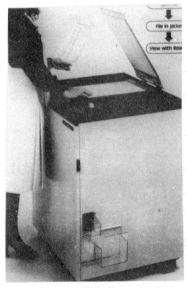

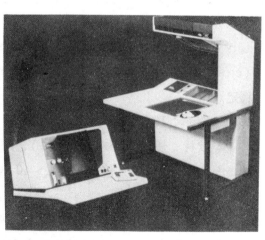

圖一(7)　富士密可錄1200型
　　　　　縮影機

圖一(8)　柯達神奇縮影系統

乙、輪轉式縮影機（Rotary Microfilmer）：本類型機種特性，係全自動化縮影作業，於攝製時，原始文件由輪轉帶自動輸入，並將資料單面或正反兩面，在軟片上同步轉動與連續進行拍攝作業。由於輪轉方式，使資料輸入與影像攝錄，非常快速，若係有編序各種文件，運作速度，每分鐘最高達六百份。經常性或例行性文件，尤其原始資料數量龐大，尺寸與厚薄大體相同而一致，同時資料編製號次者，諸如帳單、票據、公文檔案、電腦報表等資料，最適合輪轉式縮影機處理。

一、瑞柯達克750型輪轉式縮影機（Recordak Reliant 750 Microfilmer）：本縮影機為流線型設計，備有專用機座、精巧美觀、操作簡便，並配置嚴密監測系統，以顯示正常作業，而且攝製速度快捷，最適合銀行金融界使用。⑨

　㈠規格：

　1.機體：高一五‧九吋，寬二五‧六吋，深二九‧六吋，重量一六〇磅（約七二‧六公斤）。

　2.電力：104/127 V、60 H$_z$（c/s）；或 113/127 V，50 H$_z$（c/s）。並使用積體電路，將輸入交流電轉換為直流電，以保持光源穩定。

　3.縮率：具有 24 X、32 X、40 X、50 X 等四種縮影倍率。

　4.軟片：使用寬十六糎（MM）、長一〇〇/二一五英呎縮影軟片。

　5.鏡頭：配有 24 倍、32 倍、40 倍、50 倍鏡箱，可供交換使用。

　㈡性能：

　1.獨特曝光調整：內置式自動曝光控制，能在千分之一秒間，全自動測試原始稿件、每英吋顏色深淺變化、適當調整光源亮度，而攝製清晰縮影軟片。

2. 強力輸送系統：裝有高密度而富彈性輸送帶，以免發生紙張卡塞現象，新型承軸運轉時安靜持久，由於延持性電路，即使電源中斷時，仍能繼續輸送紙張，完成作業，避免剩餘紙張遺留在機器內。

3. 乾式背書裝置：使用乾式印泥滾軸，自動在支票或文件上背書，每個滾軸可使用百萬次。

4. 自動跳換號碼：每頁文件依實際需要，在縮攝前，先自動蓋上連續號碼。從 0……0 至 9……9，各十一位數字，以供查詢檢索時辨識之用。

5. 影像控制標誌：依實際需要，隨時於軟片影像下端，加攝影像控制標誌，以供檢索時配合電腦使用。

6. 配有呎碼表：裝置電子呎碼表，配合查詢檢索時使用。

㈢用途：本縮影機最適合銀行金融界，縮攝票據之用，每分鐘可將七百張以上支票，或同尺寸文件，正反兩面自動攝製成縮影軟片。

二、3M　3401型輪轉式縮影機（3M　3401 Wide Document Cartridge Camera）：本縮影機攝製方式，資料輸送，可由人工輸入，或加裝自動輸送架自動輸入，亦可裝置電腦報表輸送架，以自動攝製高五英吋連續性報表。⑩

㈠規格：

1. 機體：高十二吋，寬二九吋，深二七‧五吋，重量一一八磅（約五三‧五公斤）。

2. 電力：115 V，60 H$_z$（c／s）、5 A。

3. 縮率：32 X。

4. 軟片：使用寬十六糎（MM）、長一〇〇英呎匣式縮影軟片。

5. 鏡頭：配有三十二倍縮率鏡頭。

㈡性能：

1.適用匣式縮影軟片：由於軟片受片匣保護，不易受損、污染，任何地點、時間、光度下，均可裝卸，無需暗房設備。

2.自動拍攝光點裝置：具有自動拍攝光點（Blip Mark）控制設備，於三至十二英吋間寬幅度，加以調整光點適當位置。

3.具有光點計數儀器：本縮影機設有光點計數器（Blip Counter），以計算拍攝於軟片中光點，作為索引。

4.裝配軟片尺碼儀表：該縮影機所裝配尺碼表（Odometer），以計算縮影軟片前進長度，而瞭解攝製狀況。

㈢用途：本縮影機適合工商企業，銀行金融、信託保險等各界使用。

1.攝製文件：連續性或非連續性電腦報表，一般性公文函件，會計分類帳表等資料。

2.縮影面積：寬15¾英吋，長度不受限制。

3.縮攝速度：文件每分鐘975英吋，電腦報表每分鐘7800行（lines）。

三、貝爾浩電腦資料連續報表縮影機（Bell E Howell Inter ／COM）:本縮影機具有多項功能，不僅連續攝製摺疊式或單張式資料，同時亦可攝製法定尺寸文件，或連續性電腦報表。[11]

㈠規格：

1.機體：高42吋，寬22½吋，深24吋，重量125磅（約56公斤）。

2.電力：115V，60H₂（c／s），交流電。

3.縮率：使用26倍縮率。

4.鏡頭：裝有26倍縮率，高解像力鏡頭。

5.軟片：使用寬十六糎（MM），長一〇〇英呎，無孔縮影捲片。

㈡性能：

1. 軟片保護控制：探取自動循環方式，使每捲軟片，保留適度的導片與尾片。

2. 軟片呎數裝置：以自動式六位數字，指示軟片使用數量及剩餘長度。

3. 警告指示信號：裝設警示器，若發生信號燈及警鈴指示燈失效，軟片終了或裝載不當等情況，作業均自動停止，以清除失誤。

㈢附屬裝置：附有計數器（自動式六位數），索引（獨特索引表），落地座（含滑輪）等附品，以配合作業需要，任由選擇購用。

㈣用途：最適合醫療衞生、交通電信、信託保險、銀行金融等各業，攝製規格化文件，或連續性電腦報表，每分鐘達5000行。

四、貝爾浩SRM高速自動旋轉式縮影機（Bell E Howel SRM Microimagery Recorder System）：本縮影機根據光學氣墊原理，利用氣墊托住文件，以攝製高解像力軟片。⑫

㈠規格：

1. 機體：高15吋（含背書器），寬25吋，深34½吋，重量（含照相機、蓋印器、送料器、背書器、漏斗）211.5磅（約96公斤）

2. 電力：117V、60 H_z（c/s）、交流電。

3. 縮率：具有多種類型倍率，依實況需要，任由調換使用。

(1)可互換型：有24X、34X、44X、51X等四種縮率，依需要換用。

(2)同步標記暗碼型：有24X、44X、51X等三等縮率。

4. 鏡頭：配有多種縮影倍率鏡頭，依文件需要換用。

5. 軟片：使用十六糎（MM）無孔縮影捲片（16MM×100／215 ft）。

㈡性能：

1.送料裝置：依受件資料需要，送料器計有手動式送料器、高速送料器、自動高速送料器（含連續數字蓋印器）三種，任由選用。並設有旁路控制，允許攝製較厚文件，無需調整送料器。以及停止按鈕，當有干擾發生時，即可解脫送料器，以策安全。同時設置反捲送料器，精細分開文件，避免重複或漏攝現象發生。

2.光電計數：採用按鈕方式，以確實六位數，適應超高速檢索需要，選用同步檢索標記（Syncro Mark-Blip），使縮影紀錄，更完善配合自動化程序。

3.蓋印板式：蓋印位置可作垂直或水平方向變化，並設有連續數字蓋印器，以十一位數字，設定位置，交換或連續使用，亦可由外部控制盤重新設定，而配合背書需要。

4.警告訊號：設有各種視聽訊號指示，若軟片終了、捲軸滿載、軟片裝填不當、燈泡失效等，立即發出警告指示訊號，使操作人員瞭解縮影作業狀況。

㈢用途：適合金融銀行界，處理支票、帳卡，以及一般人事卡片或文件。攝製速度，每分鐘六〇〇張，資料容量，每捲可攝錄支票尺寸文件一二〇〇張，文件面積，寬 $3\frac{1}{4}$～11吋，長度 $25\frac{1}{8}$吋。

五、佳能 300 DDS 輪轉式縮影機（Canon Rotary Filmer 300 DDS）：本縮影機具有高速縮影能力，暨高密度解像力，富作業彈性，同時影像有單面（Simplex）、雙面（Duplex）、雙排（Duo）等三種畫面安排方式，任意選用。[13]

㈠規格：

1.機體：高四四吋，寬二八吋，深三五吋，重量二〇七磅（約九四公斤）。

2. 電力：120 V、60 H$_z$（c／s）、700 W。

3. 縮率：具有 24 X、40 X、48 X 等三種縮影倍率，以適應各種照相單元需要。

4. 軟片：使用軟片較富彈性，凡 5 Mil‐100 ft、4 Mil‐125 ft、5 Mil‐200 ft、2.5 Mil‐215 ft 等四種不同厚度之十六糎（MM）縮影捲片，任可選用。

5. 鏡頭：配有二四倍、四〇倍、四八倍三種卡匣變換式鏡頭。

㈡性能：

1. 自動曝光系統：光源來自 12 V，25 瓦鎢絲燈泡，計兩排十八個，唯不受燈泡情況及輸入電壓影響，自動維持照相光度在恆定標準，設有光度調整器，自動曝光控制。

2. 資料檢索設計：本機自動計數碼表（Odometer）及檢索符號（Blip Mark），加以紀錄，並配合自動檢索機器，而便利查索所需資料。

3. 自動背書裝置：設有自動註記六位數號碼（如日期），及六列其他說明，背書於文件上，並有四種顏色任意選用，同時避免混雜重複攝製作業。

4. 鍵鈕控制設備：全部鍵鈕集中於控制盤（Control panel），操作簡便，兼具四種功能：

⑴片頭、片尾之導帶，自動輸送。

⑵六位數曝光計數器，自動累計攝影數量。

⑶軟片長度指示器，以瞭解軟片使用長度。

⑷自動燈號及警鈴裝置，隨時保持機器正常操作，若有故障立即自動警示。

㈢用途：本縮影機適合高速攝製小型文件，諸如支票、帳單、卡片，或寬度在三十公分內原稿。縮影速度，每分鐘攝製小型文件六百張，或Ａ４尺寸之文件二四〇張。

六、富士R-1型輪轉式縮影機（FUJI Microfilm Rotary Camera R-1）：本縮影機設計精巧、不佔空間、採全自動式，操作簡便，無需特殊專業訓練。⑭

㈠規格：

1.機體：高12 ¹⁹⁄₃₂吋，寬20 ¹⁵⁄₃₂吋，深24 ¹³⁄₁₆吋，重量110.3磅（約50公斤）。

2.電力：117V、60 H$_z$(c/s)，普通交流電。

3.縮率：具有24X、34X、44X三種縮影倍率，依攝製文件需要，任由換用。

4.鏡頭：配備多種縮率鏡頭，依原始文件需要換用。

5.軟片：使用寬十六糎（MM），長100/215英呎，無孔縮影捲片。

㈡性能：

1.資料輸送：文件輸送快速，運轉正確，紙張厚度，可自由調整，而長時間操作，亦不影響縮影速度與效果。

2.軟片裝填：同時裝填兩捲軟片，具有四種縮影方式，任由選擇，以配合實際情況需要。同時縮影文件正反兩面，或往復攝製文件，節省複製副本時間與人力。

3.曝光控制：操作簡單正確，祗依照明指示調整光源，以避免曝光過度或不足現象，確保軟片品質標準。

4.背書銷印：本機具有一種特殊背書、銷印裝置，於縮影作業時，同步完成背書及銷印程序。

5.警鳴訊號：特別設計有警鳴裝置，若發生軟片終了、裝片錯誤、軟片鬆脫、縮影主件安裝不當、曝光燈泡失效等現象，均立即發出警鳴訊號，確保安全。

　　㈢用途：適合金融銀行、信託保險，以及工商企業界，處理票據、帳卡、報表、契約、合同、借條等文件資料。縮影速度、每分鐘六〇〇張（支票大小尺寸文件）。

圖二(1)　瑞柯達克 750 型　　　　圖二(2)　　3 M 3401 型輪轉式
　　　　輪轉式縮影機　　　　　　　　　　　縮影機

圖二(3)　貝爾浩電腦資料連
　　　　續報表縮影機

圖二(4)　貝爾浩SRM高速自動
　　　　輸送輪轉式縮影機

圖二(5)　佳能RF 300 DDS
　　　　輪轉式縮影機

圖二(6)　富士R-1輪轉式縮影機

丙、單片式縮影機（Step and Repeat Microfilmer）：一九六
〇年代，縮影單片（Microfiche）在歐洲研究成功，而單片縮影機，亦
隨而產生，且發展快速，頗有迎頭趕上趨勢。單片式縮影機與平床式、
輪轉式縮影機，在性能上最大差異，係單片式縮影機，於每張縮影底
片上，能作多次個別曝光。換句話說，就是在每份縮影軟片上，按預
定形式與編序，重複縮攝一連串個別影像。通常使用縮影軟片爲一〇
五糎（MM）大型軟片，係攝製片狀縮影軟片專用。

一、**3 M SRC 1050 型片狀軟片縮影沖洗機**（3 M Step and
Repeat Processor Camera 1050）：本機具有自動縮影與沖洗兩大
功能，以按鍵式操作，採用熱顯影方法，無需藥水及暗房設備，適合
攝製各種文件、檔案、書籍和電腦報表等資料。⑮

㈠規格：

1.機體：高六八吋，寬四八吋，深二五吋，重量四〇〇磅（約一
八一公斤）。

2.電力：115 V、60 Hz(c/s)、12.5 A，使用螢光燈。

3.縮率：具有24 X、48 X等二種縮影倍率。

4.軟片：使用寬一〇五糎（MM），長五〇英呎捲狀軟片。機內
自動切片裝置，於攝製前先切成寬一〇五糎，長一四八糎（4×6吋）
片狀軟片（Fiche），計一〇〇張。

5.鏡頭：配有二四倍及四八倍二種倍率鏡頭。

㈡性能：

1.攝製枱面爲眞空吸力拍攝板，自動吸平文件，確保最佳效果。

2.機上拍攝指示銀幕（Screen grid Display）內，設有電子自
動跳躍指示燈，正確指示軟片現行拍攝位置與作業過程。

3.片狀軟片標題（Title）與索引，於機內專攝標題裝置上，以標

題長條（Title strip）接觸方式（Contact Print）攝製，或在拍攝枱面（Copyboard）上攝錄。

4. 機內設有自動沖片裝置，從縮影至沖洗完成，採一貫作業，操作簡便，無需暗房設備、水電設施，以及專業訓練。

5. 軟片沖洗作業，採最新熱顯影方式，無需藥劑與給水，並可延長機器壽命。

6. 沖洗快速，每張軟片僅需三〇秒，縮影與沖片同時進行，以加快作業速度。

㈢用途：本縮影機適合攝製各種文件、檔案、書籍與電腦報表等資料。拍攝文件尺寸，單頁（Single page）為 8 ½ 吋 × 11 吋，雙頁（Double page）為 11 吋 × 17 吋，唯最大尺寸以 11 $^{13}\!/_{16}$ 吋 × 18 ½ 吋為限。

二、貝爾浩片狀軟片縮影機（Bell E Howell Diplomat Camera)：本機具有自動縮影與沖洗二大功能，採用鍵鈕式操作，無需暗房作業，適合攝製各種檔案文件，以及發行縮影出版品使用。[16]

㈠規格：

1. 機體：高九八吋，寬八四吋，深八四吋，重量六〇〇磅。

2. 電力：110／120V，50／60 H_z(c/s)，20 A。

3. 縮率：具有三種不同縮小倍率，任由選用。

　(1) 10 X — 26 X

　(2) 10 X — 32 X

　(3) 18 X — 48 X

4. 軟片：使用寬一〇五糎（MM），長一〇〇英呎縮影捲片，於機內裝有自動切片設備，攝前切成 4 × 6 吋，標準規格單片。

5. 鏡頭：備有三種標準縮率鏡頭，採升降式任選使用。

㈡性能：

1.鍵鈕控制：全機設有十四個鍵鈕，以鍵鈕控制方式，自動調整焦距曝光，且操作簡便，無需專業訓練。

2.警號告示：本機特別設置警示音頻，若裝片錯誤，軟片攝完，均立卽鳴發警音告示，確保安全。

3.一貫作業：縮影及顯影處理，同步進行作業，並採用最新熱感應顯影處理方式，無需暗房設備。

4.軟片格式：計有六〇（5×12）、七二（6×12）、九八（7×12）幅（Frame）等三種標準格式,視原始文件需要，任由選擇攝用。

㈢用途：本縮影機適合行政機關或企業機構,攝製檔案文件及各項帳表，以及出版公司發行縮影單片使用。縮攝速度，每幅僅需一秒鐘。

三、AM　CSR2001 **型片狀軟片縮影沖洗機**（AM　Bruning
CSR2001 Microfiche　Camera／processor）：本機兼具縮影與沖洗兩大功能，以按鈕方式處理，採一貫作業，無需暗房設備與專業技術訓練。⑰

㈠規格：

1.機體：高132公分，寬121公分，深90公分，重量約205公斤。

2.電力：110／120 V、50／60 H$_z$（c／s）、10 A。

3.縮率：具有 20 X、24 X、27 X、42 X、48 X 等五種縮影倍率。

4.軟片：使用 4 吋×6 吋縮影單片。

5.鏡頭：配有二〇倍、二四倍、二七倍、三〇倍、四〇倍、四二倍、四八倍等七種縮率鏡頭、任意選用。

　　㈡性能：

　　1.按鈕處理：全部機器操作過程，諸如拍攝、沖洗、複印等作業，皆採按鈕（Botton Press）方式處理。無需專業技術訓練。

　　2.監控指示：機上監控系統（Alarm Monitor），配以電子指示燈，使操作人員明確瞭解拍攝作業現況，以免發生錯誤。

　　3.自動拍攝：設有自動拍攝裝置（Option），可使單面文件,連續自動拍攝，最高速每分鐘一二〇〇張。

　　4.沖片過程：軟片自動經過顯影、定影、沖洗等三段沖洗槽，乾片輸出，立可使用。

　　5.品質控制：縮影軟片品質管制，設有自動標準品質裝置，諸如補充系統，維持一定濃度。調節系統，以調整適當溫度及速度，確保軟片沖洗最高效果。

　　㈢用途：本縮影機適合攝製一般性文件、檔案、圖書，以及表單等資料。

　　四、富士 S 105 C 型片狀軟片縮影沖洗機（FUJI Microfiche Camera-processor S105C）：本機具有縮影及沖洗功能，採按鍵式一貫作業，無需暗房設施及專技訓練。[18]

　　㈠規格：

　　1.機體：高二〇七公分，寬一一九公分，深一五三公分，重量約六五〇公斤。

　　2.電力：100 V／2 kw，60 Hz（c/s），20 A。

　　3.縮率：具有 18 ～ 26 X 連續縮影倍率。

　　4.軟片：使用 4 吋 × 6 吋縮影單片。

　　5.鏡頭：配有高解像力廣角鏡頭（Fujinon-M35 M f／6.3）。

㈡性能：

1.書本水平板：本機獨特設計書本水平板（Book Holder），以解決縮攝冊裝文件，或較厚書本時，於兩頁間凹部文字資料，無法拍攝之缺失與難題。

2.專攝標題器：縮影軟片之索引標題（Title），或特別記號，可書寫或打字在紙張上，再裝入專攝標題裝置（Titler）內，自動拍攝於軟片上，以利查索。

3.格位指示器：設有格位指示器（Frame Indicator）以指示燈自動顯示軟片正在拍攝位置，使操作人員隨時明瞭作業過程與進行情況。

4.自動化設備：全部操作鍵鈕，裝置在攝製枱前面，採鍵式操作，從資料縮影至軟片沖洗完成，全自動化一貫作業。

㈢用途：本縮影機適合攝製60／98格（Frame）縮影軟片。就資料形式言，書籍、便箋、報紙、圖表等資料，以單頁或雙頁方式攝製，拍攝文件尺寸，單頁（Single Frame）為219.6×174.6MM，雙頁（Double Frame）為421.2×603.2MM。

五、ALOS-24型片狀軟片縮影機（ALOS Microfiche Recorder 24）：本機專供片狀軟片照相，並配合沖片機（Processer-25）使用，設計精巧，適宜任何場地，放置辦公桌上操作。[19]

㈠規格：

1.機體：高22吋，寬23吋，深19吋，重量42磅（約19公斤）。

2.電力：115V、60 H$_z$（c/s）、90W、普通交流電。

3.縮率：配有24X、25X二種標準縮影倍率。

4.軟片：使用柯達1460型銀鹽片狀軟片，標準規格，4吋×6吋。

5.鏡頭：使用1：4倍，f＝18糎（MM）光圈的複合式鏡頭。

㈡性能：

1. 採用兩支 14W 螢光燈泡，曝光速度，按原始文件反差，任意調整。

2. 原始資料在軟片上攝製位置，由紅色指標清晰指示，任可跳格或空行，直接移動至預留攝製索引目錄位置。

3. 設有安全控制開關裝置，避免重複拍攝現象，並可安裝脚踏開關，便於操作。

4. 軟片裝置在卡匣內，裝卸軟片，均可燈光下操作，不虞曝光。

5. 附有數字和英文字母標題卡，依需要製作中、英文或數字標題。

㈢用途：本縮影機適合 A 4（ 8½吋×11吋）略大尺寸，以及一般書信文件，拍攝板面達 9½吋×12吋，景深 7⅞吋，每張軟片拍攝112頁資料，若製作標題，亦可拍攝98頁。

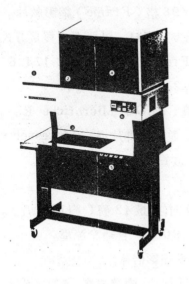

圖三(1)　3M－SRC1050型　　圖三(2)　貝爾浩片狀軟片縮影機
　　　　單片縮影沖洗機

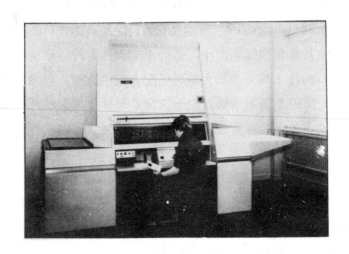

圖三(3)　AM-CSR2001型片狀軟片縮影沖洗機

圖三(4)　富士S105C型片狀　　　圖三(5)　ALOS-24型縮影
　　　　軟片縮影沖洗機　　　　　　　　　單片縮影機

丁、孔卡式縮影機（Aperture card Microfilmer）：由於電腦
（Electronic Computer）普遍化發展，促進縮影資料處理技術與方
法，孔卡軟片縮影機隨而產生，結合 IBM 孔卡片，形成新的體系，
為紀錄資料的基本單元，最大特性係配合電腦處理，益增檢索功能。
製作過程，除用電腦孔卡嵌以三十五糎（MM）縮影軟片一幅（Fr-
ame）組成者外，並有直接由孔卡縮影機攝製者，以工程圖、地籍圖、
大型文件等資料最為適宜。

一、3 M 2000 E 型縮影沖洗機（3 M 2000 E Processor Ca-
mera）：本機係專供攝製孔卡縮影軟片縮影機，兼備自動縮影沖洗功
能，按鈕式進行自動化一貫作業，從縮影至沖洗完成，每張孔卡軟片
僅需45秒，並配合電腦檢索使用。[20]

（一）規格：

1.機體：高七八吋，寬九二吋，深四二吋，重量約五五〇磅（二
五〇公斤）。

2.電力：100～130 Volts（伏特），60 H$_z$（cycles／second
週／秒），15 安培（Amperes）交流電。

3.縮率：具有 16 X、24 X、30 X 三種倍率。

4.軟片：使用寬三十五糎（MM）孔卡軟片。

5.鏡頭：配有16 X、24 X、30 X等三種縮率鏡頭，任由選用。

（二）性能：

1.縮影、顯影、定影、沖洗、乾燥等程序，全部一貫自動化作業。

2.機械操作採按鍵方式，共有六個鍵鈕，操作簡便，無需專業訓
練。

3.控制線路全為電晶體，照明光源係螢光燈，並自動調整光度。

4.全部設備為密封式，無化學藥品外洩之慮，確保安全及清潔。

5. 孔卡縮影軟片，配合電腦使用，加速檢索功能。

㈢用途：適用於工程藍圖及大型文件，攝影面積共分兩層，上為18吋×24吋，下為30吋×40吋，原始文件以36吋×48吋為限，每四十秒，攝製孔卡縮影軟片一張。

圖四　3M-2000 E型縮影沖洗機

註　釋

註一　美國柯達公司　縮影系統圖錄規格說明書

註二　同註一

註三　美國貝爾浩公司　縮影系統圖錄規格說明書

註四　美國3M公司　縮影系統圖錄規格說明書

註五　日本佳能公司　縮影系統圖錄規格說明書

註　六　　日本富士公司　縮影系統圖錄規格說明書

註　七　　同註六

註　八　　同註一

註　九　　同註一

註　十　　同註四

註十一　　同註三

註十二　　同註三

註十三　　同註五

註十四　　同註六

註十五　　同註四

註十六　　同註三

註十七　　美國ＡＭ公司　縮影系統圖錄規格說明書

註十八　　同註六

註十九　　同註一

註二十　　同註四

第二節　　沖洗設備器材

　　縮影軟片處理機（Microfilm Processor），又稱軟片沖洗機，就使用功能說，通常分十六糎（ＭＭ）用，三五糎用，或通用型數種，以沖洗方式分，計有單槽、雙槽、三槽、四槽、六槽等多種，於顯影、定影、沖洗、烘乾等過程中，完全自動化。進行一貫性作業。近年來，縮影軟片沖洗機，由於各廠牌不同，而特性及功能略異，玆各選擇具有代表性機型，且爲國內普遍使用者，以作簡要說明，俾供參考。

一、瑞柯達克DVR型縮影軟片沖洗機（Recordak Prostar Microfilm Processor DVR）：本軟片沖洗機，設計精確，操作簡便，快捷安全，節省人力、財力、時間、空間，而符合高級與經濟要求。①

㈠規格：

1.機體：高28½吋，寬25吋，深12½吋，重量約90磅。

2.電力：117V、60 H$_z$（c／s）、15 A。

3.水源：耗水量視沖洗軟片類型需要，每分鐘約需用水½～2加侖，水流依水壓變化，自動調整。

4.洗槽：六個、計水洗、顯影、定影各二個，裝用普魯士達（Prostar）顯影、定影藥液各1.3公升。

5.溫度：附有自動調溫混合器與自動恒溫控制器，以調節適當溫度。

(1)顯影溫度：華氏90度，正負0.5度（90°±½ F）。

(2)定影溫度：華氏86度，正負2度（86°±2 F），沖洗水溫亦同。

(3)烘乾溫度：華氏110～125度（110～125 °F）。唯機器速度，以每分鐘五英呎為限。

6.速度：軟片沖洗速度（呎／小時），每分鐘五英呎。

7.軟片：沖洗軟片類型，寬十六糎（MM）或三五糎捲狀縮影軟片，長度自二英呎至一〇〇英呎。

㈡性能：

1.本機具有自動捲片操作性能，行進速度每分鐘五英呎。第三號沖片架有二種型式（VHJ／VHU），於購置時，應即選定沖洗軟片型式，安裝何種片架，以適應各種用途而符實際需要。

2.採用滾筒傳送軟片，全部顯影、定影、沖洗、烘乾等程序，以一貫性處理，於同一機器內自動化完成作業。

3. 加裝雙捲連接器，同時沖洗十六糎（MM）軟片兩捲，以增加沖洗容量，唯不影響三五糎軟片沖洗作業。

4. 配有溫度調節器，本機附有自動調溫混合器，以調節送入水溫，維持在華氏 84～89 度間，並採用自動恒溫控制器，控制顯影液溫度，以確保軟片品質。

㈢附屬裝置：本機附件，可任意配用。

1. 自動藥劑補充器：按沖洗軟片數量，自動補充所需顯影液與定影液，以保證最佳沖片品質。

2. 縮影軟片檢查器：配有光源與轉盤，便於檢視沖洗軟片品質。

二、3M P-74型縮影軟片沖洗機（3M Microfilm Processor P-74）：本沖洗機為桌上型設計，精巧正確，於普通室內光線下作業，無需暗房設備與專技訓練。②

㈠規格：

1. 機體：高 15 吋，寬 40 吋，深 14 吋，重量約 70 磅。

2. 電力：110 V、60 Hz（c/s）、4 A。

3. 水源：需水量每分鐘二加侖。

4. 洗槽：四個，顯影、定影、沖洗槽各別裝卸，使用保養方便。

5. 溫度：溶液溫度為華氏 99 度（$37\frac{2}{9}$ °C），烘乾溫度為華氏 150 度（$65\frac{5}{9}$ °C）。

6. 速度：軟片沖洗速度（呎／小時），16MM×100 呎縮影軟片，每捲只需要十七分鐘，一次沖洗兩捲。

7. 軟片：任何廠牌捲狀、匣式、卡式三種類型軟片，寬度 8 糎（MM）、16 糎、35 糎，長度 2～215 呎，厚度 2.5～5 密爾（Mil），均可沖洗。

㈡性能：

1.裝置沖洗速度與溫度調節鈕：以配合各種軟片不同性質，而作適當調度。

2.自動化一貫作業程序：自顯影、定影、沖洗、烘乾、輸出等，全部過程採一貫性自動作業，無需暗房設備與專技訓練，任何場地光線下，均可操作。

3.具有冷熱水混合與藥液自動裝填器：爲調和冷熱水適當溫度，維持所需藥水數量，特殊設計上列裝置，以確保軟片沖洗最佳品質。

三、貝爾浩 ABR - 300 **型縮影軟片沖洗機**（ Bell E Howell ABR -300 Microfilm Processor）：本機適合於獨特 ABR 卡派（ Cartridge - Pak ）軟片,採落入式裝置與直線式送料，操作簡單，無需暗房設備與專業訓練。③

㈠規格：

1.機體：高10吋，寬36½吋，深16吋，重量70磅（約32公斤）。

2.電力：110 V、50/60 Hz(c/s)、12 A交流電。

3.水源：需水量，在使用混合閥時，每分鐘0.5加侖（1.9公升），並採用重力式排水。

4.洗槽：三槽，顯影、定影藥液各一個，每槽容量0.5加侖（1.9公升）。

5.溫度：溶液溫度爲華氏95～100度（35～43°C）。加溫時間10～12分鐘。

6.速度：軟片輸送速度（呎/小時），每分鐘2.5英呎（0.88公尺）。

7.軟片：沖洗軟片類別，貝爾浩 ABR 卡派軟片，或16～105MM

捲片，每次沖洗卡派軟片或十六糎（MM）軟片三捲。

　　㈡性能：

　　1.直線式設計：本機採落入式自含裝片，無需沖洗導帶。並以直線式送料，平滑而無阻塞。輸出軟片，立可閱讀。

　　2.一貫性作業：從顯影、定影、沖洗、烘乾等程序，採全自動化作業，沖洗軟片，具有高解像力效果。

　　㈢附屬裝置：本機附有供水混合閥，軟片裝塡箱，儲藏用座架等設備，視沖洗需要，任由選購使用。

　　四、貝爾浩Filemaster Ⅲ縮影軟片沖洗機（Bell　E　Howell Filemaster Ⅲ Microfilm Processor）:本機設計精確,操作簡便,快速安全,於正常室內光線下進行作業,無需暗房設施與專業訓練。④

　　㈠規格：

　　1.機體：高13吋，寬43吋，深16吋，重量80磅（約36公斤）。

　　2.電力：110V、50／60 H_z（c／s）、15 A，交流電。

　　3.水源：需水量，每分鐘一加侖（3.8公升）.採重力排水方式。

　　4.洗槽：四槽，顯影、定影槽各一個，每槽藥液容量0.5加侖（1.9公升）。

　　5.溫度：溶液溫度爲華氏95～100度（35～43°C），自動控制。加溫時間10～12分鐘。

　　6.速度：軟片輸送速度（呎／小時），每分鐘2.5英呎（0.88公尺）。

　　7.軟片：沖洗軟片類別，負片（Nagative），有或無染料底膜軟片，均可沖洗。每次沖洗容量16 MM×100 呎三捲， 35 MM×100 呎二捲， 105 MM×100 呎一捲。

　　㈡性能：

1.操作簡便：採自含式裝片，無需沖洗導帶，以及暗房設施與專技訓練。

2.一貫作業：自顯影、定影、沖洗、烘乾等程序，以完全自動化，進行一貫性作業，輸出軟片，立可閱讀。

3.軟片品質：本機沖洗軟片，在密度與對比上，完全一致，且解像力高，符合標準要求。

㈢附屬設備：本機附件，視沖洗作業需要，任由選購使用。

1.供水混合閥。

2.軟片裝片匣：具有單個或組合二種，供16、35、105糎（MM）軟片沖洗使用。

3.自動溶液補充器，容量2.5加侖（9.5公升）。

4.染料底膜擦除器。

5.座架：兼具儲藏功用。

五、佳能ＡＰ-163Ｈ型縮影軟片沖洗機(CANON Monomicrol Auto Processor 163 H)：本沖洗機特殊設計，採用單槽沖洗方式，以高速自動沖洗十六糎（MM）捲狀軟片。⑤

㈠規格：

1.機體：高 26 $\frac{3}{8}$ 吋，寬 20 $\frac{5}{8}$ 吋，深 8 $\frac{1}{4}$ 吋。重量59磅（約27公斤）。

2.電力：120 V、60 H_z（c/s）、600 W。

3.水源：水洗槽一個，需水量1.9公升。

4.洗槽：溶劑槽一個，容量1.6公升。

5.溫度：沖洗溫度，華氏90度（ 32°C），自動控制。

6.速度：沖洗速度（呎／小時），長一○○英呎，只需十六分鐘。

7.軟片：專供16 MM× 100 呎捲狀軟片沖洗使用。

㈡性能：

1.特殊設計：本機型爲單槽式特殊設計，顯影、定影同槽完成，而烘乾系統，採用熱風乾燥方式，操作簡便，無需專技訓練。

2.一貫作業：自顯影、定影、水洗、烘乾等程序，完全自動化一貫作業，無需供水，排水設施，任何場地均可安裝使用。

3.鍵鈕控制：裝有沖洗溫度與速度自動控制器，以調節適當沖洗溫度與速度。

六、富士AP－4型縮影軟片沖洗機（FUJI Microfilm Auto-Processor AP-4）：本機具有卓越性能，以及全自動溫度控制，操作簡單，於普通室內光線下作業，無需暗房設備與專技訓練。⑥

㈠規格：

1.機體：高24 ⁷⁄₁₆吋，寬45吋，深14¼吋，重量約七〇公斤。

2.電力：110V、60 H$_z$(c/s)、15 A。

3.水源：需水量每分鐘3～5公升。

4.洗槽：六個，除水洗槽外，顯影、定影溶液各二個，每槽容量0.75公升。

5.溫度：沖洗溫度，顯影液爲華氏86度（30°C），定影液及水洗溫度爲華氏80.6度（27°C），自動調控溫度。

6.速度：沖洗速度（呎／小時），每分鐘3公尺。

7.軟片：沖洗軟片類別爲16／35糎（MM）縮影捲片，沖片容量，16糎每次二捲，35糎每次一捲。

㈡性能：

1.機型精巧：乃桌上式設計，不佔空間，導帶方式輸入軟片，於明室內作業，無需暗房設備。

2.單一開關：本機採用單一式作業控制開關，操作簡便，無需專技訓練。

3.收片方式：配有自動收片裝置，無需人力操作，增進工作效率、節省人力與時間。

4.一貫作業：從顯影、定影、沖洗、烘乾等程序，採一貫性自動化作業，輸出軟片，立可使用。

七、ALOS-25型縮影單片沖洗機（ALOS Microfiche Processer 25）：本機專供片狀軟片沖洗用，配合片狀縮影機（Recorder 24）作業。⑦

㈠規格：

1.機體：高14吋,寬18吋,深20吋,重量22磅（約10公斤）。

2.電力：115V、60 Hz(c/s)、90 W。

3.洗槽：共三個，計分顯影、定影、清水各乙個，每槽容量0.8公升。

4.溫度：烘乾溫度，華氏140度以下（60°C），唯沖洗作業，無需加溫。

5.速度：沖洗速度，每小時3～6張。

6.軟片：專沖洗24型縮影機所攝單片（4吋×6吋）。

㈡性能：

1.採用傳統式顯影、定影、水洗、烘乾等作業程序，影像清晰，品質符合標準，適宜永久保存使用。

2.沖洗時間，配合實際需要，任意調整，以確保軟片適當濃度。

3.桌上型機體精巧，旋鈕操作，於明室燈光下作業，無需暗房、水源、排水，或加溫等任何裝置。

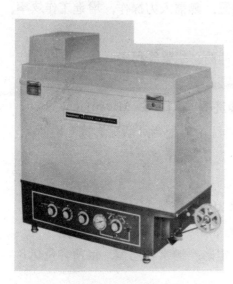

圖一　瑞柯達克DVR型
縮影片沖洗機

圖二　3MP-74型
縮影片沖洗機

圖三　貝爾浩ABR-300型
縮影軟片沖片機

圖四　貝爾浩 File Mastes Ⅱ
縮影軟片沖洗機

圖五　佳能 AP - 163 H 型
　　　縮影片沖洗機

圖六　富士 AP - 4 型
　　　縮影軟片沖洗機

圖七　ALOS - 25 型縮影單片沖洗機

註　釋

　　註一　美國柯達公司　縮影系統圖錄規格說明書

　　註二　美國 3 M公司　縮影系統圖錄規格說明書

　　註三　美國貝爾浩公司　縮影系統圖錄規格說明書

　　註四　同註三

　　註五　日本佳能公司　縮影系統圖錄規格說明書

　　註六　日本富士公司　縮影系統圖錄規格說明書

　　註七　同註一（縮影資料管理簡介）

第三節　複製設備器材

　　複製機（Duplicator），俗稱拷貝機，係使縮影資料便於流通，而利用原縮影軟片（正本又稱母片），以製作拷貝片（副本），俾廣傳播的使用媒體。依功能分，計有捲片複製機（Roll to Roll），單片複製機（Fiche to Fiche），孔卡片複製機（Card to Card）等機種。

　　甲、捲狀軟片複製機（Roll to Roll Duplicator）：本機種進行複製（拷貝）軟片作業時，採同步按裝母片（Master Film)和複製（拷貝）軟片，唯必需兩種軟片感光乳劑層密貼，亦就是藥膜面相對重疊，於是曝光複製而成。

　　一、愛德3100 T型軟片複製機（Extek Film Duplicator 3100 T）：本機種設計精密準確，構造堅固，複製（拷貝）軟片，品質優良，按鈕控制，操作簡便，節省作業人力。[1]

　　㈠規格：

1. 機體：高 29¾吋，寬 40¼吋，深 20⅛吋，重量 205 磅。

2. 電力：118 V、60 H$_z$(c/s)、15 A 交流電。

3. 光源：配用 250 W 石英碘化（Quartz-iodide）燈泡，壽命 1000 小時。

4. 速度：拷貝速度（呎／小時），每分鐘最高達 325 英呎，並以旋鈕調控速度。

5. 軟片：適用於複製 16／35 MM 縮影軟片，且同極軟片或反極軟片，均可使用。

　㈡性能：

1. 採用眞空吸力原理，絕對避免軟片彎曲變形，以保護軟片品質。

2. 光度區分爲一〇〇種不同程度，旋鈕控制，以適應各種需求。

3. 解像力強，縮率在一五〇倍以內影像，皆可清晰複製。

4. 傳眞度高，複製軟片，可再作反覆使用，而不影響效果。

　㈢附屬裝置：配有附件，任由選購使用。

1. 循環式片架：母片（Master Film）最長容納二二〇英呎，拷貝片每次容納長度一〇〇〇英呎。

2. 自動計數器：依所需拷貝片套數，自動控制軟片複製次數。

3. 濃度控制器：於進行複製作業時，自動增減燈泡光度，使拷貝軟片濃度均衡一致，達到標準要求。

　　二、佳能 800 Z 型捲狀軟片複製機（CANON Roll Duplicator 800 Z）：本機係經特殊設計，用以大量複製十六糎（MM）或三五糎捲狀軟片。操作簡便，無需專門技術人員作業。[2]

　㈠規格：

1. 機體：高 18½吋，寬 47⁹⁄₁₆吋，深 23³⁄₁₆吋，重量 199 磅（約 90 公斤）。

2. 電力：115 V、60 H$_z$（c／s）、交流電。

3. 光源：預曝光源 250 W 水銀燈，曝光及定著光源 400 W 水銀燈二支。

4. 速度：拷貝速度（呎／小時），最快每分鐘 250 英呎。

5. 軟片：適用十六糎或三五糎熱感軟片，軟片容量，3 密爾（Mil）熱感軟片，可複製 3000 英呎，5 密爾（Mil）銀鹽原片，可複製 600 英呎。

㈡性能：

1. 複製方式：採用强靱力熱感軟片，不僅避免化學藥劑污染，更無需暗房給水、排水或阿摩尼亞（Ammonia）排氣設施，適合安裝任何場所。

2. 控制儀器：全部鍵鈕集中安裝在機前控制儀板上，操作簡易，無需專門技術訓練。

3. 作業程序：使用熱感滾筒顯影方式，溫度調控於攝氏一二五度（257°F）。顯影、定著處理程序，全由機器自動完成。

4. 冷却裝置：配有强力冷風散熱器二座，以確保拷貝片高解像力，以及原軟片品質效果。

三、富士PR-1型縮影軟片複製機（FUJI Microfilm Printer PR-1）：本機結構精密，性能卓越，專供拷貝捲狀縮影軟片之用。③

㈠規格：

1. 機體：高 15⅜吋，寬 15⅜吋，深 14⅛吋，重量 44.1 磅（約 20 公斤）。

2. 電力：110 V、60 H$_z$（c／s）、150 W。

3. 光源：曝光光源，使用 12 V、20 W 燈泡，手動旋鈕控制。

4. 速度：拷貝速度（呎／小時），每二〇分鐘 30.5 公尺。

5. 軟片：適用寬十六糎（ＭＭ）或三五糎，長一〇〇英呎，銀鹽捲片。

㈡性能：

1. 特殊設計，結構精密，性能卓越，操作簡便，拷貝快速，提高作業效率。

2. 外形精巧，不佔空間，軟片安裝完畢，於明室內光線下作業，無需暗房設備。

3. 自動控制：拷貝光源亮度，自由調整，保持品質效果，複製作業完畢，自動停止，確保安全。

圖一-(1)　美國 Extek 3100 T
捲狀軟片複製機

圖一-(2)　佳能 RD800 Z 型
縮影捲片複製機

圖一⑶　富士PR-1型縮影捲片複製機

　　乙、片狀軟片複製機（Fiche to Fiche Duplicator），又稱單片拷貝機，於複製縮影單片時，係將切裁裝妥的感光軟片，亦就是拷貝用單片，放置在複製機內固定位置，經由曝光複製而成。複製、沖洗程序，於明室內同時進行作業，無需暗房設備及專業訓練。

　　一、3M片狀軟片複製系統（3M Duplifiche System）：本複製系統，分片狀軟片複印機與顯影機兩部份，採乾式處理方法，於明室內作業，且操作簡便，無需暗房設備與專業訓練。④

　　㈠3M 261型片狀軟片複印機（3M Duplifiche Printer 261）：本機型設計精巧，效果優異，母片（Master Film）無論是銀鹵片（Silver-Halide）、乾銀片（Dry-Silver）、重氮片（Diazo）或夾檔片（Jacket），均可複製拷貝，複印速度，每分鐘六至八張。

　　㈠規格：

1.機體：高 $10\frac{1}{2}$ 吋，寬 $18\frac{1}{2}$ 吋，深 12 吋，重量 38.5 磅（約 17.5 公斤）。

2.電力：115 V、60 H_z(c/s)、10 A。

3.光源：使用 400 瓦（Watt）水銀蒸氣紫外線燈泡。

4.速度：複印速度，每分鐘 6～8 張。

5.軟片：適用 4 吋×6 吋標準規格母片（Master Film）、縮影單片（Microfiche）、夾檔軟片（Jacket）。

㈡性能：

1.複印作業：採用藥膜面接觸方式（Sheet-to-Sheet），進行複印作業，使誤差減少至最低程度。

2.曝光控制：配有曝光時間控制鈕，以供各種實況需要，隨時任意適度調控，且操作簡單，無需專業訓練。

㈡3M 262 型片狀軟片顯像機（3M Duplifiche Developer 262）：本機型精巧，操作與保養容易，無需暗房作業與專技訓練。

㈠規格：

1.機體：高 7.6 吋，寬 26.1 吋，深 14.8 吋，重量 40 磅（約 18 公斤）。

2.電力：115 V、60 H_z(c/s)、10 A。

3.速度：複製速度，由於拷貝軟片性質不同，而速略異。

⑴重氮片（Diazo film）：第一張需 35 秒鐘，以後每分鐘製作 6～8 張。

⑵氣泡片（Vesiculer）：第一張需 6.5 秒鐘，以後每分鐘製作 28 張。

4.軟片：適用拷貝片（Copy Film）有重氮片及氣泡片兩種。標準規格 4 吋×6 吋，最大尺寸以 4 吋×8 吋為限。

㈡性能：

1.顯影作業：採用氫摩尼亞氣體熱處理顯影方式，可複製重氮片與氣泡片。

2.鍵鈕調控：配有變換開關裝置，依氣泡片與重氮片各種性質，以選擇不同顯影方式。

二、NB 片狀軟片複製系統（NB Duplifiche System）：本複製系統，分複印機（Printer）與顯像機（Processor）兩部份，操作簡便，於明室內作業，無需暗房設備與專技訓練。⑤

㈠NB ABR-504 型片狀軟片複印機（NB Microfiche Printer ABR-504）：本機係中型機種，設計精巧，於明室內操作，無需暗房設備與專技訓練。

㈠規格：

1.機體：高16吋，寬21吋，深25½吋，重量123磅（約55.8公斤）。

2.電力：115 V 、60 H$_z$（c/s）、6 A。

3.光源：使用400瓦（Watt）水銀蒸氣紫外線燈泡。

4.速度：複製速度，每小時400張。

5.軟片：適用各廠牌不同型式片狀縮影軟片。

㈡性能：

1.輪片方式：採輪轉方式，自動輸送軟片，拷貝速度每小時400張軟片。

2.曝光控制：曝光光源，來自400瓦（Watt）水銀蒸氣燈泡,以紫外線感光，採用多段式曝光控制，適合於明室內作業，無需暗房設施。

㈡NB ABR-505 型片狀縮影軟片顯影機（NB Microfiche

Processor ABR-505）：本機型設計精巧，配合 404 A 型複印機使用，採用乾式處理，操作簡便，無需暗房設備與專技訓練。

㈠規格：

1. 機體：高 21 吋，寬 14 ⅝吋，深 19 吋，重量 102 磅（約 46.3 公斤）。

2. 電力：115 V、60 H_z（c/s）、6 A。

3. 速度：顯影速度，每次同時顯影兩張，只需十四秒鐘完成。

4. 軟片：適用 4 吋×6 吋標準單片，各廠牌重氮片（Diazo）及氣泡片（Vesicular）等片狀軟片，均可使用。

㈡性能：

1. 顯影方式：採用氬摩尼亞氣體，乾式處理顯影作業，無需水源與給水排水設施。

2. 鋼瓶裝置：本機體內配置容量二磅氬摩尼亞氣體鋼瓶乙個，或以塑膠管連接於機身外大型鋼瓶，以適應連續大量作業。

㈢NB ABR-505 T 型片狀縮影軟片顯影機（NB Microfiche Duplicator ABR-505 T）：本機型配合 ABR-504 型複印機使用，以光與熱功效，採用熱感應顯影方式，於明室內作業，無需暗房設備與專技訓練。

㈠規格：

1. 機體：高 4 ¾吋，寬 25 ⅝吋，深 7 ⅝吋，重量 22 磅（約 9.9 公斤）。

2. 電力：120 V、60 H_z（c/s）、6 A。

3. 速度：軟片輸送速度，每分鐘 170 吋，每次複製三份，每小時 400 張。

4. 軟片：適用 4 吋×6 吋標準單片，專供拷貝氣泡片（Vesicu-

lar) 使用。

㈡性能：

1.迴轉式熱顯影器：精密控制調整溫度，保持顯影溫度於華氏 257 度 (125°C)，採用空氣冷却方式，確保複製軟片品質。

2.信號與控制裝置：配有開關鈕，調溫器控制盤，溫度指示盤等裝置、操作簡便，無需專技訓練。

三、ＡＭ片狀縮影軟片複製系統 (AM Duplifiche System)：本複製系統，分中型 OP - 10、大型 OP - 50／80 等多種機型，採乾式處理法作業，於明室內操作，無需暗房設備與專技訓練。⑥

㈠AM OP - 10 型片狀縮影軟片複製機 (AM Microfiche Duplicator OP-10)：本機設計精確，複印與顯影同機作業，輸出軟片立可使用。

㈠規格：

1.機體：高 9¾吋, 寬 17 吋, 深 17 ½吋, 重量 44 磅 (約 19.5 公斤)。

2.電力：120 V、 60 H$_z$(c／s)、 5 A。

3.光源：使用 250 瓦 (Watt) 燈泡。

4.速度：複製速度，每小時 150 張。

5.軟片：使用拷貝軟片為重氮片 (Diazo)。複製母片 (Master Film) 形式：片狀縮影軟片 (Fiche)，夾檔縮影軟片 (Jacket)。標準規格 4 吋×6 吋。

㈡性能：

1.一貫作業：採乾式處理法，曝光與沖洗同機進行。複製程序，將母片與拷貝片藥膜面重疊，放置曝光槽複印，曝光完成再將複製片輸入沖洗槽，顯影完成自動輸出軟片，立可使用。

2.顯影方式：負像顯影，亦就是母片負像⇒複製片負像 (Negative to Negative ），而軟片閱讀，亦採負像。

3. 濃度調控：配有濃度調整盤裝置，加以控制與調整實際需要的適當濃度。

㈦AM　OP-50／80 型片狀縮影軟片複製機（AM　Microfiche Duplicator OP-50／80）：本機型分由複製機（OP-50）與裝配機（OP-80）組合而成，具有高速自動複製和分類功能。

　㈠規格：

1. 機體：

　(1)複製機（OP-50）：高 49 吋，寬 55 吋，深 29 吋，　重量685 磅（約 311.25 公斤）。

　(2)裝配機（OP-80）：高 43 吋，寬 33 吋，深 29 吋，　重量180 磅（約 81.81 公斤）。

2. 電力：240 V、　60 H_z（c／s）、20 A。

3. 光源：使用 3000 瓦（Watt）燈泡，壽命 400 小時。

4. 速度：複製速度，每小時 1500 片，並由裝配機（OP-80）自動分類。

5. 軟片：拷貝軟片，使用重氮片（Diazo）一〇五糎捲狀軟片。母片形式分縮影單片（Microfiche）與夾檔軟片（Jacket）兩種。標準規格：4 吋×6 吋。

　㈡性能：

1. 作業方式：利用氫摩尼亞氣體高壓顯影，複製接觸面，以精密空壓盤（Pressure PAd），排除空氣，使其緊密均勻狀態。

2. 顯影裝置：

　(1)氫摩尼亞（Amonia）高壓狀態顯影。

　(2)中和離析器（Absorber），將使用過氫摩尼亞氣，產生中和作用，無需排氣裝置。

　　(3)配有密封顯影槽。

　3.調控設備：

　　(1)氨摩尼亞存量指示燈。

　　(2)軟片存量指示燈。

　　(3)曝光時間表。

　　(4)複製程式器（Copy Selector）。

　四、佳能片狀縮影軟片複製系統（Canon Microfiche System）：
本複製系統分複印機與顯影機兩部份，採用熱顯影處理特殊設計，於
明室內作業，且操作簡便，無需暗房設備與專技訓練。⑦

　　㈠佳能 480 VC 型複製機（Canon Kal-Printer 480 VC ）：
本機設計精確，於任何場所均可作業，無需暗房設備。

　　㈠規格：

　1.機體：高 6⅝吋,寬25⅝吋, 深12吋, 重量68磅（約31公斤）。

　2.電力：120 V、60 H$_z$(c/s)，耗電量 500 W。

　3.光源：使用紫外線燈泡三支。

　4.速度：複製速度視軟片反差程度，決定曝光時間，通常 5～6
秒鐘曝光一張，每小時約 60 張。

　5.軟片：複製母片，適用於片狀軟片（ Microfiche）、夾檔軟片
（ Micro Jacket）、條狀軟片（Micro strip）及孔卡軟片（Aperture
Card ）。

　　㈡性能：

　1.軟片接觸：採用真空吸著方式，確保母片與複製片完全接觸，
且有最佳品質效果。

　2.曝光控制：曝光時間於 0.5～30 秒內， 任意調控適當光度與

所需時間，曝光面積 120 × 320 MM。

　　3.冷却方式：採用强力冷風散熱系統，任何軟片品質不受影響。

　　㈡佳能 360 H 型顯影機（CANON　Kal‑Developer　360 H）：
本機設計精密，採用熱顯影處理方式，操作簡便，無需專技訓練。

　　㈠規格：

　　1.機體：高 4 ¾ 吋，寬 25 ⅝ 吋，深 7 ⅝ 吋，重量 23 磅（約 10.2
公斤）。

　　2.電力：120 V、60 H$_z$（c／s），耗電量 600 W。

　　3.速度：顯影速度，71 MM／sec（60 H$_z$）。

　　4.軟片：使用熱感軟片（Vesicular），亦即氣泡片。

　　㈡性能：

　　1.顯影方式：採用熱顯影處理，無需任何化學藥劑或氫摩尼亞氣，
以及裝置排水及排氣設施。

　　2.溫度調控：顯影標準溫度，華氏 257 度（125 °C）。於華氏
180 ～ 300 度（80° ～ 150 °C）範圍內，任意調控適當溫度。

　　3.軟片輸送：採用人工輸送方式，軟片入口寬度 14 ³⁄₁₆ 英吋。

圖二(1) a　3 M 261 型縮影
　　　　　單片複製機

3 M 262 型縮影
單片顯像機

圖二(1) b

圖二(2) a　NB－ABR504／505
　　　　　型縮影單片複印／顯
　　　　　像機

圖二(2) b　NB－ABR504／
　　　　　505 T 型縮影單
　　　　　片複印／顯影機

圖二(3) a　AM OP-10 型　　圖二(3) b　AM OP 50／80 型
　　　縮影單片複製機　　　　　　　縮影單片複製機

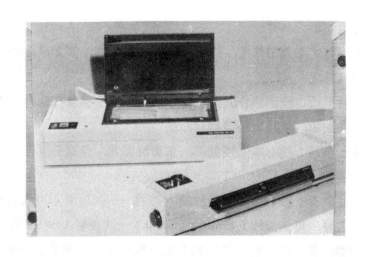

圖二(4)　佳能縮影單片複製機系統

丙、孔卡軟片複製機（Card to Card Duplicator）：本機型設計精密，性能卓越，採用乾式無水氨（氫摩尼亞Ammonia）顯影方式，於明室內作業，無需暗房設施及專技訓練。

一、3 M 407 型孔卡軟片複製機（ 3 M 407　Diazo Duplicator）：本機設計精密，曝光與顯影同機進行，操作簡單，於明室內作業，無需暗房設施與專技訓練。⑧

㈠規格：

1.機體：高 14¾吋，寬 36吋，深11½吋，重量（包括底座）16Ọ磅。

2.電力：107～127 V、 60 H₂(c/s)、 13 A。

3.光源：使用紫外線燈泡一支。

4.速度：複製速度，平均每小時 720 張孔卡。

5.軟片：複製母片，標準規格 IBM孔卡軟片、拷貝軟片，使用重氮片（Diazo）。

㈡性能：

1.複製方式：複印作業，採用藥膜面接觸方式，誤差減小到最低限度一百萬分之一。

2.鍵鈕儀板：全部操作鍵鈕與指示信號，集中裝設在輸片器前儀板上，操作簡單，無需專技訓練。

3.曝光控制：設有曝光控制器，依實況需求，作寬幅度而調整適當光度。

4.輸片裝置：設有複製孔卡片輸入裝置，一次放置 400 張孔卡片，自動輸入複製，每張母片（Master Card）一次複製 1～99 張。

5.顯影作業：顯影使用濃縮無水氨，濃縮在二磅鋼瓶（Cylinder）內，自動輸入顯影裝置，顯影所餘廢氣，吸存於接受器內，由檸檬酸中和，安全可靠。

　　㈢附屬裝置：附有輸出卡片接受器及機械底座，以供使用。

　　二、AM OP-60型孔卡軟片複製機（AM　Aperture　Card Duplicator　OP-60）：本機設計精確，具有複製與顯影功能，加裝定數控制器，配合作業，更能發揮高速效率。⑨

　　㈠規格：

　　1.機體：高10⅞吋，寬21⅝吋，深23⅛吋，重量103磅（約46.82公斤）。

　　2.電力：117V、60Hz(c/s)、6A。

　　3.光源：曝光光源，來自400瓦（Watt），高壓水銀燈泡。

　　4.速度：複製速度，平均每小時720張孔卡片。

　　5.軟片：複製母片，標準規格IBM孔卡軟片，拷貝軟片,使用重氮軟片（Diazo）。

　　㈡性能：

　　1.一貫作業：採用乾式處理，曝光與顯影同機進行，若加裝定數控制器配合作業，更具有高速效率。

　　2.顯影方式：使用阿摩尼亞氣體顯影，並配有中和離析器（Absorber），將用過所遺留廢氣，產生中和作用，無需排氣設備。

　　3.曝光控制：光源來自400瓦高壓水銀燈泡，並配有曝光時間調整器，加以調控適當光度。

　　㈢附屬裝置：附裝複製定數器（Control OP-61），更增強高速作業效率。

　　1.機體：高6½吋，寬8⅜吋，深11⁷⁄₁₆吋，重量9磅（約4.09公斤）。

　　2.容量：一次放置複製孔卡片（Copy Card）500張。且自動輸入孔卡片。

　　3. 定數：每張母片（Master　Card）一次連續複製 1～99 張。

圖三⑴　3 M 407 型孔卡片　　　圖三⑵　　AM OP-60／61 型
　　　　複製機　　　　　　　　　　　　孔卡片複製機

註　釋

　　註一　美國愛德公司　軟片拷貝機圖錄規格說明書

　　註二　日本佳能公司　縮影系統圖錄規格說明書

　　註三　日本富士公司　縮影系統圖錄規格說明書

　　註四　美國 3 M 公司　縮影系統圖錄規格說明書

註五　美國ＮＢ公司　縮影系統圖錄規格說明書
註六　美國ＡＭ公司　縮影系統圖錄規格說明書
註七　同註二
註八　同註四
註九　同註六

第四節　檢驗設備器材

檢驗設備器材，係縮影軟片，於攝製或複製完成，經沖洗程序，爲期管制軟片品質標準，進行檢驗作業時，必需使用設備，諸如濃度計、檢片器、顯微鏡、放大鏡等器材。

甲、濃度計（Densitometer）：係縮影軟片經沖洗完成，於進行檢驗作業時，用以檢驗軟片背景密度，藉資確保軟片品質，就其檢驗形式分，計有自動檢驗與目視檢驗等方式，茲簡單說明，以供參考。

一、愛德 4004 型數字濃度計（Extek Digital Densitometer 4004）：①

㈠規格：

1. 機體：高 5 吋、寬 10 吋、深 15 吋、重量 8.5 磅（約 3.9 公斤）。

2. 電力：115 V、60 H_z（c/s）、普通交流電。

3. 光圈：具有 1 糎（MM）、2 糎、3 糎等三種，配合需要，互換使用。另有 0.5 糎，任由購用。

4. 精確度：± 0.02 D，具有 ± 1.0％高精確度。

5. 重見性：± 0.01 D。

6. 濃度範圍：

(1)使用 2 糎～ 3 糎光圈： 0 ～ 5.00 D。

(2)使用 0.5 糎～ 1 糎光圈： 0 ～ 4.00 D。

㈡性能：

1.自動歸零：採取電腦記憶，自動歸零，除檢驗軟片濃度值外，並可與其他軟片，測驗濃度差值，以比較兩種軟片濃度值差距。

2.鍵鈕操作：採按鈕方式進行作業，無需預熱即可檢驗。並兼備檢驗台功能，同時檢視影像畫面。

3.校正標準：採用美國國家標準協會（American National Standards Institute．簡稱ANSI）五步驟校正表，並由美國中央標準局認可。

㈢用途：專供黑白軟片，測試濃度值使用。

二、Brumac Control - 1 型濃度計（Brumac Densitometer Control - 1 ）：①

㈠規格：

1.機體：

(1)濃度計：高 6 吋、寬 10 吋、深 18 吋、重量約 1 磅。

(2)電源供應器：高 4 吋、寬 5 吋、深 13 吋、重量約 2 磅。

2.電力：普通電源，並採用石英燈泡，壽命 2000 小時。

3.光圈：具有標準光圈 1 糎（MM）一個，選擇光圈 2 糎、 3 糎等二個，任由選用。

4.精確度：± 0.01 D ～± 0.02 D。

5.濃度範圍： 0.00 ～ 4.00 D。

㈡性能：

1.濃度值以LED（二極發光體 light-emitting diade）數字顯示，具有高度精確性。

2.全部電路設計在探測柄內，無論移動、裝置或使用，均非常簡便而快捷。

3.可測量 10 ½ 英吋或全版面軟片，濃度標準，採用美國國家標準協會（ＡＮＳＩ）五步驟校正表。

圖一(1)　愛德 4004 型數字濃度計

圖一(2)　Ｂrumac　Ｃontpol-1 型濃度計

乙、檢片器（Inspector）：又稱檢片台（Inspection station），係縮影捲片沖洗完成，於檢視影像畫面時，必需使用設備器材，具有檢視與繞片功能。

一、瑞柯達克軟片檢片台（Recordak Microfilm Inspection Station）：

　　㈠規格：

1. 機體：高 7%₃₂吋、寬 2℮ ¾吋、深 12 ¼吋（ 19 × 72.7 × 31 公分），重量約 12.8 磅（ 5.8 公斤）。

2. 電力：120 V、60 H$_z$（c/s）。

3. 光源：使用 10 W日光燈泡。

4. 檢片鏡：配有 12 倍，檢片放大鏡（Inspection Loupe）乙個。

　　㈡性能：

1. 本檢片台具有驗片與繞片功用，並配有 12 倍驗片放大鏡乙個。

2. 操作簡單，無需專業訓練，於驗片時，僅將軟片，由原片軸（Reel）通過光源（Illuminator）前方，慢慢繞入捲片軸，即可用目視檢驗影像。

　　㈢用途：適合十六糎（MM）及三五糎捲片檢驗用。

二、Micobra 1 型檢片器（Micobra Film Inspector-Model 1）：④

　　㈠規格：

1. 機體：高 6 吋、寬 30 吋、深 6 ½吋，重量 12 磅（ 約 5.4 公斤）。

2. 電力：117 VAC、50／60 H$_z$（c/s）、普通交流電。

3. 光源：使用日光燈盒。

　　㈡性能：

1. 裝設 16 ½英吋光源燈盒，以目視軟片畫面（影像）。

2.附有驗片放大鏡（Magnifying glass），以檢視軟片影像。

㈢用途：適合十六糎（MM）及三五糎縮影捲片檢視用。

三、3 M檢片台（3 M Film Inspector）:⑤

㈠規格：

1.機體：高13¼吋，寬28吋、深8吋。

2.電力：普通交流電。

3.光源：使用10 W日光燈盒。

㈡性能：

1.具有檢片與繞片作用。

2.利用日光燈枱面，檢視軟片影像。

㈢用途：適合十六糎（MM）及三五糎捲片檢視用。

四、富士檢片機（FUJI Microfilm Inspector）:⑥

㈠規格：

1.機體：高7.5吋，寬22.8吋，深10.2吋。

2.電力：100 V、60 H_z（c/s）、普通交流電。

3.光源：使用10 W螢光燈管。

㈡性能：

1.新式設計，操作簡便，無論檢片或繞片，均方便快捷，且不傷軟片。

2.檢片光源柔和均勻，適宜長時間檢驗作業，不傷眼力。

3.捲片方式，採用手動式捲片器，轉速比率1：4，片軸與轉動方向同向。

㈢附件：

1.配有二倍放大鏡乙個。

2.附有濾色鏡乙個，以調整光量用。

㈣用途：適合寬三五糎（MM），長100～200英呎（ft），捲狀軟片檢視用。

圖二(1)　瑞柯達克軟片檢片台　　圖二(2)　Micobra - 1型檢片器

圖二(3)　　3 M檢片台　　　圖二(4)　富士檢片機

丙、顯微鏡（Microscope）：係縮影軟片沖洗完成，於檢驗作業過程中，藉以測量解像力（Resolution），不可或缺設備器材。

一、Binko 2800型顯微鏡（Binko Microscope 2800）：[7]

　㈠規格：

1.機體：高12½吋，寬4¾吋，深6½吋。

2.光源：使用25W燈光（外線反射）。

3.倍率：放大倍率，係由目鏡與物鏡倍率組合，本顯微鏡，最大倍率九〇〇倍。

　⑴目鏡：有十倍、十五倍二個，任由互換使用。

　⑵物鏡：有四倍、十倍、六〇倍三個，依軟片需要，任由交換使用。

　㈡性能：

1.檢驗方式：採用反射式，以反射鏡透過外線光源，放大顯示軟片中，解像力試驗卡上線條清晰度。

2.倍率組合：本顯微鏡放大倍率，係由目鏡與物鏡組合成六種不同倍率，自最小四〇倍～最大九〇〇倍。

　㈢用途：適合各種軟片，檢驗解像力用。

附記：

1.顯微鏡類型、廠牌繁雜，不勝枚舉，僅選擇其一附圖說明，以供參考。

2.顯微鏡於醫療科技儀器材料行，均有出售，但注意放大倍率及精確度。

圖三　Binko-2800型顯微鏡

註　釋

　　註一　美國愛德公司　濃度計圖錄規格說明書

　　註二　美國Brumac公司　濃度計圖錄規格說明書

　　註三　美國柯達公司　縮影系統圖錄規格說明書

　　註四　美國Micobra公司　縮影系統圖錄規格說明書

　　註五　美國3M公司　縮影系統圖錄規格說明書

　　註六　日本富士公司　縮影系統圖錄規格說明書

　　註七　日本Binko公司　顯微儀器圖錄規格說明書

第五節　閱讀複印設備器材

　　閱讀機（Reader）或閱讀複印機（Reader-printer），係縮影軟片於使用過程（閱讀複印）中，必須具備器材。然閱讀機或閱讀複印機，類型繁雜，不勝枚舉，唯從機器功能觀點說，凡適合多種縮影軟片媒體使用者，必具有多種閱讀性能，諸如捲片、單片、夾檔片閱讀複印機，但僅適應特定縮影軟片媒體使用者，只具備某種特殊性能閱讀機，諸如十六糎（MM）或三五糎縮影捲片閱讀機，縮影單片或夾檔軟片閱讀機，孔卡軟片閱讀機等，茲即多種功能與特定性能，以及具有大衆化條件者，列舉圖錄，介紹說明，以供參考。

　　一、柯達縮影軟片閱讀複印機（Kordak Microfilm Reader - Printer）：柯達320型星系閱讀複印機，設計精巧、具有特定性能、並互相配合使用，且操作簡便，無需專業技術訓練。①

　　甲、柯達321型縮影單片閱讀機（Kordak Fiche Reade 321):

　　㈠規格：

　　1.機體：高20.5吋，寬13.4吋，深20吋，重量16磅（約7.2公斤）。

　　2.電力：220V、50 H$_z$（c/s）、1 A。

　　3.光源：採用12V、100W石英燈泡，壽命1000小時。

　　4.鏡頭：裝配有18X、21X、24X、31.5X、37X、42X等多種放大倍率鏡頭，配合軟片縮率需要，任由選用。

　　5.映幕：配用11.8吋×12.5吋，淡藍色銀幕。

　　6.軟片：專供縮影單片（Microfiche）、夾檔軟片（Jacket）、或孔卡軟片（Aperture Card）閱讀使用。

㈡性能：

1. 焦距調整容易，影像清晰，並可作360度旋轉。

2. 配有隔熱裝置，以保護軟片安全。

3. 具有多種國際規格檢索標尺（Com NMA COSTI）。

4. 映幕亮度、分強、弱二種，隨意調整。

5. 加裝複印機（Printer-323），配合使用。

乙、柯達322型縮影捲片閱讀機（Kodak Roll Film Reader 322）：

㈠規格：

1. 機體：高20.5吋，寬13.4吋，深20吋，重量19.6磅（約8.9公斤）。

2. 電力：240V、50Hz(c/s)、1A。

3. 光源：採用12V、100W石英燈泡，壽命1000小時。

4. 鏡頭：裝配有18X、21X、24X、31.5X、37X、42X等多種放大倍率鏡頭，配合軟片縮率需要，任由選用。

5. 映幕：使用高11.8吋，寬12.5吋，淡藍色銀幕。

6. 軟片：專供十六糎（MM）捲片，或匣式軟片閱讀使用。

㈡性能：

1. 軟片前後轉動，由電動控制，每秒鐘十英呎。

2. 焦距調整容易，影像清晰，並可作360度旋轉。

3. 配有隔熱裝置，以保護軟片安全。

4. 裝設尺碼指示器（Odometer），以計算軟片尺碼。

5. 映幕亮度，分強、弱二種，隨意調整。

6. 加裝複印機（Printer-323），配合使用。

丙、柯達323型複印機（Kodak Printer-323）：

㈠規格：

1.機體：高7吋，寬23.2吋，深12.2吋，重量35.5磅（　約
16.1公斤）。

2.電力：240 V、50 H$_z$（c／s）、2 A。

3.速度：複印速度，每張約需10〜14秒鐘。

4.用紙：使用單張複印紙，A 4（ 8½吋× 11吋）。

5.軟片：適合縮影單片（Fiche）、夾檔軟片（Jacket）、十六糎
（MM）縮影捲片或匣式軟片複印使用。

㈡性能：

1.安裝在閱讀機（Reader - 321、322）上，配合使用。

2.複印方式，採靜電法乾式處理，進行作業。

3.配有影像調控器，使正片（Positive）或負片（Negative），
均可複印正文（Positive 正像）。

二、3 M縮影軟片閱讀複印機（3 M Microfilm Reader - Pr-
inter）：3 M各型系閱讀複印機，設計精密，性能卓越，採乾式處理，
無需任何化學藥劑，即可進行複印作業。[2]

甲、3 M 201 型閱讀機（3 M 201 Dry - Silver Reader Pr-
inter）：

㈠規格：

1.機體：高36 ¼吋，寬43吋，深36 ¾吋，重量380磅（約172
公斤）。

2.電力：125 V、60 H$_z$（c／s）、20 A。

3.光源：使用400 W，65 VAC，石英燈泡。

4.鏡頭：配用14.5倍率，放大鏡頭。

5.映幕：裝配有18吋× 24吋銀幕。

圖一(1)　柯達321/322型閱讀複印機

圖一-(2)　柯達３２２／３２３型閱讀複印機

6. 軟片：適合 孔卡軟片（Aperture Card）、夾檔軟片（Jacket）、縮影單片（Microfiche）三種（最大尺寸 8 吋 × 5 吋），以及十六／三五糎（ＭＭ）縮影捲片（Micro-Roll）閱讀複印使用。

7. 速度：複印 速度，每張 15 秒鐘。複印用紙，為乾銀式複印紙（Dry-Silver Paper），每捲長度 250 英呎或 500 英呎。複印尺寸有 18 吋 × 26 吋及 18 吋 × 13 吋二種。

㈡性能：

1. 複印作業：採用乾銀式複印紙（Dry-Silver Poper），並以乾銀式進行複印作業，無需任何化學藥品或碳粉。

2. 操作方式：本機具有多種性能設計，凡孔卡、夾檔、單片、捲片等，均可閱讀複印，並以鍵鈕調控，操作簡便，無需專業訓練。

乙、3 M 500 PS型閱讀複印機（3 M 500 Page Search Microfilm Reader Printer）：

㈠規格：

1. 機體：高 31 ½ 吋，寬 18 ¼ 吋，深 24 ¾ 吋，重量 140 磅（約 63.5 公斤）。

2. 電力：110 V、60 H$_z$(c/s)、10 A。

3. 光源：使用 200 W，高熱照明燈泡。

4. 鏡頭：配有 14.88X、15.7X、18〈25X、20.78 X、23 X、25 X、29 X 等七種不同倍率鏡頭，任由選用。

5. 映幕：裝配有 11 ½ 吋 × 16 吋銀幕。

6. 軟片：專供十六糎（ＭＭ）匣式軟片（100 ft）閱讀複印使用。

7. 速度：複印速度，每張十秒鐘，複印尺寸 8 ½ 吋 × 12 ¾ 吋，並採用乾銀式複印紙（Dry-Silver Paper），每捲長度 500 英呎。

㈡性能：

1.鍵鈕操作：本機具有閱讀複印功能，專供十六糎（ＭＭ）匣式軟片使用，影像清晰，且可作360度旋轉，採用鍵鈕方式操作。

2.檢索調控：配有軟片前進尺碼表（Film odometer）、自動檢索光點（Blip Mark）鍵盤，以計算軟片前進長度與攝製中光點，加速檢閱效率。

3.複印作業：係全乾式複印作業，紙張經特殊處理，並採熱式顯影，且濃度任可適當調整，保持品質效果。

丙、3 M Quantimatic 型複印機（3 M - Quantimatic Printer）：

㈠規格：

1.機體：高42吋、寬113吋、深34吋，重量1300磅（約599公斤）。

2.電力：180／250 V、60 H$_z$(c／s)、30 A。

3.速度：複印速度，每張六秒鐘，複印尺寸分A 2（18吋×24吋）、A3（11吋×17吋）、A4（8½吋×11吋）三種。並使用普通紙、彩色紙、牛皮紙。表格正反兩面均可複印，紙張磅數，任由調整。

4.軟片：專供孔卡縮影軟片複印使用。

㈡性能：

1.輸片方法：孔卡縮影軟片，輸入方法，計有人工與自動兩種，每次放置二○○張。

2.複印方式：複印作業採全乾式處理，無需任何化學藥水，並且有尺寸選擇裝置（Printer Size Selector），自動控制機內三種裝紙匣，每個裝紙匣放置五○○張。

3.定數控制：採用複印數量控制器（Selective Control），於1

～99張數間，任由實際需要，調控複印數量。

　　4. 按鍵操作：機械操作，採按鍵方式，並附有安全裝置，諸如紙張用盡，機器故障等，警示燈立即指示故障位置，機械自動停止操作。

圖二(1)　　3 M 201 型閱讀　　　　圖二(2)　　3 M 500 PS 型
　　　　　　閱讀複印機　　　　　　　　　　　　　閱讀複印機

圖二⑶　　3 M Guantimatic 複印機

三、貝爾浩縮影軟片閱讀複印機（Bell E Howell Microfilm Reader-Printer）：貝爾浩各星系縮影軟片閱讀複印機，設計精密，性能優越，操作簡便，無需專業訓練。③

甲、貝爾浩 Commuter 縮影單片閱讀機（Bell E Howell Micro Fiche Reader）：

㈠規格：

1機體：高16½吋（關閉時4吋），寬14½吋，深14½吋，重量12磅（約5.44公斤），另電池組4磅（1.82公斤）。

2電力：

⑴標準型：交流120V、50／60 H$_z$（c／s），及直流12V組合。

(2)任意型：交流 240 V、 50／60 H$_z$(c／s)，及直流 12 V 組合。

除交直流組合外，尚配有自含式充電池，任由選擇使用。

3. 光源：使用 12 V、 50 W，長命石英鹵素燈泡。

4. 鏡頭：裝配有 24 X、 29 X、 36 X、 42 X、 48 X 等多種, 落入式放大倍率鏡頭。

5. 映幕：裝配有 11 吋 × 11 吋，標準壁投式白色銀幕。

6. 軟片：專供縮影單片（ Microfiche ）、夾檔軟片（ Jacket ）閱讀使用。

㈡性能：

1. 構造：精確靈巧，使用鋼鋁製耐用手提箱式外殼，携帶輕便，配合充電電池，於任何場地，均可使用。

2. 投影：採用光學系統，投射於牆壁上，有助服務與訓練使用，配合雙輪片盤，以備往復參閱主片與索引片。

3. 檢索：使用座標式索引，保持快速接近縮影軟片內任何一幅影像。

4. 調焦：軟片上個別影像，正確調整焦距，配用浮懸式鏡頭，保持在輪片盤內，全部行程連續集焦。

乙、貝爾浩 Space Master 縮影單片閱讀複印機（ Bell E Howell Space Master Microfiche Reader - Printer)：

㈠規格：

1. 機體：高 24 ½ 吋，寬 17 ¾ 吋，深 30 ¾ 吋，重量 75 磅（ 約 34 公斤)。

2. 電力：120 V、 60 H$_z$(c／s)， 150 W 交流電。

3. 光源：使用 24 V、 150 W 石英鹵素燈泡， 並設有二段式光度控制裝置，以調控適當光度。

4.鏡頭：配置落入式鏡頭，計有 18 X、24 X、32 X、42 X、49 X、54 X、66 X、82 X 等多種倍率，並採用雙鏡頭，隨時換用二種最需要放大倍率。

5.映幕：使用 11 吋×11 吋，藍色銀幕。另有綠色及灰色，任由選購使用。

6.軟片：專供縮影單片（Microfiche）、夾檔軟片（Jacket）、孔卡軟片（Aperture Card）使用，若裝置捲片附加器，亦可閱讀複印縮影捲片（Micro-Roll）。

7.速度：複印速度，每張七秒鐘，使用靜電捲筒紙，寬度有 5 ½ 吋、8 ½ 吋及 11 吋三種，長度 460 英呎。複印尺寸，亦分 5 ½ 吋×6 ½ 吋及 11 吋×6 ½ 吋二種。

㈡性能：

1.鍵鈕控制：無論是調整焦距，雙式複印控制，光度調控，電源開關及複印影像、長度、濃度控制等裝置，全部採用鍵鈕式控制操作。

2.複印方法：採雙式靜電複印作業，基本形式分陽文與陰文（正像與負像）二種，並設有雙式複印控制裝置，以調控所需要複印本。

㈢附屬裝置：配有多種附屬品，任由選購使用。

1.輸片盤：計分 4 吋×7 ⅜ 吋，4 吋×12 吋及 4 吋×6 吋（雙盤）等三種。

2.附加器：裝置捲片附加器，更可閱讀縮影捲片。

3.雙鏡頭：採用雙鏡頭，隨時轉換二種最需要放大倍率。

丙、貝爾浩 Autoload 650 型縮影捲片閱讀複印機（Bell E Howell Autoload Micro Roll Reader-Printer 650）：

㈠規格：

1.機體：高 24 吋，寬 17 吋，深 32 吋，重量 90 磅（約 41 公斤）。

2.電力：110 V、60 Hz（c/s）、交流電。

3.光源：使用石英鹵素燈泡。

4.鏡頭：裝配落入式鏡頭，計有20 X、24 X、27 X、32 X、36 X、40 X、48 X等多種放大倍率。

5.映幕：使用11吋×11吋藍色銀幕。另有綠色及灰色，任由選用。

6.軟片：專供十六糎（MM）捲片，及自動匣式軟片閱讀複印使用。

7.速度：複印速度每張8秒鐘，使用電子複印紙捲，寬度有5½吋、8½吋、11吋三種。配合組成六種不同尺寸：5½吋×8½吋，5½吋×11吋，8½吋×8½吋，8½吋×11吋，11吋×8½吋，11吋×11吋。

　　㈡性能：

1.鍵鈕控制：本機設有各種鍵鈕，諸如電源開關、速度控制、掃描裝置、自動輸片（匣式用）、影像旋轉、焦距調控、光度調節、複印按鈕、對比調控、長度選鈕、正負片控制等裝置，以控制全部作業。

2.索引設計：配有里程計，於一○○英呎捲片，計有一千個索引點，以供檢索使用。

3.複印方式：複印作業，採用二種方式。

　　⑴單式：負片複印陽文，正片複印陽文。

　　⑵雙式：正片或負片，均可複印陽文。

　　㈢附屬裝置：標準附件，計有匣式及捲片二種適應器，以供閱讀複印作業需要。

　　丁、貝爾浩高速自動檢索閱讀複印機（Bell E Howell Syncro -Search Reader Printer）：本機具有高速自動檢索功能，所有控制鍵鈕，依人體工學設計，全部安裝在正前方，操作簡便，提高工作效率。

㈠檢索機部份：

㈠規格：

1.機體：高4吋，寬7吋，深13吋，重量197磅（約89.4公斤）。

2.電力：使用電力，由閱讀複印機供應。

㈡功能：

1.控制功能：採鍵鈕控制方式，計有十位數鍵盤，記憶預定數字鍵，開始尋找鍵，消除顯示清洗鍵，慢速前進後退鍵，自動手動選擇鍵，正負片檢索選擇鍵等裝置，以控制全部檢索作業。

2.顯示方式：自動檢索控制器，採用五位數燈管發光顯示，數字清晰，並依資料型態，選擇正片負片檢索，以發揮高速自動檢索效能。

㈡閱讀複印機部份：

㈠規格：

1.機體：高29 ½吋，寬22 ¾吋，深29吋，重量190磅（約86.07公斤）。

2.電力：117V、60 H$_z$(c/s)、交流電。

3.光源：使用石英鹵素燈泡。

4.鏡頭：裝配伸縮性鏡頭，放大倍率，任由17 X調整至34 X，另有48 X固定式，可供選用。

5.映幕：使用11吋×11吋灰色光面、粗面兩用銀幕。

6.軟片：適合十六糎（MM）縮影捲片，無論正片、負片均可使用。

(1)軟片型態：分無重捲卡式、通用性匣式，一般用捲狀等三種。

(2)軟片種類：鹵化銀片、重氮軟片、熱感應片。

7.速度：**複印**速度，影印全頁每張十**秒鐘**，使用高密度感光紙，複印尺寸，8 ½吋×11 吋。

㈡性能：

1.軟片輸送方式：軟片前進、後退快慢速度，全部採用電動式，並有片尾自動減速裝置，以維護軟片安全與壽命。

2.鍵鈕調控裝置：本機各種控制，採用獨特設計，裝有**超**大型**轉**盤旋鈕，以作正確快速調控，諸如：

(1)倍率控制裝置：以調控適當倍率。

(2)影像角度控制：可作360度，無限制旋**轉**。

(3)焦距調整控制：採取旋**轉**式操作。

(4)掃描微調設備：調控影像水平或垂直移動。

㈢附屬物品：附有參考檢索機，全頁及半頁影印組，任由選購使用。

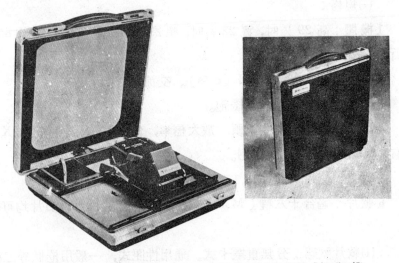

圖三(1)　貝爾浩 Commuter 片狀軟片手提式閱讀機

圖三⑵　貝爾浩ABR 610
　　　　閱讀影印機

圖三⑶　貝爾浩ABR650
　　　　閱讀影印機

圖三⑷　貝爾浩SYNCRO-SEARCH
　　　　高速自動按鍵檢索閱讀影印機

　　四、AM縮影軟片閱讀複印機（AM Bruning Microfilm Reader Printer）：AM 各星系縮影軟片閱讀複印機，具有獨特功能，兼以操作簡便，無需專技訓練。④

　　甲、AM Bruning 96 型自動檢索閱讀複印機（AM Bruning 96 Automated Retrieval Display-printer）：

　　㈠規格：

　　1.機體：高 29 吋、寬 17 吋、深 34 吋，重量 125 磅（61.5 公斤）。

　　2.電力：普通電源，$115 V \pm 10\%$，$60 H_z (c/s)$、5 A。

　　3.光源：使用 150 瓦燈泡，壽命一○○小時。

　　4. 鏡頭：裝配有 23 X、30 X、36 X 等三種放大倍率鏡頭。

　　5.映幕：裝配 12 吋 × 11 ½ 吋，大型螢光銀幕。

　　6.軟片：適合標準規格 4 吋 × 6 吋縮影單片（Microfiche），夾檔軟片（Jacket）使用。

　　7. 速度：

　　　　(1)複印速度：每分鐘複印八張以上。

　　　　(2)複印尺寸：A 4 尺寸（8 ½ 吋 × 11 吋）

　　　　(3)複印用紙：使用氧化鋅感光紙。

　　㈡性能

　　1.鍵鈕控制：設有電源開關、單片及影像選擇器、水平及垂直游標、濃度調控器、複印控制等裝置，以調控檢索、閱讀、複印作業。

　　2.單片卡匣：每個軟片卡匣，以容納縮影單片三○張為儲存單元，並依號碼順序，保存於卡匣內透明抗熱保護膠膜中，以確保軟片品質。

　　3.作業程序：依下列操作次序，進行作業。

　　　　(1)先將卡匣按分類查尋出來。

　　(2)插入閱讀卡匣槽內。

　　(3)使用號碼字鍵，按出所需縮影單片（4吋×6吋）。

　　(4)依所需原稿資料，於單片中行格位置，按鍵即可閱讀。

　　(5)若需要複印時，再按複印鈕（Printer Switch），立即輸出A4（8½吋×11吋）影印紙。

　　乙、AM EMS 1000型孔卡軟片複印機 （AM Bruning EMS 1000 Aperture Card Printer）：

圖四(1)　　AM 96 型自動儲存檢索閱讀影印機

　　㈠規格：

　　1.機體：高32吋，寬34吋，深34吋，重量300磅。

　　2.電力：120／240V、60H$_z$（c／s）、30 A。

　　3.光源：

　　4.鏡頭：配用14.8X放大倍率鏡頭。

　　5.映幕：

　　6.軟片：適合電腦孔卡縮影軟片，包括母片（Master Negative）或複製片（Copy positive）使用。

　　7.速度：複印速度，每分鐘四張；複印尺寸A2（18吋×24吋），複印用紙：普通紙、描圖紙、第二原圖紙、牛皮紙。

㈡性能：

1.鍵鈕控制：採取簡捷控制方式，設有電源開關、複印尺寸選擇鈕、燈光亮度控制等裝置，操作簡易，無需專技訓練。

2.顯影處理：使用乾式複印法，以硒印刷滾筒處理，顯影過程採用調合計量系統（Toner Metering System），維護複印品質，確保清潔作業。

3.定影方式：採用紅外光照射式，產生熱能，使影像融合於紙上，在作業過程中，完全受紙張控制裝置調控，以消除紙張混擠情況發生。

4.輸紙裝置：設有完善紙張控制裝置，複印過程中，完全受其控制，複印圖件，直接遞送使用，並設置鼓型清潔器，以永保品質完美清晰。

圖四(2)　美國 AM BRUNING EMS 1000 型
孔卡縮影軟片普通紙複印機

五、Imtec-007型縮影軟片閱讀複印機（Imtec-007 Microfilm Reader Printer）:⑤

㈠規格：

1. 機體：高19吋，寬25吋，深30吋，重量88磅（約40公斤）。

2. 電力：220／250 V、50 H_z(c／s)、 250 W（最大輸電量）。

3. 光源：使用12 V、100 W，鎢絲鹵化燈泡。

4. 鏡頭：配有7.5 X、13.5 X、15 X、21 X、24 X 等多種放大倍率鏡頭，任由選擇換用。並附有各種倍率索引，且同時裝置雙鏡頭，更換簡便。

5. 映幕：裝置 8.5 吋×11.75 吋螢光銀幕。

圖五　Imtec-007型縮影片閱讀複印機

6. 軟片：適合十六糎（MM）、三五糎縮影捲片（Micro Roll）、孔卡軟片（Aperture Card）、縮影單片（Microfiche）、夾檔軟片（Jacket）。

7. 速度：複印速度，每分鐘十二張；複印尺寸A4（8½吋×11吋）、A5（8.5吋×5.5吋）；複印用紙,每個卡匣裝置二〇〇張。

㈡性能：

1. 供紙裝置：使用空氣吸送裝置（Suction），以避免夾紙（Jam）現象。

2. 複印藥劑：採用500ML盒裝，設有針孔貫入顯影槽,隨使用量自動調控補充，以免浪費。

3. 顯像方式：負片（Negative）或正片（Positive），均可複印正像。

六、傳眞（Realist）縮影軟片閱讀機（Realist Microfilm Reader）：各星系閱讀機，種類繁多，設計精巧，性能卓越，操作簡便，無需專技訓練。⑥

甲、傳眞（Realist）Swinger 縮影軟片閱讀機（Realist Swinger Microfilm Reader）：

㈠規格：

1. 機體：高21吋，寬15吋，深7吋，重量14.5磅（約6.58公斤）。

2. 電力：120 V、60 H$_z$（c/s）、普通電源。

3. 光源：使用100 W鹵化石英燈泡。

4. 鏡頭：配有17 X、22 X二種放大倍率鏡頭，任由選用。

5. 映幕：裝配12吋×12吋螢光銀幕。

6. 軟片：適合十六／三五糎（MM）捲片，以及孔卡軟片（Aperture Card），縮影單片（Microfiche），夾檔軟片（Jacket）等閱讀使用。

㈡性能：

1.機體結構，堅固耐用，不易損壞。

2.機身直立或橫放，以配合不同形式軟片使用。

3.銀幕投影，採後投式投影，且配有軟片轉輪，操作簡便。

乙、傳眞（Realist）Valiant-18型閱讀機（Realist Valiant
-18 Reader）：

㈠規格：

1.機體：高22½吋，寬19¾吋，深17⅛吋，重量22.2磅（
約10公斤）。

2.電力：120 V、60 H_z(c/s)，普通交流電。

3.光源：使用13.8 V、50W、石英反射燈泡，壽命高達二千五
百小時。

4.鏡頭：配有24 X、28 X、42 X、48 X 等四種放大倍率鏡頭，
任由選用。同時單鏡頭或雙鏡頭，隨由需要更換。

5.映幕：裝配18吋×11吋螢光銀幕。

6.軟片：適合單片（Fiche）、夾檔（Jacket）及孔卡（Aperture
Card）等縮影軟片閱讀使用。

㈡性能：

1.投視方式：採取前投式照明，加裝特殊視板著劑（Coating），
視覺亮度清晰。

2.彈性視角：投影板有四種角度調整，適應閱讀者身材與習慣。

3.檢索裝置：設有 x、y 兩軸，配合各種倍率版式（Format）
索引使用。

4.操作控制：電源開關與裝卸軟片，同時操作。

圖六(1)　傳眞（Reatist）　　　　圖六(2)　傳眞（Reatist）
　　　　Swinger 閱讀機　　　　　　　　Valiant-18型閱讀機

七、佳能縮影軟片閱讀複印機（Canon Microfilm Reader Printer）：佳能各星系軟片閱讀複印機，具有特殊性能，或多用途，適合各種軟片需要。⑦

　甲、佳能360 T型閱讀機（Canon Canorama Reader 360T）：

　　㈠規格：

　1.機體：高20吋，寬15吋，深16吋，重量15磅（約7公斤）。

　2.電力：120／240 V、60 Hz（c/s）、165 W。

　3.光源：使用24 V、150 W石英鹵化燈泡，並採取風扇冷却方式散熱。

4. 鏡頭：採用變換式鏡頭，具有 21 X、24 X、27 X、39 X、42 X、48 X 等六種放大倍率，任供選擇使用。

5. 映幕：裝配 11 1/8 吋×14 1/8 吋，藍色抗反射式銀幕，且可作三十度傾斜角度旋轉。

6. 軟片：專供片狀縮影軟片（Microfiche）或夾檔縮影軟片（Micro Jacket）閱讀使用。

　　㈡性能：

1. 閱讀方式：以優異光學技術，採用前方投射閱讀方式，影像清晰，長期閱讀不覺疲勞。

2. 特殊銀幕：採用抗反射式銀幕，機身上方及側方，配有窗型寬罩，防止外光反射作用，同時銀幕三〇度傾斜角度，適合人體工學，閱讀時無需仰頭直視。

3. 鏡頭設計：採用變換式鏡頭，具有 21 X～48 X 等六種不同放大倍率，任由選擇變換。鏡頭座同時容納兩種鏡頭，由變換桿控制，並有二個鏡頭槽，以容納其他不同倍率鏡頭。

4. 檢索方法：具有多種不同規格，變換式指標版（grid index plate），資料檢索，非常便捷。

　　乙、佳能 370 型閱讀複印機（Canon Canorama Printer 370）：

　　㈠規格：

1. 機體：高 25 1/8 吋，寬 21 1/2 吋，深 19 3/8 吋，重量 128 磅（約 58 公斤）。

2. 電力：120 V、60 H_z（c/s）、普通交流電。

3. 光源：使用 24 V、150 W、石英鹵化燈泡，並採取風扇冷卻方式散熱。

4. 鏡頭：具有多種不同光圈與放大倍率，任由選擇使用。

　28 MM　F 6.3（ 20.5 X～ 23.5 X ）

　25 MM　F 4.5（ 24 X～ 27 X ）

　23 MM　F 4（ 26 X～ 30 X ）

　21 MM　F 5.6（ 29 X～ 33 X ）

　15.5 MM　F 3.5（ 39 X～ 44.5 X ）

　13.3 MM　F 2.8（ 46 X～ 52 X ）

5. 映幕：配用 12 吋× 15 ⅜ 吋白色銀幕。

6. 軟片：適合片狀軟片（ Microfiche ）、夾檔軟片（ Jacket ）、十六糎捲片（ 16 MM Roll Film）、匣式軟片（ Cartridge ）閱讀複印使用。

7. 速度：複印速度，每張十一秒鐘；複印尺寸：7 吋× 7 吋～ 11 吋× 14 吋；採取紙匣給紙，每匣容量 200 張。

㈡性能：

1. 閱讀方式：使用前方投射式閱讀，影像畫面清晰，長期閱讀，不傷眼力。

2. 銀幕設計：映幕斜度大，無需仰頭直視，且機身上方及側方，均配有寬大窗型罩，完全防止室內光線反射作用。

3. 微調控制：配有伸縮式微調（ Zoom）裝置，於 18.5 X～ 52 X 放大倍率範圍內適用，保持準確與清晰效果。

4. 複印方式：採用靜電感應複印方式，就複印形式說，直式與橫式，或正片（ Positive ）與負片（ Negative ），悉可適用。

丙、佳能 200 FS 型自動檢索普通紙閱讀複印機（ Canon NP - Printer 200 FS）：本機具有自動檢索及閱讀複印功能，並利用微電腦（ Micro Computer ）控制，性能卓越，操作簡便,無需專業訓練。

㈠規格：

1. 機體：高 56 吋（含機座），寬 40 吋，深 33 吋，重量 374 磅（約 160 公斤）。

2. 電力：100 V、60 H$_z$(c/s)、20 A。

3. 光源：使用 24 V、150 W石英鹵化燈泡。

4. 鏡頭：配有 21 X 與 24 X，放大倍率雙鏡頭。

5. 映幕：裝配 17 $\frac{5}{16}$ 吋 × 12 $\frac{5}{8}$ 吋銀幕。

6. 軟片：專供十六糎（MM）捲狀或匣式軟片使用。

7. 速度：複印速度，每分鐘 7.5 張，每次連續複印 1～99 張，複印尺寸 A4（ 8 $\frac{1}{2}$ 吋 × 11 吋），A3（11 吋 × 17 吋），並採用普通紙影印。

㈡性能：

1. 檢索方式：分由自動檢索、半自動檢索、電動檢索等方式進行。

(1)自動檢索：分別利用單頁光點（Page Blip）及行列光點（File Blip）檢索符號，以自動查索特定單頁或一段資料，同時使用雙重光點檢索器（Blip Sensor），以十鍵式電腦按鍵輸入號碼數字（五位數）顯示，亦就是由電腦控制，保持準確檢索。

(2)半自動檢索：無光點（Blip）檢索符號縮影軟片，利用軟片輸送計數器（Odometer），或電動輸送鈕，以計算軟片長度，並配合數字顯示，進行快速檢索。

(3)電動檢索：係利用電動馬達帶動軟片，以作快速輸送。

2. 軟片裝填：採取全自動式，軟片負載輪軸，係用光電自動測試張力，並以電腦自動控制，隨張力改變速度，保持片軸兩邊同速度運轉，且有三段刹車自動變速裝置，充分保護軟片，於高速運作時，避免損害。

3. 複印給紙：採卡匣單張自動給紙方式，每匣容量四〇〇張，使

用普通紙複印，效果清晰鮮明，歷久不褪色或起化學變化，適合永久
保存。

丁、佳能 600 型普通紙閱讀複印機（Canon NP-Matic Prin-
ter 600）：

㈠規格：

1.機體：高 60 吋，寬 59 吋，深 34 吋，重量 770 磅（約 360 公
斤）。

2.電力：120 V、60 Hz（c/s），或 220 V、50 Hz（c/s）、耗
電量 1,450 W（1.4 KW）。

3.光源：使用 24 V、150 W 石英鹵化燈泡。

4.鏡頭：具有九種放大倍率鏡頭。

圖七⑴　佳能 360 T 型閱讀機　　　圖七⑵　佳能 370 型閱讀
　　　　　　　　　　　　　　　　　　　　　複印機

圖七(3)　佳能NP-200型　　　圖七(4)　佳能600型普通紙
　　　普通紙閱讀複印機　　　　　　　閱讀複印機

標準倍率：10X、14.5X等二種。

選擇倍率：7X、7.5X、10.5X、15X、16X、23X、

24X等七種。

5.映幕：配有18 ⅛吋×13 ¾吋銀幕。

6.軟片：適合三五粍（MM）縮影捲片，或孔卡軟片（Aperture
Card）閱讀複印用。

7.速度：複印規格（尺寸），A2（18吋×24吋）、A3（11
吋×17吋）、A4（8 ½吋×11吋）；複印速度，每分鐘五張（A2、
A3），每分鐘十張（A4），每次連續1～99張，使用一般普通紙、
第二原圖紙及透明膠片進行影印。

㈡性能：

1.鍵鈕操作：設有電源開關,複印尺寸選擇器、警告指示、複印計數器等裝置,並採用微電腦（Micro Computer）控制,爲高超技術設計。

2.鏡頭設計：裝有三鏡座桿狀切換系統, 具有九種放大鏡頭, 任由選擇三種, 以配合Ａ２、Ａ３、Ａ４三種影印尺寸需要。

3.給紙方式：採用雙紙匣單張自動給紙, 由控制盤選換紙張, 上匣容量四〇〇張（Ａ４）,下匣容量五〇〇張（Ａ２、Ａ３）。

八、富士縮影單片閱讀機（FUJI Microfiche Reader）: 富士各型系縮影單片閱讀機, 形式輕巧, 適合任何場地使用。[8]

甲、富士RFP-2型閱讀機（FUJI Microfiche Reader RFP-2）:

㈠規格：

1.機體：重量 4.5 磅（ 約 2 公斤 ）。

　　收存時：高 14 3/8 吋, 寬 3 5/8 吋, 深 4 3/8 吋。

　　閱讀時：高 14 3/8 吋, 寬 3 5/8 吋, 深 11 7/8 吋。

2.電力：110V、60H$_z$（c/s）、普通交流電。

3.光源：使用 12V、 50W鹵素燈泡（Halogen Iamp）。

4.鏡頭：裝配 21 倍放大鏡頭。

5.映幕：配有 7 3/4 吋×10 1/4 吋銀幕。

6.軟片：專供縮影單片（Microfiche）、夾檔軟片（Jacket） 閱讀用。

㈡性能：

1.機型精巧輕便, 係個人携帶型閱讀機。

2.外形美觀別緻, 可放在手提箱或抽屜內, 不佔空間。

3.影像直接投射在桌面上, 鮮明清晰, 亦可投射在牆壁上, 以供小組討論研究使用。

乙、富士 RF 3 A 型閱讀機（FUJI Microfiche Reader　RF 3 A）：

㈠規格：

1. 機體：高 23 ⅜ 吋，寬 19 ⅜ 吋，深 16 吋，重量 22 磅（約 10 公斤）。

2. 電力：110 V、60 H$_z$（c/s）、200 W。

3. 光源：使用 24 V、150 W 鹵素燈泡（Halogen lamp）。

4. 鏡頭：具有 10 X、19 X、25 X、37 X、41 X、51 X 等六種放大倍率鏡頭。

5. 映幕：裝配 A 3（11 吋 × 17 吋）銀幕。

6. 軟片：適合片狀軟片（Fiche）、夾檔軟片（Jacket）、孔卡軟片（Aperture Card）、孔姆（Com）等閱讀使用。

㈡性能：

圖八(1)　富士 RFP- 2 型縮影單片閱讀機

1. 機型精巧：係桌上型設計，採鍵鈕操作，並設有二段光源控制裝置，以調控適當光度。

2. 鏡頭設計：採拉桿式交換鏡頭，倍率變換快速簡便，影像鮮明清晰。

3. 大型銀幕：配用大型（A 3）閱讀銀幕，且銀幕標尺，上下移動，便於閱讀資料。

圖八(2)　富士 RF 3A 型閱讀機

142 縮影圖書資料管理

註 釋

註一　美國柯達公司　縮影系統圖錄規格說明書
註二　美國３Ｍ公司　縮影系統圖錄規格說明書
註三　美國貝爾浩公司　縮影系統圖錄規格說明書
註四　美國ＡＭ公司　縮影系統圖錄規格說明書
註五　英國Imtec公司　縮影系統圖錄規格說明書
註六　美國Realist公司　縮影系統圖錄規格說明書
註七　日本佳能公司　縮影系統圖錄規格說明書
註八　日本富士公司　縮影系統圖錄規格說明書

第六節　輔助設備器材

輔助設備器材，就是縮影軟片，除縮影、沖洗、複製、檢驗、閱讀、複印等過程中，所必需具有設備外，於軟片維護及整理作業時，不可或缺器材，諸如軟片清潔機、夾檔挿片機、孔卡裝貼機、切片機、接片器等屬之，雖然器材輕巧，惟在縮影化資料處理程序中，具有重要地位，尤以軟片清潔機、夾檔挿片機、孔卡裝貼機等器材，更是不容忽視。

一、愛德6065型自動清潔機（Extek Automatic Microfilm Cleaner 6065）：①

㈠規格：

1.機體：高12吋，寬34吋，深12吋，重量36磅（約17公斤）。
2.電力：105／130V、60Hz(c/s)、2A。
3.速度：

(1)洗片速度：每分鐘 35 英呎（ 10.5 M／min ）。

(2)倒片速度：每分鐘 100 英呎（ 30 M／min ）。

㈡性能：

1.鍵鈕操作：採鍵鈕式進行作業，機器操作簡便，且作業完畢，無需清洗機件。

2.清洗方式：有濕式與乾式二種清洗處理方法，並設有藥水管制指示器及定量控制盤，嚴加調控。

3.特殊功能：本機具有袪除油漬、指紋、灰塵、霉跡功能，以維護軟片清潔，確保軟片品質與壽命。

㈢用途：適合 16／35 糎（ MM ）捲片清潔用，容量長度 1000英呎。

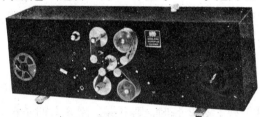

圖一　美國 Extek
6065 型縮影軟片
全自動靜電清潔
機

二、夾檔充填機（ Jacket　Filler ）：又稱夾檔裝填機（ Jacket Loader ），或夾檔插片機（ Jacket inserter ）。以形式分，有手動式與自動式二種，就功能說，計有裝填機與閱讀插片機，茲即各廠牌機種，附圖以作簡單說明。

甲、美國 Microseal 公司 VM 16／35 型閱讀裝填機（ VM16／35　Viewer-inserter ）：②

㈠規格：

1.機體：高 25 吋，寬 16 吋，深 13 吋，重量 35 磅。

2.電力：使用 115／220V、50／60 H$_z$(c／s)，普通電源。

3.光源：來自石英燈泡（ 19 V ），壽命五〇〇小時。

4. 映幕：裝配有12吋×12吋銀幕。

5. 鏡頭：配有15倍及20倍二個放大鏡頭，另有24倍放大鏡頭，任由選用。

㈡性能：

1. 本機全套設備，包含十六糎（MM）捲片裝填器，及三五糎捲片裝填器二部份。

2. 本機適用於十六糎軟片，以二〇倍放大鏡頭使用，及三五糎軟片，以十五倍放大鏡頭使用。

㈢用途：專供各型孔卡（Aperture Card）及夾檔（Jacket）裝填用。

乙、美國Microseal公司VM人工插片器（VM Inserter）：

㈠規格：

1. 機體：

(1) D-5（35糎）型：高6吋，寬4吋，深5吋，重量3磅。

(2) 十六糎（MM）型：高 $2\frac{3}{32}$ 吋，寬 $3\frac{3}{16}$，深 $3\frac{3}{16}$ 吋（6×8.1×8.1公分），重量約0.75磅（340公克）。

2. 組合：本身含有放大鏡及剪刀。

㈡性能：

1. 本機具有檢視與剪裁兩大功能。

2. 機件構造精巧，操作簡便，無需事業訓練。

3. 採取人工手動式裝片，於明室內作業。

4. D-5型裝有背光設備，配置6伏特（V）無熱燈泡（Nonheating）。

㈢用途：適合16／35糎（MM）縮影捲片，轉換裝填夾檔（Jacket）及孔卡（Apenture card）使用。

丙、瑞柯達克Micro-Thin閱讀充填機（Recordak Micro-Thin Jacket Reader-Filler）：③

㈠規格：

㈠FRF-1600型自動裝填機：16糎夾檔專用。

1.機體：高 20 $\frac{1}{2}$ 吋，寬 20 吋，深 21 $\frac{5}{8}$ 吋，重量 70 磅。

2.電力：120 V ± 10 ％、50／60 H$_z$（c／s）、1.5 A。

3.光源：使用 21 V、150 W，石英鹵素投影燈泡,並含有變數水平光源。

4.鏡頭：配有 14.5 倍放大鏡頭。

5.映幕：裝配有 8 吋×8 吋,綠色、粗面、半透明, 投影閱讀銀幕。

6.軟片：適合十六糎（MM）捲片，裝填夾檔用。

㈡FRF-3500型自動裝填機：35糎夾檔專用。

1.機體：高 30 吋，寬 20 $\frac{1}{2}$ 吋，深 24 $\frac{1}{8}$ 吋，重量 90 磅。

2.電力：120 V ± 10 ％、50／60 H$_z$（c／s）、1.5 A。

3.光源：使用 21 V、150 W，石英鹵素投影燈泡。

4.鏡頭：配有 14 倍放大鏡頭。

5.映幕：裝配有 18 吋×15 吋,綠色、粗面、半透明,投影閱讀銀幕。

6.軟片：適合三五糎（MM）捲片，裝填夾檔用。

㈡性能：

1.自動作業:本機具有閱讀、切片、充填等三大功能,自動裝填作業。

2.多元規格:本機適合各種不同尺寸夾檔：3×5 吋、4×6吋、5×5 吋、5×8 吋等多元規格。

㈢用途：本機具有二型機種，分別適用16 糎及 35 糎縮影片，製作夾檔片用。

丁、3M169型夾檔裝填機（3M Jacket Loader 169）：④

　㈠規格：

1. 機體：高19吋，寬14½吋，深15吋，重量40磅（約18.14公斤）。

2. 電力：115V、50／60Hz(c／s)、1A。

3. 光源：12V、50W，石英燈泡（Quartz-Halogen）。

4. 鏡頭：配有15倍放大鏡頭，焦距與夾檔（Jacket Holder），任意調整。

5. 映幕：裝配有9吋×10吋銀幕。

6. 軟片：適合十六糎捲片，裝塡夾檔用。

　㈡性能：

1. 插片對象：十六糎捲狀軟片，無論幾行長條（Strip），或幾幅影像（Image），均可充塡。

2. 插片速度：每小時可插七〇〇條長條片（Strip-film），或二三五個單影像（Single image）。

戊、ABR-400型夾檔片閱讀充塡機（Bell E Howel ABR-400 Jacket Reader／Filler）：⑤

　㈠規格：

1. 機體：高23½吋，寬15½吋，深16½吋，重量60磅（約27.2公斤）。

2. 電力：115V、50／60Hz(c／s)、1.5A，交流電。

3. 光源：使用14.5V、90W，石英鹵素燈泡，並用風扇冷却式散熱。

4. 鏡頭：配有二〇倍與三〇倍二種放大鏡頭，任可互換使用，並設有高低兩段開關裝置，以調換適當倍率。

5. 映幕：裝配有11½吋×12吋，藍色、不耀眼、中等密度銀幕。

6. 軟片：適合十六粍捲片，裝填夾檔用。

㈡性能：

1. 軟片充填：設有軟片充填器及切割旋鈕裝置，使影像快速掃描與對準，以作週期性自動切割，配合夾檔穴前進與後退，保持夾檔充填正確性。

2. 夾檔輸送：配有夾檔輸送器，自動安排夾檔正確位置，對準軟片軌道，以供正確而快速充填。並設有特殊廢片排除站，快捷處理無需要軟片。

3. 鏡頭護罩：採上舉式護罩，使鏡頭更換及日常維護，更為容易而簡單，同時保持影像顯明而清晰。

4. 裝載導板：採用快速目視導板，可裝置不同種類夾檔版式，以適應實際作業需要。

己、佳能Motion-Tech 型插片閱讀機（Canon Motion-Tech inserter-Reader）：⑥

D－5型（35粍）

16粍（MM）型

圖二⑴A　VM16／35型
　　　　　閱讀裝填機

圖二⑴B　VM人工插片器

圖二(2)　瑞柯達克閱讀充塡機

圖二(3)　3M169型夾檔裝塡機

圖二(4)　貝爾浩 ABR‑400
夾檔片閱讀裝塡機

圖二(5)　佳能插片閱讀機

㈠規格：

1.機體：高 19 吋，寬 16 ⅜吋，深 16 ⅝吋，重量 17 公斤。

2.電力：120／220 V、50／60 Hz（c/s）、普通交流電。

3.光源：24 V、150 W，石英鹵素燈泡,並用風扇冷却式散熱。

4.鏡頭：配用 16 倍放大鏡頭。

5.映幕：裝配有 8 ½吋×11 吋（ 215×280 ）粍（MM）銀幕。

6.軟片：適合十六粍捲片或條狀軟片用。

㈡性能：

1.配用寬大銀幕、資料影像及裁刀切線位置，同時顯示，便於資料識別，以供分類插入不同夾檔，並保持軟片精確裁切作業。

2.單張或數張影像，任由需要裁切，並可隨意插入夾檔中任何位置，以適應實際需要。

3.夾檔內資料，更新或重組非常方便，機器操作，亦極簡單，無需專業訓練。

㈢用途：本機具有閱讀、裁切及充填軟片、製作夾檔功能，適合十六粍捲狀或條狀軟片使用。

三、美國 3 M 星系裝孔機（3M Aperture Card Mounters）：

甲、3 M　38-BA型手動式裝孔機（3M Hand Mounter 38-BA）：⑦

㈠規格：

1.機體：高 6 ½吋，寬 7 吋，深 9 吋，重量 13 磅。

2.電力：115 V、60 Hz（c/s）、0.1 A 交流電。

3.光源：來自 6 W，110/120 V 燈泡。

4.速度：每小時裝製孔卡片 400 張。

㈡性能：

1.採手動式作業，操作簡捷，無需專業訓練。

2.由捲狀縮影軟片，分張剪裁裝入 IBM 孔卡。

㈡用途：適合三五糎軟片，裝貼孔卡片用。

乙、3M 78 型裝孔機（3 M Aperture Card Mounter 78）：

㈠規格：

1.機體：高 50 吋，寬 39 吋，深 29 ¼ 吋，重量 236 磅。

2.電力：110／120V、50／60Hz（c/s）、4A。

3.光源：使用 115V、150W，投射燈。

4.鏡頭：配有 8X 鏡頭及 2X 放大鏡。

5.映幕：裝配有 14×14 吋檢視映幕。

6.速度：視作業人員操作技術熟練程度而定。

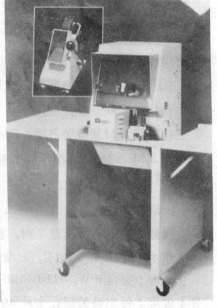

圖三⑴　3M　38BA型手動裝孔機　圖三⑵　3M　78 型裝孔機

㈡性能：

1.自動作業：本機具有檢視、裝孔二大功能，並設有鍵鈕控制，操作簡便，無需專業技術。

2.適用軟片：本機適用寬35糎（MM），長1000英呎縮影捲片。

四、Micobra 75/76型自動切片器（Micobra Automated Film Slitter-75/76）：⑧

㈠規格：

1.機體：高6吋，寬17吋,深6吋，重量8磅（約3.6公斤）。

2.電力：110V、50/60H$_z$(c/s)交流電。

㈡性能：

1. 75型機種：本機適合16糎捲片切用，片長12.4吋以下,具有高密度功能，配合電腦形式使用。

圖四 Micobra 75/76 型自動切片器

2. 76型機種：本機適合16糎捲片切用，片長8.8吋以下，適合銀行使用。

五、接片器（Splicer）：係縮影軟片，於剪接作業時，必需要具備器材，就其功能分，有手動式與電動式、或單面式與雙面式，茲綜合簡單說明，以供參考。

甲、3M252型接片器（3M Microfilm Splicer 252）：⑨

㈠規格：

1.機體：高1吋，寬4⅝吋，深5吋。重量0.66磅（300公克）。

2.軟片：適合16/35糎縮影軟片剪接作業用。

㈡性能：

1.機械構造簡單，機背設有接片膠片盒，配合使用，人工接片，操作便捷，無需專業技術。

2.本接片器適合16／35糎（MM）縮影軟片使用，無需換裝組合機件。

乙、Dupage 7690型乾式接片機（Dupage Microfilm Dry Splicer 7690）：⑩

㈠規格：

1.機體：高6 3/16吋，寬6 3/32吋，'深7 1/16吋，重量7.72磅。

2.軟片：專供16糎（MM）縮影軟片使用。

㈡性能：

1.本機具有切片與接片二大功能，採用乾式處理，具有高精密度。

2.本機自動作業，切片及接片，同步進行，操作簡便，無需專業技術。

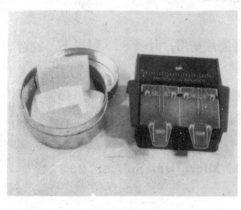

圖五(1)　3M252型接片器

圖五(2)　Dupage 7690型乾式接片機

註　釋

註一　美國愛德公司　軟片清潔機圖錄規格說明書

註二　美國 Microseal 公司　縮影系統圖錄規格說明書

註三　美國柯達公司　縮影系統圖錄規格說明書

註四　美國 3 M 公司　縮影系統圖錄規格說明書

註五　美國貝爾浩公司　縮影系統圖錄規格說明書

註六　日本佳能公司　縮影系統圖錄規格說明書

註七　同註四

註八　美國 Micobra 公司　縮影系統圖錄規格說明書

註九　同註四

註十　美國 Dupage 公司　縮影系統圖錄規格說明書

第三章　縮影軟片作業

　　縮影軟片作業，大都經過原件編次、軟片攝製、軟片沖洗、軟片複製、軟片檢驗、軟片處理或轉換、軟片維護等製作步驟，其中以軟片攝製、沖洗、複製、檢驗等作業，乃是最基本而重要程序，同時亦係縮影軟片製作過程中，最重要之關鍵環節。

　　著者從事圖書館服務工作，規劃縮影圖書資料管理事宜，設計縮影製作模式與作業程序，參與縮影軟片作業，於實地工作過程中，深切體認縮影軟片各項作業，要求條件極爲嚴格，特即實際經驗，作建議性綜合報告，以供縮影軟片作業參考。（縮影軟片作業程序圖縮影資料處理流程）

第一節　原件編次

　　一、縮影資料來源：縮影化資料管理，最重要而不可缺少者，乃係原始文件或資料。縮影資料來源，包括檔案、文件、票據、帳冊、報表、圖書、期刊、報紙、電腦輸出報表，以及其他文獻資料、範圍廣泛、不勝枚舉。

　　二、資料處理方式：縮影用的原始文件或資料，並非直接就可進行攝製作業，必須先行檢查、整理、編次工作。資料處理方式，分由人工檢查法或電腦處理法進行，唯以人工檢查法，最爲確實而廣被使用。

　　㈠人工檢查法：原始文件或資料，在進行縮影作業前，攝製人員應先依實際情況，作確實的檢查、整理與準備工作，選擇縮攝文件，

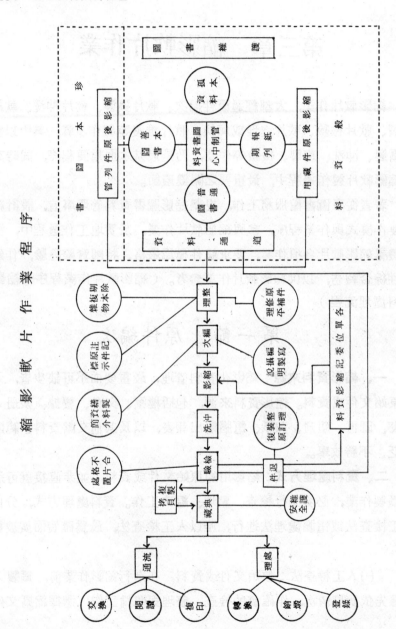

縮 影 資 料 處 理 流 程
（Micrographics Systems）

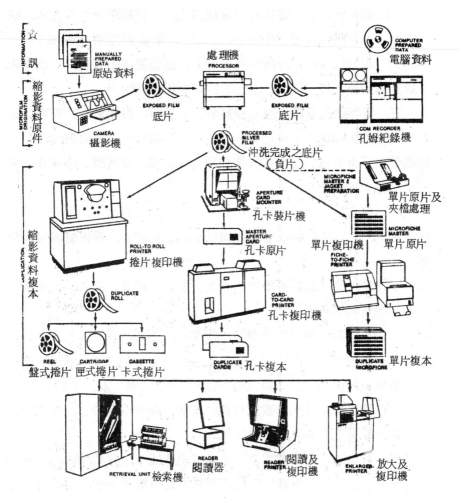

編理適當次序、修補破損、抽檢重複資料或無用附件，註記短缺資料，清除資料中雜物，諸如便條、大頭針、迴紋針、訂書針等物品，以利縮影作業。

　　㈡電腦處理法：這種科技處理方法，係把相關資料及程式，輸入電腦，經過重組處理（Rearranging），電腦將重新整理資料（Newly encoded data），轉錄在磁帶上，這份磁帶上資料，亦就是未來輸出轉錄於孔姆（COM）上，最主要的原始資料。①

　　三、資料編目要項：原始資料的簡要說明，對縮影軟片利用，具有莫大的影響，並給予讀者莫大助益。資料編目最主要的項目，應包括書名項、著者項、出版項、稽核項、附註項、提要項、檢索項，特分別說明，以供參考。

　　㈠書名項：亦就是資料名稱，包括書名、副書名，惟如名稱改變或更換，亦可在附註項中，詳加說明，交代清楚，俾使讀者完全瞭解。

　　㈡著者項：係說明撰者、譯者、編者、輯者、纂者，而使讀者瞭解原始資料著作人。

　　㈢出版項：說明原始資料出版事項，諸如時間（年、月、日），地點（重慶、上海、台北、台中、豐原），出版者（台灣商務印書館、黎明文化事業公司），版次（二版、修訂五版），版本（明　本、手鈔本）。

　　㈣稽核項：包括册數或面數、圖表、高度（公分），裝訂方法（精裝、線裝）等事項，均須詳加說明。

　　㈤附註項：包括叢書註（人人文庫 119），分類號碼（原書分類號及著者號），庋藏數量，以及有關原資料應予說明者，均可在附註項，簡單說明，使讀者瞭解。

　　㈥提要項：最重要說明資料內容、性質、體裁，以及典藏使用狀況等事項。

　　㈦檢索項：包括原始資料目錄、索引，以及軟片檢索方法等項。編輯與攝製方式，均應予詳細說明，以利讀者查索。

　　四、資料簡介範例：原始資料簡介說明，其規格及形式，並非固定而不可變。唯以圖書館所典藏的資料，最主要者，不外圖書、期刊、報紙，無論是何種資料需要攝製縮影軟片，編撰資料簡介方式，最基本形態，係二種以上圖書或資料，攝製一捲軟片；抑係一種圖書或資料，攝製二捲以上縮影軟片。於是編著資料簡介的格式，亦略有差異，特列舉實例，以供參考。

　　㈠以圖書資料性質分：計有圖書簡介實例，期刊簡介實例，報紙簡介實例三種。

　　實例一：圖書簡介說明～廣東省各縣土地調查冊簡介

廣東省各縣田畝調查冊

　　3333冊　有圖　27×39.5公分（橫本）　線裝

　　原書類號：係以一縣一分類（計1～59類），一鄉一號排架為原則。惟偶有二鄉以上合訂成冊者，取其中一鄉編號，餘註明參見該號，以利查閱。

　　註：各田畝調查冊，均未著錄造報者及造報地點。

　　該田畝調查冊，由各鄉鎮分別調查具報，計有59縣，1450鄉（鎮），共3333冊。本館已依現藏資料，善加整理，編成「廣東省各縣土地調查冊目錄」以供研究參考。

　　此項資料庋藏使用年久，難免有所破損、污漬、蟲蛀或缺頁等，特於攝製時另加「原件污損」或「原件缺頁」標示。

　　檢索方法：

　　㈠每一冊或縣、區及鄉鎮（視資料數量及實際需要）攝完，加閃光卡十幅（FRAME）。

　　㈡本館所編「廣東省各縣土地調查冊目錄」特攝於正文之前，以利檢索。

　　實例二：期刊簡介說明～農聲月刊簡介

農聲

　　民國十二年五月創刊　廣州　國立中山大學農學院廣部印行

　　24冊（合訂本）　有圖表　26份　精裝

　　館藏：民國12年5月～民國33年2月（自第1期～231期止）

　　原書號碼：4205／BC53

　　附註：

　　一、本刊原爲旬刊，自103期起，改爲月刊。其中1～80期（民國12年5月至15年12月）於民國25年重新縮版翻印成二冊，名爲"農聲彙刊"並編有分類總目。

　　二、中山大學十週年校慶，發行農聲彙刊，以農聲月刊歷年各種論文，分類選出，編印專冊，計有㈠農業經濟論叢㈡土壤肥料論叢㈢農藝論叢㈣園藝論叢㈤畜牧論叢㈥蠶絲論叢㈦農林化學論叢㈧森林論叢㈨農林病蟲害論叢㈩農業氣象論叢。現館藏農業經濟論叢、農藝論叢兩冊，特攝製於農聲月刊之後，以供研究參考。

　　本刊係傳播農林知識，發展農林業爲宗旨。以農政、土壤肥料、農藝、園藝、畜牧、蠶桑、農藝化學、昆蟲植病森林、育種等項爲範圍，內容廣泛，深受國內外人士重視，實爲研究發展吾國農業參考要藉。

　　該刊因庋藏使用年久，部份資料有所污損，兼以中國戰亂期間，資料蒐集困難，或有缺期，特於攝製時，以「原件污損」或「原件缺×××期」標示。

　　檢索方法：依實際需要，於每冊或六個月、壹年攝完，加閃光卡十幅（FRAME）。

　　實例三：報紙簡介說明～大公報簡介

一、大公報簡介：

　　該報係中華民國紀元前十年，亦卽（淸）光緒廿八（公元1902）年五月十二日在天津由英歛之先生創辦，以「不黨、不賣、不私、不盲」爲社訓。抗日戰爭階段，曾在天津、上海、漢口、重慶、桂林、香港等地發行。而上海版社址：上海市南京路二一二號，台灣航空版社址：台北市府中街（現懷寧街）二段廿六號。

　　上海版：每日出刊三大張計十二版，台灣航空版：每日出刊一大張半計六版，若逢重要節日或有特殊事件，另發行專輯或特刊。

二、本館藏報概況：

　　該報合訂本因藏用年久，破失頗多，恐維護困難，特攝製微影軟片。其藏報如表：

年度　份　版別月	上　海　版	台灣航空版
3 5 年	8 —— 1 2	7 —————— 8
3 6 年	1 —— 1 2	1・4・6 —— 9
3 7 年	1 —— 1 0	1 —————— 1 2
3 8 年		1 —————— 5

三、檢索方法：

　　每月份攝完，加閃光卡十幅（FRAME）。

　　㈡以圖書資料種類分：計分單項資料簡介實例，多項資料簡介實例二種。

　　單項資料簡介：就是一種圖書或資料，冊數頗多，需要攝製二捲以上縮影軟片。

　　實例四：台灣時報（月刊）

台灣時報（月刊）

　　（日）明治42年1月20日創刊　台北　東洋協會台灣支部發行

　　62冊（合訂本）　有圖表　26公分　精裝

　　館藏：1.明治42年1月～大正8年5月（自第1號～113號）

　　　　　2.大正8年7月～昭和20年3月

　　原書號碼：052／BJ8

　　註：自大正8年7月重新發刊，改由日據時期，台灣總督府台灣時報發行所印行，編號至爲複雜，有以期編號，亦有以月爲號，或分卷期號等不同期號。

　　本刊爲綜合性刊物，登載有關台灣及支那南洋等資料，以日文爲主，漢文爲輔。依台灣時報發行規定：以政事、時事、農事、工事、商事、學術、技藝、統計爲範圍，其內容計分：論說、講演、調查報告、地方事情、研究資料、統計、雜報、法令、廣告等十項。

　　該刊因庋藏使用年久，部份資料有所污損，兼以中日戰爭期間，資料蒐集困難，或有缺期，特於攝製時以「原件污損」或「原件缺×××號」標示。

　　檢索方法：每六個月（6號）攝完，加閃光卡十幅（FRAME）。

　　多項資料簡介：就是一捲縮影軟片，可以攝製二種以上不同的圖書或資料。

　　實例五：美國國會圖書館藏中國方志目錄、善本書目

美國國會圖書館藏中國方志目錄、善本書目

一、本微捲內容：

　㈠國立中央圖書館台灣分館簡介

　㈡本分館微影軟片交換辦法

　㈢美國國會圖書館藏中國善本書目

　㈣（美國）國會圖書館藏中國方志目錄

　　（請參閱各目錄簡介）

二、檢索方法：

　㈠每種目錄攝完，加閃光卡10幅（FRAME），但若面數龐大，於

　　每三〇〇面，另加閃光卡10幅（FRAME）。

　㈡著者或書名索引，攝製於各書正文之前，以利檢索。

　實例五：1

美國國會圖書館藏中國善本書目

　　王重民輯錄　袁同禮重校　民國61年6月　台北　文海出版社
印行　影印本

　　（1308）面　21公分　精裝

　　英文書名：A Descriptive Catalog of Rare Chinese Book
in the Library of Congress.

　　附：著者索引、書名索引、補遺等三種

　　注：本書正文首面題名「美國國會圖書館藏中國善本書錄」，書
口又名「中國善本書錄」。

　　本目錄所收資料計分經、史、子、集等四種共三十六類，各書並
略作考評或題解，以供參考。

　　實例五：2

美國國會圖書館藏中國方志目錄

　　朱士嘉編　民國31年（1942）　美國　華盛頓 U. S. Government Printing Office.（美國政府出版品中心）印行

（554）面23公分

英文書名：A Catalog of Chinese Local Histories in the Library of Congress.

　　附：筆畫及拼音索引

　　本目錄所收中國方志資料，溯自（宋）熙寧九年（1076）～民國30年（1941）止，計二千九百三十九種，五萬六千九百八十九卷。分二十九省二地方，其中以河北、山東、江蘇、四川、山西、浙江、陝西、江西、廣東、湖北、安徽等諸省份資料較多，爲國外收藏中國方志最豐富之圖書館。而排列係依清一統志順序，但行省係照現在行政區域編列，所著項目依次：書名、卷數、編修人、版本、冊數、按語等項。

註　釋

　　註一　金台寶　縮影科學簡介　民國69年　縮影研究第二輯
　　　　　p. 47.

第二節　軟片攝製

　　一、攝製編序：係賦予縮影資料，一種固定的秩序，或一貫性拍攝的次序，抑一種連續編號（Sequential Number），以說明資料組合，表示攝製方式。通常縮影軟片攝製編次，包括位置、檢索、內容、編製、品質、版權等事項，必須詳加註記。①

　　㈠位置註記：就是說明資料位置，其旨在使縮影資料使用者，於極短時間內，即可查索縮影軟片上，特定影像所在位置。亦就是使用者，花費最少時間，就能找到所需要的縮影資料。軟片位置註記，通常採用文字或符號，以達到「指引」、「標示」的作用。在捲狀縮影軟片中，所攝製的位置註記，計有捲片開始，捲片終止，捲片連接，影像號序等四項。

1. 捲片開始：係在縮影捲片，預留片頭的空白部份（最少要留五十公分以上），於片頭或正文之前，第一幅（Frame）以文字或符號，先行攝製「捲片開始」註記。

2. 捲片終止：係縮影捲片，全部資料攝製完畢，於片最後一幅（Frame），以文字或符號，攝製「捲片終止」註記。

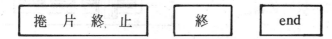

3. 捲片連接：捲片連接註記，就是一冊圖書或資料，在一捲縮影軟片中，無法全部攝完時，必須用第二捲軟片連續攝製，於是兩捲軟片間，應攝製捲片連接註記，以說明捲片關係。捲片連接註記方式，係在第一捲軟片片尾，攝製「下接第○○○號」，於第二捲軟片片頭，攝製「上接第○○○號」，以表示兩捲軟片的連接關係。

4. 影像號序：影像號序註記，旨在引導使用者，依據影像號碼，迅速檢索特定影像，亦就是閱讀者所需要資料。註記方法，分為普通標號次序與自動檢索碼表二種。

連續號碼法

在每張影像旁邊，記錄有流水編號，檢索時，依照號碼即能找到資料。

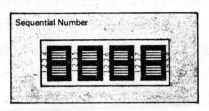

影像計數法

在每張影像下方，記錄有一黑色小方塊，稱爲Blip Mark，再利用機器之光電計數，即能迅速自動地找到資料。

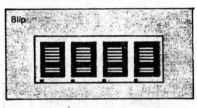

碼表計程法

在檢索時，利用計程碼表，對軟片行進的長度加以計數，即能協助我們很快地找到資料。

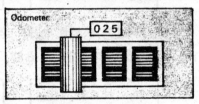

　　㈡檢索註記：縮影資料編製索引，最主要功能，在使閱讀者快速檢索所需要的資料。於軟片攝製時，必須說明索引系統之編製方式，以供閱讀參考。

　　捲狀縮影軟片的檢索方法，計有閃光卡方法、連續號碼法、線條代號法、影像計數法、碼表計程法、二進位數法。其中閃光卡法，由於攝製方法，簡單而容易，所以目前國內普遍廣被使用。

　　閃光卡方法，採用文字或數字方式，於每單元資料攝完，加閃光卡十幅（Frame）。若果原始資料，編有目錄或索引，必須攝於正文之前，以利查索。（見次頁說明）

　　㈢內容註記：係指縮影資料的主要內容，亦就是縮影軟片最重要的正文資料，內容註記方法，除以醒目的文字，製作大型標題外，原始資料名稱、內容、簡介、來源、缺損等項，必須詳作說明，促使讀者瞭解每單元縮影軟片組合、攝製方式、資料數量。配合實際需要，亦可編製「縮影資料內容表」，更具有高度效能與重要意義。

說明：

1. 閃光卡方法：書寫大型的數字、文字或記號等在卡片上面，置於資料之頭、尾或段落之間，以利目視檢索。

2. 數字表示方式：採用 0～9 編次組合。

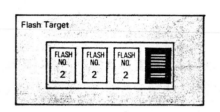

3. 文字表示方式：採用資料名稱　卷期編號、或出版年月日，加以標示之。

中央日報	資料說明一、中央日報簡介二、本館藏用概況（亦可列表說明）三、檢索方法	中華民國中央圖書館台灣分館依據館藏資料攝製	中央日報上海版民國　年　月說明本月份資料完整無缺，惟因藏用年久，而有缺版、破損、水漬、蟲蝕等現象，故於攝製時，特用「原件缺第××版」或「原件汙損」等字標，加以表示。	中央日報上海版民國　年　月說明一、本月缺報資料：（日份計）二、本月資料，除缺少上列日份外，且因藏用年久，而有缺版破損、油汙、水漬、蟲蝕等現象，故於攝製時，特用「原件缺××版」或「原件汙損」字標，加以表示。

(四)編製註記：係指縮影軟片製作過程中，說明縮影資料和原始文件各種關係，諸如捲片編號、縮影倍率、固定長度。

1. 捲片編號：捲號（Rool No：）作用與圖書登錄號碼，具有同等意義及其重要性，以利儲藏與查考。

捲號（Rool No:）	捲號（Rool No:）	捲號（Rool No:）
0001／B0001	0002／N0001	0003／P0001
B代表圖書	N代表報紙	P代表期刊

2.縮影倍率：縮小比例，視原始文件需要，選擇適當比率。唯應以拍攝全頁資料爲宜，若全捲軟片，採用縮小倍率，力求一致，以利閱讀與檢驗解像力。註記方式如次：

15 X　　　　　　21 X　　　　　　24 X

3.固定長度：係指縮影軟片中影像的固定長度，目的在測量影像長度，註記方式：

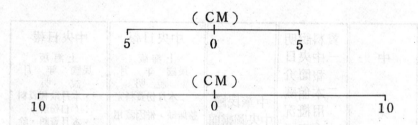

㈤品質註記：係指縮影軟片屬性，亦就是說明軟片性質與微粒組合情況，旨在控制縮影軟片品質，並作判定軟片複製及複印紙質資料清晰度依據，註記方式，背景濃度及解像力，於軟片開始及軟片終止處，各攝製一幅。

1.背景濃度：係說明縮影軟片中影像黑化程度，又稱密度，通常採用50％反射率試驗卡註記。

2.解像力：係測試縮影軟片，攝錄資料精細程度的表示方法，通常採用美國國家標準局1010A縮影解像力試驗卡註記。

㈥版權註記：縮影軟片版權問題，目前國際間爭議無休，尚未完全獲得一致決議。唯使縮影資料在法律上，具有公證效力，於攝製時必需有版權註記，以保證縮影資料內容與原始文件資料完全相同。版權註記的內容，應包括縮影軟片監製人，製作人員，發行單位，版權說明，以及原著作人同意書等項，均攝製於軟片中，表示負責任的態度。

　　二、攝製模式：亦就是縮影軟片拍攝次序，除非有特別規定，全部縮影圖式或原始資料，於攝製前，必須依次排列，並按排列編序，進行攝製作業。②（圖一、圖二）

　　㈠縮影圖分幅：縮影資料或圖樣，除非有特殊需要，或寬度過大，必須採取分幅拍攝方式外，應使用同一縮小比率規定，以單幅（全頁或全圖）攝製於軟片內，同時單幅拍攝的圖樣，不需註記分幅編號。（圖三）

　　1.縮影圖式或文件，寬度不超過三四英吋，長度在四八英吋以上者，必須分段拍攝。（圖四）

　　2.縮影圖式或文件，寬度在三四英吋與四八英吋之間，但長度在四八英吋以上者，應旋轉方向，分段拍攝。（圖五）

　　3.縮影圖式或文件,寬長度均超過四八英吋者，分幅拍攝情形，較為繁雜。（圖六）

　　縮影圖式或文件，須以分幅拍攝方式縮影時，每一幅拍攝面積不得超過34×44英吋，但旋轉方向分幅拍攝者，寬度可達四八英吋。相鄰兩幅必需重疊拍攝，最少在四英吋以上，最後一幅以充滿全幅為準，重疊部份不在此限。所有分幅拍攝之縮影，均應在圖幅內明顯位置，標記分幅識別記號。

　　分幅拍攝鑑別，於每一幅內均需有連續幅號表示，全圖以圖號或資料鑑別號或文件頁數等識別。任何圖式或一系列之圖式，必需用分幅拍攝縮影軟片時，第一幅標以Ｆ１，餘依次按連續各幅，應標以Ｆ２，Ｆ３、Ｆ４………。使用標示字體應爲一英吋高，黑底白字，放置於每幅下方接近邊框位置，且不得影響或遮蔽圖樣內容。如具有機密性圖樣需分幅拍攝時，每一幅內除應顯示幅號外，均須顯示機密等級符號。

　　㈡縮影圖模式：無論是書本式資料或散頁式資料，非因特殊需要，通常尺寸在８½吋×１１吋以下者,均須按下列模式排列攝製，同時原始文件或資料，不得分幅拍攝，每幅影像均以顯現文件全部爲原則。

　　1.每幅八頁模式：書本式資料或散頁圖樣，每頁尺寸不超過８½吋×１１吋者,依序排列八頁拍攝於一幅內。惟在同系列資料縮影中，每一幅內均須放置八頁不得變更，其中若資料尺寸超過８½吋×１１吋者，或最後一幅不足八頁時例外。然資料尺寸若有小於８½吋×１１吋者，仍以每幅拍攝八頁爲準，並依圖示次序及位置平均排列，且不得變更縮小倍率，除最後一幅不足八頁者外，其餘均應遵守中心線之規定。（圖七、圖八）

　　2.每幅四頁模式：書本式資料或多頁式資料，每頁尺寸不超過８½吋×１１吋者,亦可按照每幅四頁模式攝製。其他附加規定，與每幅八頁模式相同。（圖九）

　　3.每幅三頁模式：書本式資料或多頁式資料，每頁尺寸不超過８½吋×１１吋者,亦可使用每幅三頁模式攝製。每頁資料間隔，應保持最小一吋，最大１½吋距離，並遵守中心線規定，除非在此一系列資料中，出現有特殊尺寸資料，無法完成每幅三頁模式，否則均應保持一致模式，但同此系列資料，最後一幅不足三頁者例外。（圖十）

　　4.每幅二頁模式：書本式資料或多頁式資料，每頁尺寸不超過１１

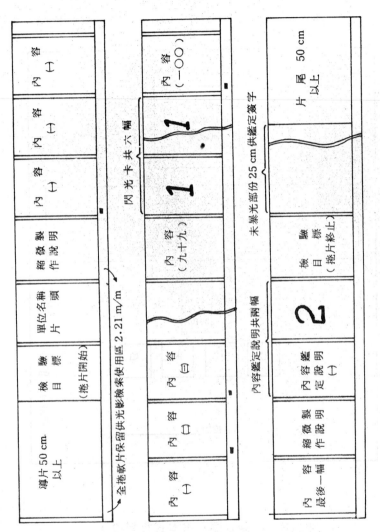

圖一　縮影捲片攝製模式示意圖

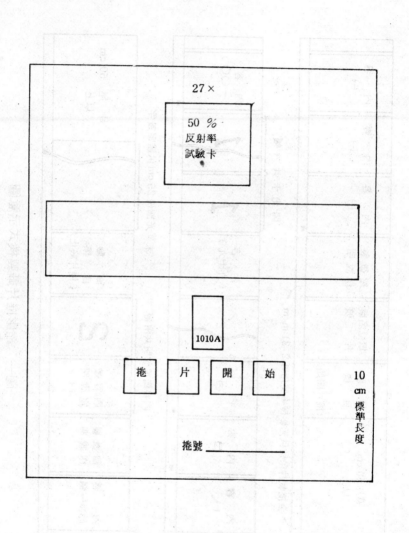

圖二(1)　檢驗目標（書本式資料用）

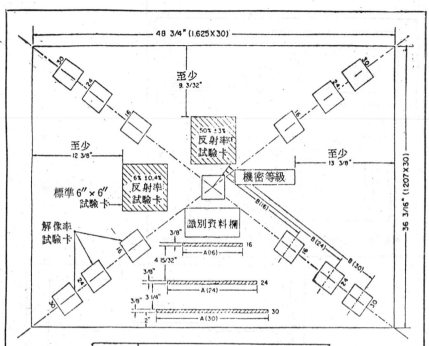

尺　寸	尺寸以英吋表示			公　差
	縮小比率			
	16 X	24 X	30 X	
A	8.000	12.000	15.000	± 0.005
B	12 7/8	19 13/32	24 9/32	± 1/8

註：中央之解像力試驗卡放置要求：其最細微之一組卽 " 10.0 " 者小數點之位置應在全幅之中心點 1 ″ 範圍以內，試驗卡之底邊應與幅面之底邊平行，試驗卡內下方之標題文字應與本檢驗目標內其他標示文字有相同之順序，不得顛倒或相反；四角放置之解像力試驗卡放置要求如下：其最細微之一組卽 " 10.0 " 者，小數點之位置應在對角線 1 ″ 範圍以內，按照不同的縮小比率距全幅中心採用一 " " 的距離，試驗卡的一邊與對角線平行，卡內下方標題文字，在中央之試驗卡文字爲正讀位置時，應有自左至右之順序，在採用美國國家標準局一九六三年以前所製供之解像力試驗卡時，" 4.0 " 之一組可代替本規格內所規定之要求位置。

圖二(2)　檢驗目標（工程圖樣用）

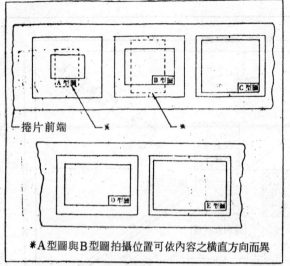

捲片前端

圖三　單幅拍攝

＊A型圖與B型圖拍攝位置可依內容之橫直方向而異

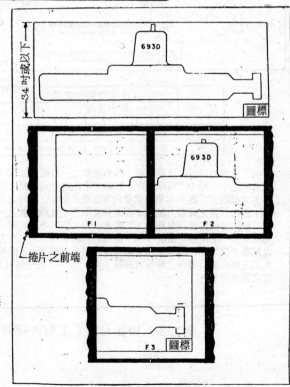

圖四　分幅拍攝

圖五　分幅拍攝A式

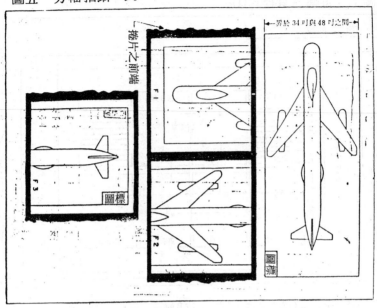

圖六

分幅拍攝B式

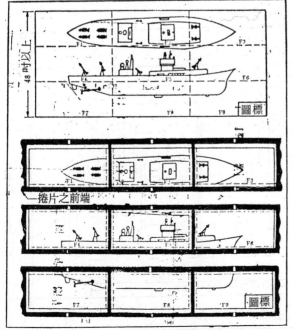

圖七　每幅八頁模式⑴

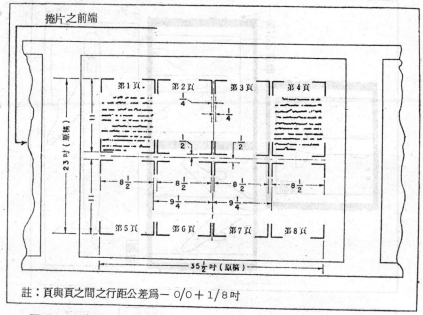

註：頁與頁之間之行距公差為－0/0＋1/8吋

圖八　每幅八頁模式⑵

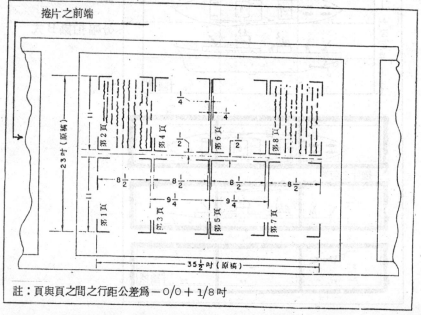

註：頁與頁之間之行距公差為－0/0＋1/8吋

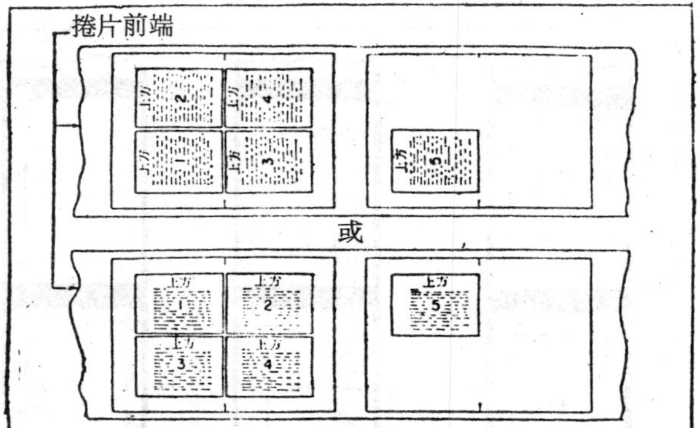

圖九　每幅四頁橫式
註：圖示一五頁資料之縮影情形

圖十　每幅三頁橫式 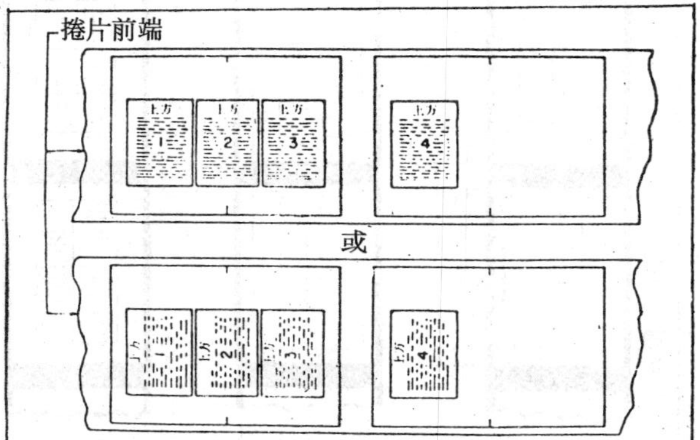
註：圖示一四頁資料情形

圖十一　每幅兩頁橫式 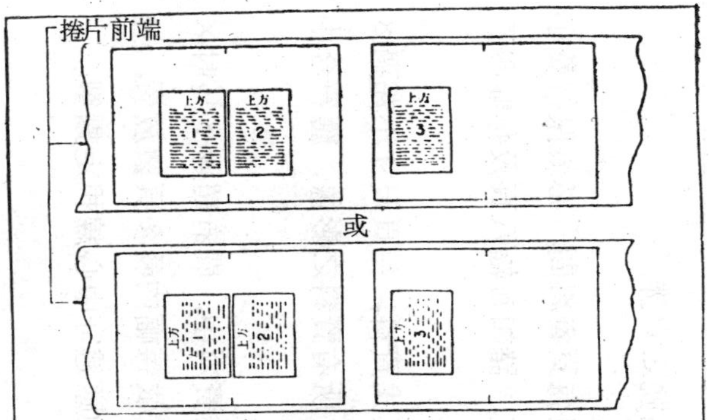
註：圖示一三頁資料縮影情形

圖十二　每幅一頁橫式 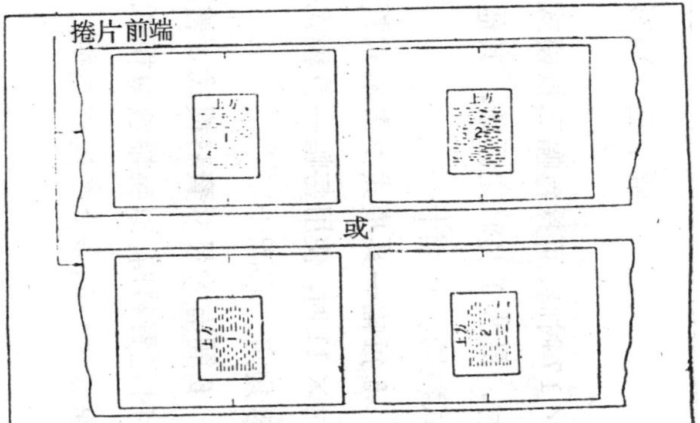
註：圖示一兩頁資料縮影情形

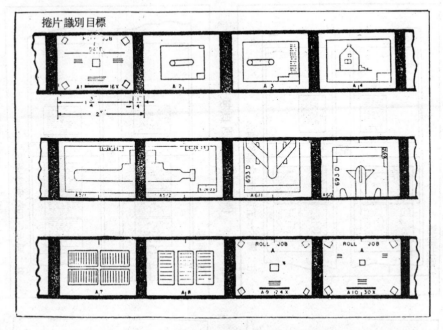

圖十三　縮影影像及幅號之安排

吋×17吋時,可採每幅二頁模式攝製。但每頁資料間, 必須保持最小一吋, 最大1½吋之距離, 其他附加規定, 諸如每幅八頁及每幅四頁模式類同。(圖十一)

　　5.每幅一頁模式:書本式資料或多頁式資料, 每頁尺寸不超過8½吋×11吋, 使用每幅一頁模式攝製時, 所有資料之影像, 應符合中心線規定。(圖十二)

　　6.間有大尺寸資料模式:書本式圖樣資料中, 間有超過8½吋×11吋之資料時,以每幅數頁模式攝製者, 依每幅內最多頁數放置, 且以原設定每幅多頁數模式為準, 但每幅均應遵守中心線規定攝製。

三、攝製測片：係正式開始攝製作業前，進行曝光試驗測片，就其攝製測片時機說，不外於新購置縮影機，必須瞭解機械性能，或使用新廠牌、型號軟片，以及在縮影作業上特殊需求時，均可實施曝光測片作業。其作用在爲決定對某一原始文件資料，給予適足之曝光亮度，所需要曝光燈電壓值或曝光刻度數，而進行之一種攝製測片，並利用測片試驗結果，藉以核正曝光表及控制軟片品質。

㈠準備工作：係指抉選文件樣品及製作曝光標誌而言。

1.文件樣品：亦就是測試目標的選樣，必需考慮文件特性、顏色、面積等因素。

(1)文件特性：係指正片文件（白底黑線），負片文件（黑底白線）而言，須分別選樣備用。

(2)文件顏色：由於原始資料藏用年久，紙張色調深淺不一，所以測試文件顏色，須按實際需要取樣、編號、組合，加以備用。

(3)文件尺寸：係指取樣文件尺寸而言，面積大小，大約24 × 36吋，但亦可依作業上需要，酌情縮小取樣文件尺寸。

2.曝光標誌：曝光標誌製作，須按縮影機之曝光設備而定。

(1)電壓值標示：縮影機設有自動測光儀器，調控適足曝光量時，按實際需求，自75伏特（Volts）～125伏特，每隔二伏特，製作電壓值標示紙片備用，如75V、80V、100V、125V。

(2)刻度數標示：縮影機測光儀器簡單，僅設置曝光量刻度時，須依縮影機曝光設備，製作曝光量標示備用。如1、2⋯⋯⋯10、11、12。

㈡檢查工作：除查視縮影機各部之正常運作外，且須檢查下列事項：

1.須用厚而平白紙，將拍攝台面鋪蓋妥當，並保持整潔。

2. 軟片裝塡完畢, 將軟片組盒調整在 21 倍, 或更適當縮小倍率, 並核對焦距。

3. 檢查燈架, 應調整在操作位置, 俾使光線均勻投射。

㈢測試工作：亦就是攝製測片正式作業, 端視縮影機形式決定, 玆以柯達MRD-2型縮影機, 進行測試作業, 並加說明, 以供參考。

1. 將取樣品資料——正片文件（白底黑線）, 置於拍攝台面上, 並在白紙上注記文件位置, 以便在核正曝光錶後, 使文件重置於同一相關位置。

2. 打開曝光燈, 並調整燈光控制器, 使電壓表上讀數爲75伏特（Volts）。

3. 於原先製作電壓值標示中, 把75 V讀數標示紙片, 放置在攝圖區（Picture Area）。並輕踩開關一下, 完成曝光一次。

4. 以每次增加二伏特爲原則, 將電壓讀數繼續進行測試拍攝, 直到最大電壓值爲止。且每次電壓值標示紙片, 均應拍攝在文件內, 以備檢驗軟片用。

5. 採用負片文件（黑底白線）時, 係由105伏特（Volts）開始, 每次增加五伏特, 依序重覆曝光試驗。

6. 曝光試驗所用取樣品文件, 應另行永久保存, 以供原始文件攝製作業, 或校正曝光錶時使用。

7. 取下曝光測試完成之軟片, 以備沖片。且須小心謹愼, 避免洩光。

㈣驗片工作：曝光測試軟片沖洗完成, 使用濃度計或其他適當之密度儀器, 以測量負片中央區域密度值, 決定產生白色文件（1、10）, 黑色文件（0.2～0.3）密度值, 所需要使用之電壓值。

原始文件資料, 由於內容、紙質、顏色不同, 反射光線自有差異,

縮影片拍攝曝光量與密度值關聯表

目標濃度＼曝光	1	2	3	4	5	6	7	8	9	10	11	12	13	14	15	16	17	18	50%反射率試驗卡
80 V	0.08	0.12	0.17	0.34	0.24	0.27	0.30	0.50	0.16	0.46	0.22	0.31	0.45	0.51	0.62	0.17	0.28	0.15	0.36
85 V	0.08	0.14	0.24	0.51	0.35	0.41	0.45	0.72	0.21	0.68	0.32	0.47	0.69	0.79	0.91	0.24	0.43	0.22	0.55
90 V	0.08	0.18	0.33	0.72	0.49	0.58	0.62	0.99	0.30	0.93	0.46	0.69	0.94	1.06	1.19	0.34	0.62	0.31	0.77
95 V	0.09	0.26	0.50	1.01	0.74	0.85	0.91	1.34	0.45	1.29	0.68	0.96	1.29	1.39	1.55	0.52	0.91	0.49	1.10
100 V	0.09	0.35	0.70	1.28	0.98	1.13	1.18	1.54	0.63	1.52	0.89	1.23	1.57	1.67	1.79	0.71	1.17	0.67	1.38
105 V	0.11	0.48	0.92	1.53	1.26	1.42	1.44	1.81	0.83	1.76	1.14	1.49	1.81	1.85	1.95	0.94	1.45	0.86	1.63
110 V	0.12	0.66	1.19	1.77	1.52	1.62	1.66	2.00	1.09	2.06	1.59	1.89	2.00	2.04	2.10	1.20	1.70	1.14	1.85

說明

一、縮影條件：使用柯達MRD-2型縮影機，柯達5460型縮影軟片，以縮小率13倍攝製。

二、沖片條件：採用柯達DVR型沖洗機沖片，水溫華氏86～88度（F），顯影液溫度90度（F），烘乾溫度125度（F）。

三、測試作業：國立中央圖書館台灣分館分節縮影室，主持人：王會均，作業員：黃翠祥。

縮影片拍攝曝光量與密度值關聯表

曝光＼目標密度	1	2	3	4	5	6	7	8	9	10	11	12	13	14	15	16	17	18	50%反射率試驗卡
6	0.12	0.49	1.07	1.41	1.29	1.39	0.98	1.28	0.46	1.35	0.51	1.03	1.49	1.40	1.51	0.54	1.05	0.49	1.14
7	0.11	0.41	0.93	1.19	1.06	1.21	0.89	1.20	0.43	1.25	0.47	0.98	1.29	1.21	1.36	0.43	0.88	0.41	1.05
8	0.11	0.34	0.81	1.07	0.95	1.10	0.81	1.10	0.38	1.14	0.40	0.87	1.23	1.16	1.29	0.39	0.81	0.36	0.91
9	0.11	0.29	0.70	0.93	0.82	0.93	0.68	1.00	0.34	1.01	0.34	0.78	1.02	0.96	1.10	0.31	0.66	0.30	0.79
10	0.11	0.25	0.60	0.79	0.72	0.84	0.55	0.81	0.26	0.85	0.28	0.62	0.89	0.82	0.96	0.27	0.55	0.25	0.63
11	0.11	0.22	0.50	0.69	0.63	0.72	0.49	0.74	0.25	0.77	0.25	0.57	0.80	0.72	0.85	0.24	0.49	0.22	0.54
12	0.11	0.17	0.35	0.46	0.42	0.50	0.36	0.55	0.19	0.57	0.20	0.40	0.58	0.54	0.66	0.19	0.35	0.18	0.40

說明

一、縮影條件：使用貝爾浩 FILE MASTER 平床式縮影機，柯達 7460 型縮影軟片，縮小比率 21 倍縮製。

二、沖片條件：採用柯達 DVR 型沖洗機沖片，水溫 86～88 度（F），顯影液溫度 90 度 乾溫度 125 度（F）。

三、測試作業：國立中央圖書館台灣分館縮影室，主持人：王會均，作業員：黃翠萍。

並非所有拍攝目的物，均採用恒定不變之曝光程度拍攝，故曝光測片時，應儘量採取各種不同目的物，給予不同程度曝光測驗，並分別紀錄曝光錶刻度或電壓值。以密度計（Densitometer）實際測量，選用其中最理想合格一幅，將目的物存證並紀錄拍攝條件，以作日後攝製時依據，藉資保持縮影軟片要求水準。

四、**攝製作業**：原始文件資料整理編次完畢，決定拍攝所需要電壓值，並按文件面積尺寸，選擇攝製模式，依序進行攝製作業。

㈠裝置軟片：將縮影軟片裝入軟片組盒內，繞轉 8～10 圈，等待拍攝進行。

㈡校正曝光錶：調整燈光控制，使達到軟片具有 1.10 密度值，所需要電壓值讀數，或曝光數值。

㈢調整縮率：依原始文件尺寸大小，調整拍攝所需縮小倍率，並同步調整校正精確之焦距。

㈣拍攝開始：亦就是將整理編次妥當之原始資料，按攝製模式，依序逐頁正式開始作業。

1. 打開電源開關——縮影機都設有電源開關鈕，用手一按即可。

2. 放置文件——將等待攝製之文件或資料，放置在縮影機平台上適當位置。

3. 按踩曝光電鈕——進行自動曝光，縮影機設有自動曝光系統，作業人員輕按或踩電鈕，即可進行自動曝光。

4. 移開文件——俟自動拍攝曝光音響停止時，即將文件移開，並依次放置妥當。

5. 關閉電源開關——縮影機每日作業完畢，或中途休息時，均應關閉投射燈或電源開關。

以上二至四項，係進行攝製作業時，依次循環操作手續。一及五項，則爲開始與終止時作業手續。

(五)卸取軟片：每捲軟片拍攝完畢，無論是警告鈴鳴示或資料拍完，卽行停止作業，並將軟片繞完，打開軟片組盒取出軟片，裝入密封片盒內等待沖片。

五、攝製要求：亦就是縮影軟片，於實際作業時，在攝製上特殊規定，無論是攝製單位或攝製工作人員，必須嚴格遵守之規則。③

(一)縮小比率：工程圖樣之縮影，除非購用者對縮影資料之縮小比率，並無特殊要求，且不計原始文件實際尺寸，只要將其縮小攝入一幅圖內卽可，否則使用卅五粍軟片攝製時，必須遵守工程圖樣縮率規定：

工程圖樣縮小比率規定表

原　始　圖　樣　尺　寸	縮小比率
寬度 18 吋以下長度 24 吋以下 書本式圖樣或文件採用每幅拍攝 4 張、3 張、2 張者。	16
寬度 18 吋至 24 吋長度 24 吋至 36 吋 書本式圖樣或文件如採用每幅拍攝 8 張資料者。	24
寬度 24 吋以上長度 36 吋以上	30

* 原圖寬度在 34 吋與 48 吋之間者拍攝時應旋轉 90° 橫向分幅拍攝。

** 原圖寬度在 48 吋以上者則應分幅拍攝。

㈡縮影幅面：係指幅面大小、影像尺寸、幅面間隔等問題而言，略作說明，以供參考。

1.幅面大小：工程圖每幅大小應均勻一致，在卅五糎（MM）軟片上，橫向寬度應爲$1.250 {}^{+0.000}_{-0.032}$吋，長度（與軟片長邊平行之方向）應爲$1.750 {}^{+0.062}_{-0.000}$吋，且拍攝幅面中心線與軟片中心線相差，不得超過正負0.008吋，第二級複製片相差不得超過正負0.012吋，第三級複製片相差不得超過正負0.016吋，第四級複製片相差不得超過0.020吋。其長邊之邊緣必需與軟片邊緣平行，不得傾斜。

2.影像尺寸：在每幅縮影幅面內，影像尺寸不得超過1.197吋×1.615吋。

3.幅面間隔：第一張縮影幅面之尾邊，距離第二張縮影幅面之尾邊，應爲2吋${}^{+0.062}_{-0.000}$吋。

㈢背景：每一幅縮影幅面內，如文件被攝製黑底白線之負片，其背景之透光度，應大於或等於文件內無字跡部份。在黑線白底之正片內，整個幅面內之背景（包圍於文件四週部份），其透光度應等於或小於文件內部無字跡部份。當拍攝文件用以鎮壓紙張使其平坦，所使用之鎮壓物品攝入縮影幅面內時，此鎮壓物之影像，應與背景透光度相等。

㈣中心線：在文件面積外，上下方可顯示中心線，但文件本身應在幅面內正中央，無論左右方向或上下方向，均應留置相等之空白背景，如將縮影影像，以攝製時縮小倍率之半，予以放大，則文件中心應與邊框中心相差，不得超過正負⅙英吋。

㈤密件處理：在攝製作業時，有關機密文件處理，除非使用者另有特殊要求或規定，一般機密文件或圖樣，應與普通文件分別拍攝於不同縮影捲片內，在一捲軟片內，所拍攝之資料，當以機密等級最高之等級，作爲全捲軟片之機密等級。

　　普通文件或資料之縮影捲片上，無需顯示機密等級字樣，如係機密文件，應在捲片開始第一幅，檢驗識別目標上，顯示文件標題及機密等級，且應再附加警示文字。同時縮影軟片盛裝容器紙盒上，亦須標明內貯文件之機密等級。

警　　示　　目　　標	機　密　等　級
本物件內包含國家機密資料在任何狀況之下將此物件傳送或洩露給未奉核准之人員均屬違反國家法律之行爲	絕　極　機對　機　　密機　密　密密　密　密

　　㈥其他要求：在一捲縮影軟片上，應於第一幅上顯示檢驗識別目標，同時在最末一幅，亦應再度拍攝檢驗目標且爲結束。同樣在一捲縮影軟片，第一幅影像前及最後一幅影像後，必須保留空白軟片，亦就是末曝光軟片，最少十二英吋以上（約五〇公分），作爲本縮影捲片之一部份。

　　六、注意事項：縮影軟片攝製作業，係在精密規劃與專心操作中完成，絕無准許操作疏忽或機械故障等情況下，以造成應可避免之疵病產生，破壞縮影軟片品質。④

　　㈠由於縮影機保養不良所產生之疵病：

　　1.焦點不清晰：縮影機長久拍攝，而未善加保養，致使鏡頭上堆積灰塵。

2.縮影片刮傷：縮影機運轉部份欠靈活。造成軟片刮傷，或部份邊緣擠傷。

3.文件影像重疊：縮影機進片運轉失靈，輪轉式縮影機文件自動餵料設備失靈，導致文件影像重疊。

4.影像內有異物：平枱式縮影機使用底光時，枱面不清潔而有污跡，或輪轉式縮影機內部反射鏡亦欠清潔。

5.文件密度不均：縮影作業室內自然光線，或其他照明設施未加控制，以致與縮影機照明光度重疊。

6.清晰度不均匀：由於縮影機放置不穩固，或縮影機老舊於操作時搖動，以及室內偶有震動，將產生全捲內焦點清晰度不均勻現象。

㈡由於作業員操作疏忽所造成之疵病：

1.文件歪斜：匆忙中放置文件，未待校正位置，即按踩拍攝鈕、爭取作業時間，尤以按件計酬者更易發生。

2.文件重疊：採用堆集原件拍攝方式時，未完成取走攝成文件，或未完成放置新文件，即行按踩拍攝鈕。

3.文件焦點不清：於拍攝書本式原件時，翻頁尚未完成，或翻頁後待放平整，即按踩拍攝鈕。

4.影像內有異物：縮影作業員操作匆忙，未待將鎮壓物放置妥當，甚至將操作者頭手攝入，均係作業程序未完成，即按踩拍攝鈕。

㈢操作手續：縮影作業人員，應針對機械因素及人為因素，以造成原可避免疵病之產生，於進行拍攝前須檢查縮影機運作狀況，並精心專意依序操作。

1.原始文件或其他資料，應按攝製模式依次排列，放置在縮影機右側（正面向上重疊放置），經縮影後放置於左（反面向下重疊放置），亦可將原始文件與模式資料，分別放置。

2.每捲軟片拍攝之首末，應各攝製50％反射率試驗卡兩幅（Frame），以保證縮影片品質要求標準。

3.原始文件或其他資料，須依頁次或編序拍攝，不可上下倒置，若係雙面使用文件，正反兩面均應攝製。

4.原始文件若或缺版（頁）破損、污漬、蟲蛀者，應加攝「原件污損」或「原件缺××版（頁）」標示，唯能補正者，必須設法修補後再行拍攝。

5.縮影軟片於裝卸軟片時，應謹防洩光，並避免軟片組盒撞擊。

6.原始文件拍攝完畢，須依序排列，暫存待校或鑑定，再予歸還。

註　釋

註一　沈曾圻　顧　敏　縮影技術學　民國66年　技術引介社印行　p.71～76.

註二　吳相鏞　微縮影片之品質要求及檢驗法　民國68年　國立中央圖書館館刊　新一卷第一期p.10～16.

註三　同註二　p.7～8、17.

註四　吳相鏞　縮影片的品質標準　民國70年　教育資料科學第十八卷第三期　p.82～83.

第三節　軟片沖洗

原始文件或資料，進行縮影作業，採用軟片材料，除重氮片及氣泡片，於同步進行曝光、顯影作業、無需沖洗程序外，最主要者係使用銀鹽軟片，由於軟片完成拍攝及複製曝光作業，尚須經過顯影、定影、沖洗、烘乾等處理程序，亦就是軟片沖洗作業，採用縮影處理機

（Processor），俗稱沖片機，同步完成顯影、定影、沖洗、烘乾等一貫性沖片作業。

一、**沖片程序**：係指顯影、定影、沖洗、烘乾等處理程序而言。

㈠顯影處理：縮影軟片經曝光而產生潛像（Latent image），為使潛像變成真正影像，就必須經過顯影處理。但經顯影處理軟片，藥膜層中仍存有影像以外，未感光銀化鹽，而軟片中所殘留銀化鹽，若遇光線亦會變成異色，致使影像產生霧翳（Fog），故必須要經過定影處理。

㈡定影處理：縮影軟片定影處理程序，其目的在除祛未感光銀化鹽，僅留黑色之影像。

㈢沖洗處理：縮影軟片在顯影，定影處理過程中，必須使用化學溶液劑，於沖洗處理作用，就是除淨化學溶液劑。

㈣烘乾處理：縮影軟片經沖洗處理，尚需烘乾，始能保存使用。

二、**沖片要求**：

㈠無論是採用何種縮影軟片，複製軟片，均應提供或備有原生產廠商軟片規格說明書，以供參考。

㈡無論是縮影片或複製片，均應依照軟片說明書，所記載沖片條件，完成沖片作業。

㈢原要求條件中，沖片機型式、沖片顯影液、沖片定影液、沖片速度、沖片溫度、清洗水溫及壓力等，不得以代替品完成沖片。

㈣沖片作業時，必需採用柯達 AHU 控制片，以測定沖片所需求條件，藉資保持沖片水準及軟片品質標準。[1] 如附表（190頁）

三、**沖片作業**：係指銀鹽軟片，完成縮影機或複製機曝光作業，尚需進行顯影、定影、沖洗、烘乾等一貫性沖片程序，亦就是沖洗軟片步驟。[2]

沖片作業要求條件表

沖片程序	沖片架號碼	藥　水　用　量	時　　　　　間	溫度 F
顯　影	1 2	兩顯影槽共用 1.3 升；（如採用自動補充藥劑裝置則每分鐘消耗 40 c.c. 沖製 35″m 軟片）	27 秒（兩沖片架共同時間；實際浸於藥劑中時間約爲 80％ 21.6 秒）	90±½
沖　洗	3	無	13 ½ 秒	86±2
定　影	4 5	兩定影槽共用 1.3 升；（同顯影液所註）	27 秒（同顯影劑所註）	86±2
沖　洗	6	½ 加侖／分鐘之流量最低壓力 40～90 psi	13 ½ 秒	86±2
乾　燥	乾　燥	無	23 秒	110～125

　　㈠準備工作：就是實施沖片前，顯影槽、定影槽之填裝、沖片架安裝，溫度調控等準備工作。

　　1.裝填沖片化學藥劑：啟開沖片機上蓋搭扣，將機蓋打開，停留在固定位置。並檢查化學藥劑平均度，以及排氣狀況。

　　(1)將顯影槽裝充柯達普魯士達（Recordak　Prostar）顯影液，

至槽邊充滿線，翻開沖片機內齒輪護蓋，小心裝妥顯影槽，注意充滿
線邊，應放在沖片機後側，同時將顯影液裝滿捏擠加添瓶備用。

　　(2)同步將定影槽裝充柯達普魯士達定影液，至定影槽邊充滿線，
並謹慎安裝妥當。

　　2. 裝置各種沖片架：安裝沖片架及烘片架，並檢查各齒輪正常運
轉旋動，放回烘乾區保護蓋。

　　(1)使用清水沖洗片架，同時用手轉動齒輪，檢查所有滾筒正常
旋轉，沖洗滴乾並用濕海綿擦拭，烘乾區片架，無需用水沖洗。

　　(2)將各種沖片架及烘片架，依次安裝妥當，並檢查每個齒輪均
應結合良好，沖片架放置時須特別小心，勿使槽內化學藥劑溢出。

　　3. 調控沖片要求溫度：依各型沖片機性能，調整控制顯影液溫度、
水流溫度、烘乾溫度，以保持沖片水準。

　　(1)檢查顯影液溫度控制器：查視控制器電源插頭及儲水管直立
適當位置。

　　(2)採用自動調溫混合器：測試調溫水流進水溫度，應在華氏84°
F～89°F±5度間，顯影液溫度必需華氏90度，並由自動恒溫控制器，
予以控制。

　　(3)使用附設指針式溫度計：檢查調溫水流溫度及顯影液溫度，
已達沖片要求溫度。

　　(4)調整軟片烘乾溫度：選擇開關調整在烘乾位置，約二〇分鐘
後，觀察控制板上烘乾區溫度指示器，已達到沖洗軟片需求溫度。烘
乾溫度通常為華氏125度，由於機器速度及軟片特性不同，得隨時調
整適當烘乾溫度。

　　(5)沖片長度指示器：依反時針方向旋轉在零位置，每一分度表
示100英呎，共有十二分度。

⑹當調溫水流、顯影液、烘片區之溫度，均達到要求時，沖片機準備工作，即告完成便可開始操作，並將選擇機旋鈕，轉到預備狀態，等候進行沖片作業。

㈡操作步驟：工作人員依次進行沖片作業，於工作中必須細心謹愼操作，以避免軟片損傷而影響沖片效果。

1.將沖片機選擇鈕，旋撥至運轉位置。

2.打開軟片鐵罐，取出待沖軟片，接妥沖片引導帶。

3.將片軸放在供片架上，使軟片自右側懸下，並注意軟片藥膜面應向沖片機左方。

4.把沖片導帶垂直送下，插入第一個沖片架餵片槽。

5.當沖片架滾軸開始拉動引導帶時，立即蓋妥沖片機蓋，並確實將機蓋扣緊。

6.約經二分鐘後（最新資料全部運行時間爲104秒），引導帶即牽引軟片，自沖片機烘乾區出口浮出。

7.引導帶於浮動轉輪下方，必需立即扶拉引導帶，直到軟片出現，並將軟片插入捲片軸，且提高浮動輪，則捲片軸立即自動旋轉，而拉緊輪出軟片。

8.軟片尾端已離開烘乾架滾輪時，浮動輪自動降下，沖片捲片軸馬達停轉，但需十五秒鐘後，軟片尾端完全烘乾，再提高浮動滾輪，使全部軟片均繞在捲片軸上。

9.取下沖片捲片軸，打開沖片機蓋，取出供片架上片軸，並使用揑擠添加瓶，補充滿第一號顯影槽內，由於乾燥軟片吸收損失之顯影液。

四、注意事項：在縮影處理（沖片作業）過程中，必須避免機械因素或操作疏忽，造成軟片疵病與損害，使影像產生不良效果。

㈠由於機械因素可能產生疵病：

1. 沖片機保養不良，接觸軟片藥膜面部份粗糙，或不能自由跟隨轉動，造成縮影軟片上有所刮傷。

2. 沖片過程中運轉欠靈活，速度不均，甚至有短暫停止運轉，可能造成全捲縮影片中，有某一段密度特別加濃現象。

3. 沖片機溫度控制失靈，沖片機運轉速度不均，亦將造成全捲縮影片中，背景密度時淡時濃現象。

4. 沖片機清洗水流壓力不足，將會造成縮影片上，定影液殘餘量超過標準。此項疵病嚴重影響縮影片貯存壽命，惟必須經過化驗始能查察。

㈡由於操作疏忽所造成疵病：

1. 沖片機中調溫水流未貯滿，而自直立存水管漏流前，切忌接通電源，以免顯影液自動恒溫控制器損壞，造成沖片顯影不良效果。

2. 使用柯達銀色防水膠帶（最少一英吋長），將軟片前端與沖片引導帶黏緊，於作業時必需確實，以防運行障礙而影沖片效果。

3. 當引導帶自烘乾區出現時，不能再觸及任何邊緣，以免導致軟片在烘乾區回捲，造成運行困難而產生不良後果。

4. 沖片引導帶再次使用時，必需將附黏軟片或銀色膠帶清除，如果引導帶已有折痕、捲曲及長度損失者，均不得再用，以免發生不良效果。

㈢由於化學藥劑使用失當所產生疵病：

1. 每次沖洗三五糎（MM）軟片一〇〇〇英呎，或十六糎軟片二〇〇〇英呎，抑雖未達到此要求數量，但每星期亦應更換新的顯影液及定影液一次，以保持沖片品質。

2. 由於沖片作業時，使用顯影液及定影液配合失當，溫度過高，或軟片使用時限過期，軟片可能產生霧翳（Fog）現象。

3.在填充化學藥劑前，使用顯影液及定影液，未加搖動使其均勻，或將使軟片產生白點或氣泡現象。

4.縮影軟片於沖片處理中，使用顯影液太過陳舊，或顯影液中顯影藥劑過少，抑忘記補充促進劑（顯影液），將造成顯影作用不良而影像分辨不清現象。

五、維護保養：為求獲得縮影軟片，在沖片處理過程中達到良好效果，以避免機械因素所產生疵病，對縮影處理機，亦就是沖片機，必須特別注意維護保養，維持機械運行靈活。③

㈠每日保養：亦就是每次沖片作業完畢，必須將沖片機清洗，以重保養。

1.關閉沖洗水源及沖片機電源，並開啟沖片機蓋，取起存水管，使沖片機內存水流出。

2.取出各沖片架，每次取出一個，放進水槽內沖洗，使用海綿輕擦各轉輪，並以手旋轉帶動齒輪，忌用硬質磨擦劑或毛刷擦拭各滾輪。

3.清除顯影沖片架上各滾輪和積存銀鹽痕跡，必須遵守定期維護方法，加以保養清除。

4.當清洗定影沖片架（即四、五號沖片架）時，忌使定影液濺至顯影沖片架（即一、二號沖片架），或滴入顯影槽中，全部沖片架清洗完畢，即放入清水中浸泡。

5.顯影及定影液使用已達沖片長度數量，即可倒出廢棄，並清洗各槽，否則亦可留置槽中於明天使用，但必需將沖片機蓋扣緊。

6.取下烘乾區上蓋及烘乾架，忌用水清洗，但可用濕海綿擦式。在各沖片架轉動齒輪下方，均刻有編號，不得倒錯使用。

7.沖片機內滴水盤、齒輪護蓋、顯影溫度控制器等位置之水跡、藥跡，均用濕海綿擦乾。

8. 沖片機每次沖片完畢，依上列程序保養，即可等待下次沖片時，於開始沖片作業前，按準備工作各項操作。

㈡週期維護：亦就是週期性之清理工作，無論是十六糎（MM）或三五糎（MM）軟片，於沖洗數次或相當長度（英呎），在顯影沖片架滾輪上，存積有銀粒和顯影化學物，必須使用柯達顯影系統清潔劑（產品第04331號），作週期性維護，以祛除清理乾淨。

1. 依瓶上指示配製清潔劑，務須遵守標籤上指示，藥品安全處理注意事項，小心調配使用。

2. 用淨水清洗顯影沖片架，且放入塑膠或玻璃容器中，將調配之清潔劑，注入直至蓋滿沖片架為止。

3. 沖片架留置清潔劑中浸泡一段時間，並經常旋轉驅動齒輪，促使所有積存物，得以祛除為止。較厚存積物浸泡三〇分鐘，亦可清除乾淨。

4. 取出沖片架，旋轉驅動齒輪，用清水沖洗完畢，放入另一個容器中，使其直立位置時，均可被水浸沒，並以流動水浸洗三十分鐘。

5. 定影沖片架、水洗沖片架、烘片架等，均不可使用清潔劑浸泡，於每日保養中，已具有足夠之維護作用。

6. 顯影沖片架沖洗乾淨，將顯影槽浸入清潔劑中，待存積物全部清除，並以清水徹底沖洗槽內。

7. 使用清水徹底沖洗定影槽，並將全部沖片架，藥劑槽擦乾備用。

㈢夾片清理：係指沖片過程中，由於機械操作因素，促使軟片回捲被夾住時，必須立即清理被夾住軟片。

1. 立即將選擇器開關鈕，扳轉至乾燥（Dryer）位置，並將沖片機蓋打開。

2.抓住待沖洗片軸，以免軟片鬆馳，並自軟片進入第一個沖片架位置，剪斷軟片。

3.取出軟片軸，並立即放回軟片鐵罐中備沖。

4.打開烘乾區護蓋，並由烘乾架開始，依次將每個架子提高，分別於軟片進入此架入口位置剪斷軟片，將此架自沖片機中取出。

5.自每一架上拔出軟片，若軟片纏住滾輪上無法拔出時，用剪刀小心將軟片剪開，把每一碎片取出，但須注意切忌刮傷滾輪。

6.除清理乾燥機架外，且須徹底清洗所有沖片架，並重置於沖片機中待用。

依次清理各沖片架時，須特別注意忌將定影沖片架（四、五號架子）上定影液，滴到顯影沖片架（一、二號架子）上，以避免造成不良顯影效果，而影響軟片品質。

註　釋

註一　吳相鏞　如何保持縮影片之品質　（油印本）p.43.

註二　美國柯達公司　DVR沖片機使用說明書

註三　同註一　p.36-41.

第四節　軟片複製

原始文件或資料採行縮影宗旨，不外是確保資料安全儲藏，以及便利資料流通使用，於是必須利用縮影母片（Master），以製作複製片（俗稱拷貝片），分發其他單位保存使用，所以縮影片複製作業，在縮影系統全部作業程序中，不僅佔有極重要地位，同時亦係縮影系統中，不可缺少環節，而且複製片品質水準，更直接影響縮影資料使用效果。

　　一、縮影複製片材料：縮影複製片使用軟片，包括銀鹽片、重氮片、氣泡片，尤以後二種軟片，各具獨特性質，通常僅供複製片使用，而不用作縮影母片，且複製作業程序簡便，已廣受縮影業界同等重視，近被大量採用趨勢。①

　　㈠銀鹽複製片：銀鹽片（Silver）又稱鹵化銀鹽軟片，不僅具有縮影母片功能，同時亦可供作複製軟片使用。通常銀鹽複製片有同極性複製片（Direct Duplicating Print Film），反極性複製片（Fine Griam Print Film）二種。同極性複製片，直接以負片複製負片（Negative to Negative），正片複製正片（Positive to Positive）；反極性複製片，係以負片複製正片（Negative to Positive），正片複製負片（Positive to Negative）。

　　㈡重氮複製片：重氮片（Diazo）亦有直接音譯達索軟片，藥膜主要成份爲重氮鹽、顏料偶合劑及酸性穩定劑。當複製片曝光後，紫外光使重氮鹽分解而產生潛像，利用氨氣（阿摩尼亞）完成顯影作業。重氮軟片大都是直接以正片複製正片，負片複製負片。

　　㈢氣泡複製片：氣泡片（Vesicular）一般商業名稱爲卡瓦軟片（Kalver），由於顯影作用係由加熱產生，亦稱熱感應複製片。軟片藥膜內感光物亦是重氮鹽，利用紫外光線來曝光產生潛像，並以加熱處理完成顯影作業，在複製過程中，係由正片複製負片，負片複製正片。（參見縮影複製片特性分析表）

　　二、縮影片複製方法：縮影軟片複製作業方式，最主要者，係借助縮影軟片複製機（俗稱縮影軟片拷貝機）來進行，由於使用複製機及複製片不同，在實際上複製作業方法，亦隨而有異。

縮影複製片特性分析表

複製片 型　式	優　　　　　點	缺　　　　　點
重 氮 片	1.可在正常室內光線下操作。 2.顯影簡便（氨氣顯影）。 3.解像力高。 4.對比好，再生能力強。 5.對刮痕有相當的抗性。 6.不可能有過度顯影的情形。 7.使用壽命良好。 8.影像穩定性好（有可能作長期存檔使用）。 9.價格最低廉。	1.需要化學顯影。 2.顯影不足時可能造成日後影像的退化。 3.顯影產生廢氣（需要有通風的設備）。 4.作用慢（三者中最慢）。
氣 泡 片	1.可在正常室內光線下操作。 2.簡單的加熱顯影（比重氮片更簡單，不使用化學劑，也不產生廢氣）。 3.相當高的解像力。 4.對比強，放大複印性能好。 5.使用壽命良好。 6.影像穩定性大致良好。 7.比重氮片作用快。	1.解像力不如銀塩片及重氮片好。 2.影像可能因過度顯影而退化。 3.不適於供做日後軟片對軟片的直接複製。 4.影像的持久性比銀鹽片或重氮片差（易受物理的及熱的破壞）。 5.較銀鹽片作用慢。 6.比重氮片略貴。
銀（鹵化銀片）鹽片	1.解像力高。 2.對比好，再生能力強。 3.可做同極性或反極性複製的選擇。 4.使用壽命尚可。 5.影像對熱或光線的破壞，與其餘二者相較，有較強的抗力。 6.穩定性高，可做長期存檔使用（應沖片良好）。 7.作用速度快。	1.需要暗房操作。 2.需要經過化學顯影定影等多重處理步驟。 3.影像易受刮傷而破壞。 4.使用壽命比其餘二者短（在未經保護的原始狀態）。 5.價格最貴。

㈠捲片複製片：採用捲狀軟片複製機，拷貝作業須在暗房中進行，同步安裝縮影母片（Master Film）及銀鹽複製片，但必須使兩種軟片感光乳劑層密貼，亦就是藥膜面相對重疊，透過複製機曝光產生潛像，並經沖片作業——顯影、定影、沖洗、烘乾等程序而告完成，複製速度（呎／小時），每分鐘高達 320 英呎。

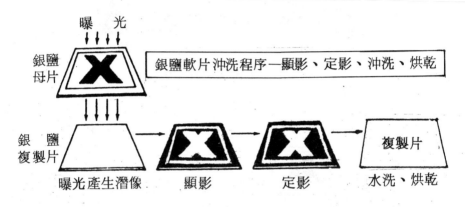

圖一　**銀鹽複**製片作業程序

㈡單片複製片：採用片狀軟片複製機，於拷貝作業係將複製使用的感光單片，裝放在複製機內固定位置，由紫外光線曝光產生潛像，再經顯影機完成顯影作業。顯影處理方式，重氮片使用乾式無水氨氣（阿摩尼亞）作顯影處理，氣泡片採用熱感應方式來進行顯影作業。無論是重氮片或氣泡片，全部複製顯影作業於明室內進行，無需暗房設備，複製速度，由於複製機功能與複製片特性不同，而複製顯影速度略異。

㈢孔卡複製片：採用孔卡軟片複製機，拷貝作業在明室中進行，縮影母片與複製片藥膜面相對重疊，經紫外光線曝光產生潛像，使用乾式無水氨氣作顯影處理。同機一貫性作業，同步完成曝光、顯影程

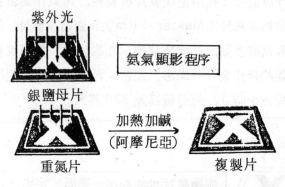

圖二　重氮片複製作業程序

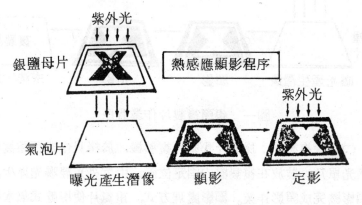

圖三　氣泡片複製作業程序

序。複製速度快捷，平均每小時高達 720 張。（複製作業程序同重氮片）

　　三、特別注意事項：縮影軟片複製作業成敗，不僅決定於複製片特性，以及複製機功能，更重要者係選擇優良而適用的複製系統，有關特殊考慮問題，作集思廣益性建議，以供參考。[2]

　　㈠環境因素：包括提供利用的場地大小、電力、供水等限制，

熱感應顯影程序

紫外光

銀塩母片

 $\xrightarrow[\text{（阿摩尼亞）}]{\text{加熱加鹹}}$

重氮片　　　　　　　　　　　複製片

圖四　孔卡片複製作業程序

室內通風設備，暨排出廢氣對週圍設備影響力，以及環境污染程序
等要素。

　　㈡生產要求：複製片發行量多寡；捲片與單片複製的比例，複
製數量大小，以及發行頻度，複製片品質要求標準。

　　㈢複製技術：複製作業若已進行，必須考量設備更新，以及使
用技術、人員訓練、縮影資料儲存與管理方法。

　　㈣系統需要：縮影母片來源，以及其極性，需要複製片極性，
主要用途係提供閱讀複印，抑直接複製發行。

　　㈤財力消耗：金錢消費係系統選擇先決條件，諸如機械設備、
工具器材、訓練材料等消耗財，皆取決於採用系統形式。

　　綜合上述五項，足以瞭解及證明，任何縮影作業雖與財力經費，
具有密切關聯性，且佔極重要地位，惟其他條件限制及影響因素，亦
不可忽視。事實上，必須優先決定要素，係如何配合個別環境需要，
選擇適合於本身最需要而實用之系統，方是決策規劃者最明智抉擇。

　　四、縮影複製片試驗：縮影片欲達到最高複製效果，控制複製片
水準，最主要因素，維繫於縮影母片品質，更具體地說，就是有極佳

縮影複製片拷貝曝光量與密度值關聯表

原目標 濃度＼曝光	0.08	0.18	0.33	0.46	0.58	0.69	0.77	1.06	1.19	1.28	1.44	1.95
	1	2	3	11	6	12	反射卡	14	15	4	7	15
	90 V	90 V	90 V	90 V	90 V	90 V	90 V	90 V	90 V	100 V	105 V	105 V
2.0	0.14	0.12	0.10	0.09	0.08	0.08	0.08	0.07	0.07	0.07	0.08	0.07
2.2	0.15	0.13	0.10	0.10	0.09	0.08	0.08	0.08	0.08	0.08	0.08	0.07
2.4	0.19	0.15	0.11	0.10	0.09	0.09	0.08	0.08	0.08	0.08	0.08	0.07
2.6	0.20	0.16	0.12	0.11	0.09	0.09	0.08	0.08	0.08	0.08	0.08	0.07
2.8	0.29	0.22	0.15	0.13	0.10	0.09	0.09	0.08	0.08	0.08	0.08	0.07
3.0	0.41	0.32	0.20	0.16	0.11	0.11	0.09	0.08	0.08	0.08	0.08	0.08
3.2	0.65	0.52	0.31	0.22	0.16	0.14	0.12	0.08	0.08	0.08	0.08	0.08
3.4	0.94	0.79	0.54	0.40	0.26	0.22	0.17	0.08	0.08	0.08	0.08	0.08
3.6	1.19	1.00	0.74	0.55	0.38	0.29	0.21	0.11	0.10	0.09	0.09	0.08
3.8	1.43	1.23	0.94	0.70	0.48	0.36	0.29	0.13	0.11	0.11	0.09	0.08
4.0	1.65	1.49	1.20	0.95	0.68	0.54	0.42	0.19	0.13	0.12	0.10	0.08

說明

一、拷貝條件：使用愛德（Extek）3100 T型歐片複製機，柯達5464型拷貝歐片製作。

二、沖片要求：採用柯達DVR型沖洗機沖片，水溫華氏86～88度（F），顯影液溫度90度（F），烘乾溫度125度（F）。

三、測試作業：國立中央圖書館台灣分館縮影室，主持人：王會均，作業員：黃翠芬。

縮影複製片拷貝曝光量與密度值關聯表

濃度	0.08	0.18	0.33	0.46	0.58	0.69	0.77	1.06	1.19	1.28	1.44	1.95
原目標	1	2	3	11	6	12	反射卡	14	15	4	7	15
曝光	90 V	90 V	90 V	90 V	90 V	90 V	90 V	90 V	90 V	100 V	105 V	105 V
3.6	0.27	0.21	0.14	0.10	0.08	0.07	0.06	0.05	0.05	0.05	0.05	0.05
3.8	0.43	0.33	0.22	0.14	0.11	0.09	0.07	0.06	0.05	0.05	0.05	0.05
4.0	0.59	0.47	0.32	0.20	0.15	0.11	0.08	0.06	0.05	0.05	0.05	0.04
4.2	0.79	0.62	0.40	0.26	0.17	0.14	0.10	0.07	0.06	0.05	0.05	0.05
4.4	1.01	0.85	0.60	0.40	0.28	0.21	0.14	0.09	0.07	0.07	0.06	0.05
4.6	1.22	1.05	0.76	0.53	0.35	0.28	0.18	0.11	0.08	0.07	0.06	0.05
4.8	1.40	1.25	0.90	0.62	0.44	0.33	0.21	0.12	0.09	0.09	0.07	0.05
5.0	1.58	1.47	1.16	0.84	0.64	0.46	0.30	0.16	0.12	0.09	0.08	0.05
5.2	1.74	1.66	1.39	1.12	0.88	0.66	0.48	0.24	0.18	0.14	0.11	0.06
5.4	1.85	1.79	1.55	1.27	1.05	0.78	0.57	0.32	0.22	0.19	0.12	0.06
5.6	1.94	1.92	1.71	1.43	1.21	0.95	0.70	0.41	0.29	0.23	0.15	0.07
5.8	2.05	2.02	1.81	1.57	1.34	1.09	0.83	0.49	0.35	0.30	0.19	0.08
6.0	2.08	2.04	1.88	1.67	1.44	1.19	0.92	0.53	0.40	0.34	0.24	0.08

說明

一、拷貝條件：使用愛得（Extek）3100 T型軟片複製機，柯達 2462 型拷貝負數片製作。

二、沖片要求：採用柯達 DVR 型沖洗機沖片，水溫華氏 86～88 度（F），顯影液溫度 90 度（F），烘乾溫度 145 度（F）。

三、測試作業：國立中央圖書館台灣分館縮影室，主持人：王會均，作業員：黃翠萍。

縮影複製片拷貝曝光量與密度值關聯表

濃度(原目標)	0.08	0.18	0.33	0.46	0.58	0.69	0.77	1.06	1.19	1.28	1.44	1.95
曝光	1	2	3	11	6	12	反射卡	14	15	4	7	15
	90 V	90 V	90 V	90 V	90 V	90 V	90 V	90 V	90 V	100 V	105 V	105 V
6.5	0.11	0.13	0.19	0.28	0.42	0.52	0.67	1.16	1.45	1.51	1.75	2.37
7.0	0.12	0.15	0.23	0.34	0.47	0.61	0.75	1.21	1.53	1.67	1.85	2.41
7.2	0.17	0.17	0.26	0.40	0.56	0.71	0.89	1.40	1.70	1.76	1.99	2.41
7.4	0.16	0.18	0.28	0.41	0.56	0.71	0.92	1.40	1.71	1.69	1.98	2.40
7.6	0.16	0.20	0.30	0.47	0.59	0.78	0.98	1.48	1.81	1.90	2.13	2.44
7.8	0.18	0.22	0.33	0.51	0.68	0.87	1.05	1.57	1.90	1.91	2.13	2.46
8.0	0.20	0.26	0.42	0.61	0.82	0.97	1.24	1.74	2.03	2.03	2.20	2.45
8.2	0.22	0.28	0.43	0.65	0.90	1.05	1.35	1.84	2.11	2.16	2.23	2.47
8.4	0.24	0.32	0.47	0.72	0.96	1.13	1.41	1.88	2.12	2.10	2.29	2.48
8.6	0.28	0.34	0.52	0.77	0.94	1.16	1.40	1.90	2.14	2.18	2.31	2.49
8.8	0.31	0.39	0.58	0.84	1.08	1.27	1.55	1.98	2.21	2.22	2.36	2.48
9.0	0.37	0.45	0.64	0.89	1.17	1.33	1.59	2.05	2.25	2.30	2.40	2.49
9.5	0.52	0.53	0.74	1.04	1.31	1.48	1.74	2.16	2.33	2.33	2.40	2.51
10	0.59	0.72	1.04	1.31	1.64	1.74	1.98	2.29	2.38	2.39	2.45	2.51

說明

一、拷貝條件：使用愛態（Extek）3100 T型軟片複製機，柯達 2468 型拷貝軟片製作。

二、沖片要求：採用柯達 DVR 沖洗機沖片，水溫華氏 86～88 度（F），顯影液 90 度（F），烘乾溫度 145 度（F）。

三、測試作業：國立中央圖書館台灣分館縮影室，主持人：王會均，作業員：黃翠祥。

品質縮影母片，應可拷貝極佳效果複製片。但選擇複製片形式時，必須特別注意縮影母片影像反差（Contrast），以決定採用高伽瑪值（High Gamma Value），或低伽瑪值（Low Gamma Value）之複製片。③

如果縮影母片反差均一時，可採用高伽瑪值複製片，相反地，縮影母片反差不均勻時，就應採用中度反差複製片（Medium Contrast Film），但如係高品質縮影母片，亦可採用高反差複製片，一般文件之縮影片，或原稿為拍攝色彩及圖片，抑縮影母片色調、厚薄、重量都不均一時，以採用中度反差複製片為宜。

在縮影複製片作業過程中，為求達到複製片最高品質標準，除縮影母片品質、設備特性、技術水準外，複製片性質亦是最具影縮力要素，於是縮影複製片進行作業前，對每種複製片，甚至每型號、每批新購之複製片，均應先行縮影複製片試驗，測出各種曝光度，所顯示之密度，亦就是片基密度及背景濃度，供作複製時參考，藉資控制縮影複製片最佳品質水準。

上列各縮影複製片拷貝曝光量與密度值關聯表中，有關各項紀錄數字，僅能供作複製片拷貝作業前，使用各廠牌、形式、批號複製拷貝軟片，進行拷貝曝光測試時，在作業技術及方法上，以供參考，絕不得作為同型號複製片，於進行拷貝作業時，採作曝光量之準據。

註 釋

註一 吳相鏞 從軟片中瞭解縮影系統 民國67年 中國圖書館學會會報第三〇期 p. 95-96. 125.

註二 吳相鏞 縮影複製片的原理及應用 民國67年 教育資料科學 第十四卷第二期 p. 11-14.

註三 同註二 p. 14.

第五節　軟片檢驗

　　無論是縮影片或複製片，完成縮影處理——顯影、定影、沖洗、烘乾等一貫程序，爲控制縮影軟片品質，確保縮影軟片製作水準，於是軟片檢驗作業，乃係極重要而不可或缺工作，若果縮影軟片未能符合各項條件，亦就是縮影軟片未能達到要求標準。

　　一、檢片樣品：縮影軟片檢驗作業，應以全部軟片數量爲檢驗樣

表一　樣本大小之代字

批　　　量	特 殊 檢 驗 水 準				一 般 檢 驗 水 準		
	S－1	S－2	S－3	S－4	Ⅰ	Ⅱ	Ⅲ
2 至 8	A	A	A	A	A	A	B
9 至 15	A	A	A	A	A	B	C
16 至 25	A	A	B	B	B	C	D
26 至 50	A	B	B	C	C	D	E
51 至 90	B	B	C	C	C	E	F
91 至 150	B	B	C	D	D	F	G
151 至 280	B	C	D	E	E	G	H
281 至 500	B	C	D	E	F	H	J
501 至 1200	C	C	E	F	G	J	K
1201 至 3200	C	D	E	G	H	K	L
3201 至 10000	C	D	F	G	J	L	M
10001 至 35000	C	D	F	H	K	M	N
35001 至 150000	D	E	G	J	L	N	P
150001 至 500000	D	E	G	J	M	P	Q
500001 及 以上	D	E	H	K	N	Q	R

表二(1)　正常檢驗雙次抽樣計劃（主抽樣表）

（參看 9.4 及 9.5）

無收品質水準（正常檢驗）

樣本大小代字		樣本大小	累積樣本大小	0.010	0.015	0.025	0.040	0.065	0.10	0.15	0.25	0.40	0.65	1.0	1.5	2.5	4.0	6.5	10	15	25	40	65	100	150	250	400	650	1000
A																												
B	First / Second																											
C	First / Second																											
D	First / Second																											
E	First / Second																											
F	First / Second																											
G	First / Second																											
H	First / Second																											
J	First / Second																											
K	First / Second																											
L	First / Second																											
M	First / Second																											
N	First / Second																											
P	First / Second																											
Q	First / Second																											
R	First / Second																											

說明：

⇩ ＝ 採用箭頭下第一個抽樣計劃，如樣本大小等於或超過批量時，則用 100% 檢驗

⇧ ＝ 採用箭頭上第一個抽樣計劃

Ac ＝ 允收數

Re ＝ 拒收數

＝ 採用對應的單次抽樣計劃（或採用下面的雙次抽樣計劃）

表二(2)　加嚴檢驗雙次抽樣計劃（主抽樣表）（參看 9.4 及 9.5）

允收品質水準（加嚴檢驗）

說明：⇦ — 採用箭頭下第一個抽樣計劃，如樣本大小等於或超過批量時，則用 100 % 檢驗

⇧ — 採用箭頭上第一個抽樣計劃

= 允收數

- 拒收數

* 採用對應的單次抽樣計劃（或採用下面的雙次抽樣計劃）

品，若果採分批抽樣檢驗方式，其抽樣方法及批量標準，必須依照中國國家標準（ＣＮＳ２７７９）：計數值檢驗抽樣程序及抽樣表，[①] 所規定抽樣數量作目視檢驗和儀器檢驗。分批標準以拍攝、沖片等作業，必須均在同一狀況下，完成之產品方可併爲一批，如果所使用原料有變更時，諸如軟片及沖片藥劑批號變更，縮影機及沖片機型式不同等，於前後不同產品，均不得合併爲一批計算。（表一、表二）

　　二、要求標準：係指鹵化銀縮影軟片，在未經曝光及處理前，以及拍攝及沖洗處理程序完成後，其軟片品質要求條件和標準而言。[②]

　　甲、於未經曝光及處理前要求條件：鹵化銀縮影軟片，無論是中等感光速度或高速及低速感光，均得採用鹵化銀全色片（Panchrom-atic），其軟片材料分醋酸纖維軟片，或合成樹脂軟片（亦稱多元脂軟片，塗有防光暈（Antihalation）保護層或未塗保護層，但必須符合下列各項要求條件。

　　㈠片基密度（Base Density）：係指未感光原片，經定影處理，低感光速度及中感光速度軟片密度，不得超過 0.06，高感光速度軟片密度，亦不得超過 0.10。

　　㈡物理條件：原片在物性要求上，應絕無刮傷、針孔、氣泡、灰塵、裂痕、污點，可辨認片基密度差別（深淺區域）等缺點外，餘如抗張強度、脆裂性、軟片厚度變化率等各項條件，必須符合物性要求標準。（表三、表四）

　　㈢軟片尺寸：亦就是軟片寬度、全厚度、最低長度。其中厚度測量，係指原片未經處理之全厚度（包括藥膜在內），於華氏七〇度（70°F）及相對溫度 50％條件下測量，其變化公差應不得超過± 8％。（表五）

　　㈣其他條件：凡是縮影捲片，均需連同片軸供應，若非特殊規

表三　縮影軟片敏感度要求條件表

片型	速度分類	片　基種類	防光量保護層種類	相對敏感度速度範圍	伽　瑪　值	片　速標定　值
鹵化銀全色片	中等感光速度	醋酸纖維	a	40～80	2.70～4.25	80～125
			b	40～80	2.70～4.25	80～125
		多元脂	a	40～80	2.70～4.25	80～125
			b	40～80	2.70～4.25	80～125
	高感光速	醋酸片	b	120～220	3.00～5.00	200～400
		多元脂	b	120～220	3.00～5.00	200～400
重氮片	低感光速	醋酸片	a or c	2～30	1.50～3.00	—
		多元脂	a or c	2～30	1.50～3.00	—

註：防光量保護層種類：（Antihalation Protection）

　　a： 感光層下塗佈法（亦稱內層塗佈法）

　　b： 顏料背面塗佈法

　　c： 除以上兩法外之保護層法

定，軟片之一邊，在不超過 0.020 英吋範圍之內，製造廠之商標或產品號碼，必須印於軟片上。

　　乙、於完成拍攝及沖洗程序後要求標準：鹵化銀縮影軟片，無論是採作縮影片或複製片，於完成拍攝或複製及沖片程序後，必須符合下列要求標準。

　　㈠縮小比率：縮影倍率力求一致，應以拍攝原始文件或資料全部為準，任選適當倍率。但拍攝工程圖樣時，除非另有特殊需求，或不計原始圖樣實際尺寸，採用不同倍率，將其縮小攝入一幅影像內，

表四 未曝光及處理前縮影軟片物理特性要求條件表

特　　　　　性	計算數量	通　過　條　件	備　　　　註
片 基 密 度	二次平均數	0.05～0.07 0.09～0.11	中、低速片 高速片
物 性 疵 病	1	0	
軟 片 厚 度	1	變化率±8%	在 70°F 相對 濕度50%測量
抗 張 強 度	1	10,000 psi 20,000 psi	醋酸纖維片 多元脂片
脆 裂 性	十次平均數	低於 0.275″	
尺寸穩定度 潮濕影響率	五次平均數	0.1% of 1%RH 0.05% of 1%RH	醋酸纖維片 多元脂片
溫度影響率	五次平均數	0.004%／F° 0.002%／F°	醋酸纖維片 多元脂片
處理收縮率	五次平均數	低於 0.15%	
老化收縮率	五次平均數	低於 0.35%	
敏感度 相對敏感度	1	依據不同片速要求	
伽 瑪	1		
解 像 力	1	600 line／mm 300 line／mm	鹵化銀中速片 鹵化銀高速片

表五　縮影軟片尺寸要求表

（鹵化銀黑白全色片）

軟　　片　　種　　類	寬　度 m／m	全　厚　度 mil	最　低　長　度 呎
醋酸纖維片高速及中速	16	5.2～6.5	100及200＋6
醋酸纖維片高速及中速	35	5.2～6.5	100＋6
醋酸纖維片中速	70	5.2～6.5	100＋6
醋酸纖維片中速	105	5.2～6.5	100＋6
多元脂片　高速及中速	16	2.5～3.8	215＋6
多元脂片　中速	35	2.5～3.8	215＋6
多元脂片　高速及中速	16	3.9～5.1	125及250＋6
多元脂片　中速	35	3.9～5.1	125＋6
多元脂片　中速	105	3.9～5.1	100＋6

否則使用三五糎（MM）軟片，攝製工程圖樣時，必須遵守表列縮率規定。（表六）

㈡幅面大小：一般縮影片採用幅面大小，除符合預留 2.21 糎（MM）寬度，供製光影檢索標記者外，以能容納資料全部爲準，但經選定一種尺寸，即不得變更，俾求全部縮影片之均一性。

工程圖樣每幅大小，除另有特殊要求外，亦應力求均勻一致，在三五糎軟片上，橫向寬度應爲 $1.250 {+0.000 \atop -0.032}$ 英吋，長度（與軟片長邊平行方向）應爲 $1.750 {+0.062 \atop -0.000}$ 英吋。

同時拍攝幅面中心線與軟片中心線相差，不得超過正負 0.008 英吋，第二級複製片相差不得超過正負 0.012 英吋，第三級複製片相差不得超過正負 0.016 英吋，第四級複製片相差不得超過正負 0.020

表六　工程圖樣縮小比率規定表

原　　始　　圖　　樣　　尺　　寸	縮小比率
寬度 18 吋以下長度 24 吋以下 書本式圖樣或文件採用每幅拍攝 4 張、3 張、2 張者。	16
寬度 18 吋至 24 吋長度 24 吋至 36 吋 書本式圖樣或文件如採用每幅拍攝 8 張資料者。	24
寬度 24 吋以上長度 36 吋以上	30

*　原圖寬度在 34 吋與 48 吋之間者拍攝時應旋轉 90° 橫向分幅拍攝。

**　原圖寬度在 48 吋以上者則應分幅拍攝。

英吋。幅面長邊之邊緣，必需與軟片之邊緣平行，不得傾斜或歪置。

　　㈢影像尺寸：在全捲縮影軟片中，每幅縮影幅面內，影像尺寸不得超過 1.197 吋 × 1.615 吋為原則。

　　㈣背景：在一幅縮影幅面內，如文件被攝製成黑底白線負片，背景透光度應大於或等於文件內無字跡部份。惟在白底黑線正片中，整個幅面內背景（包圍於文件四週部份），其透光度應等於或小於文件內部無字跡部份。

　　當拍攝文件用以鎮壓紙張使其平坦，所使用鎮壓物件，被攝入縮影幅面內時，此鎮壓物影像，應與背景透光度相等，不得有深淺不同亮度。

　　㈤中心線：於文件面積外上下方；應可顯示中心線，但文件本身須在幅面內正中央，無論是左右方向或上下方向，均需留置相等之空白背景，如將縮影影像，使用攝製時縮小倍率之半，予以放大，則文件中心應與邊框中心相差，不得超過正負 $\frac{1}{16}$ 英吋。

　　㈥背景密度：依美國縮影協會及美國圖書館學會要求標準，銀鹽縮影軟片，資料影像部份背景密度，由於軟片級數不同，而顯示之背景密度亦異，如果背景密度有所變化，且超過表列要求範圍者，即屬不合格縮影軟片。惟以圖樣更改、擦拭、補點，或圖樣上中間色調，甚至其他因技術上需要和要求者，均不受此限制。（表七）

表七　鹵化銀縮影軟片背景密度

一級（攝影機負片）		1.00～1.20
二級（一次複製片）	負片 正片	1.00～1.20 0.04～0.16
三級（二次複製片）	負片 正片	0.90～1.30 0.04～0.20
四級（三次複製片）	負片 正片	0.85～1.35 0.04～0.24

表八　美軍工程圖樣解像力要求標準

縮　小　倍　率	16X	24X	30X
一級（攝影機負片）	7.1	5.0	4.5
二級（一次複製片）	6.3	4.5	4.0
三級（二次複製片）	5.6	4.0	3.6
四級（三次複製片）	5.0	3.6	3.2

㈦解像力：縮影片內紀錄影像品質，係以解像力高低來評定，藉資辨認影像清晰度，因此解像力對縮影軟片品質，直接影響縮影軟片使用性，所以解像力要求標準極爲嚴格。由於解像力要求條件與縮影倍率及縮影片等級，均具有密切關聯性，茲卽美軍對工程圖樣解像力要求標準示以上表。（表八）

㈧再生性（Reproducibility）：係指每一幅已處理縮影片，其內容無線條或文字，均應具有拷貝足夠份數複製片品質，如一圖樣採用多幅拍攝法時，重疊部份祗在一幅中清晰卽可。複製片份數要求標準，應各達到第五代爲原則。

自第一代縮影片（卽縮影機所拍攝負片），應可複製四代（卽達到第五代）。

自第二代複製片，應可複製三代，卽達到第五代。

自第三代複製片，應可複製二代，卽達到第五代。

自第四代複製片，應可複製一代，卽達到第五代。

㈨定影液殘留量：縮影軟片上定影劑殘餘量，將直接影響軟片長期保存壽命，其殘留量係以 $S_2O_3^{--}$（硫代硫酸根）量計算，必須符合要求條件，始爲合格。

一級縮影片（縮影機負片）：每平方公分不得超過千分之七克（ $S_2O_3^{--}$ ： $0.7\ \mu gm/cm^2$ ）。

二級複製片（拷貝縮影片）：每平方公分不得超過千分之廿克（ $S^2O_3^{--}$ ： $2\ \mu gm/cm^2$ ）。

三、檢驗步驟：係指縮影片製作單位或託製單位，於實施縮影軟片檢驗作業程序而言。

㈠初驗：係由縮影軟片製作單位執行，目視檢驗及儀器檢驗，如果發現有未符合規格或要求條件者，必須重製或加以修正，且將修正情況紀錄在縮影紀錄簿上，紀錄簿採活頁式，於全部攝製完成後，隨同縮影軟片交由保管單位，繼續紀錄並作永久保存。

　　㈡複驗：係由縮影軟片使用單位執行，或委請國內其他單位代為實施，依中國國家標準（CNS 2779）規定，一般檢驗水準二級，雙抽樣正常檢驗，如果發現一次不合，則下面三個批次嚴加檢驗，須全部合格始再恢復正常檢驗，如再發現有不合規格要求條件者，必須交回製作單位，加以修正或重新攝製。

表九　鹵化銀縮影軟片檢驗抽樣標準表

片別	檢　　　　驗　　　　項　　　　目	抽　樣　標　準 A Q L
一級縮影片	幅面間隔及中心線 縮小比率 解像力 背景密度	⎱ 0.65％
	目視檢驗　重大疵病⊙ 　　　　　輕微疵病△ 　　　　　控制疵病○ 定影劑殘留量 再生性	0.65％ 2.05％ 4.00％ 每批沖片兩個樣品 每批兩個樣品
二級三級四級縮影片	解像力 背景密度 目視檢驗　重大疵病☆ 　　　　　輕微疵病△ 　　　　　控制疵病○ 再生性	0.40％ 0.65％ 0.65％ 2.05％ 4.00％ 每批兩個樣品

㈢抽驗：縮影軟片部份項目需用儀器檢驗，由委製單位在複驗完成後，抽取樣品片送請其他檢驗機構實施，檢驗不合規格者，全部退回製作單位重製或修正。茲附錄鹵化銀縮影軟片檢驗抽樣標準，以供參考。（表九）

四、檢驗方法：縮影軟片製作完成後，應按軟片品質要求標準，暨中國國家標準規定，依初驗、複驗、抽驗等程序，實施目視檢驗與儀器檢驗，以確保縮影軟片品質。③

㈠目視檢驗：係由檢驗作業人員，將縮影軟片樣品，放置在檢片台上，作掃描式檢查，縮影軟片於外觀要求上，應不得有任何物性條件之疵病，以影響縮影軟片使用效果。（表十）

1.由機械因素造成疵病：縮影機、沖洗機、複製機等設備器材，由於保養維護不良或運轉失靈，均可能產生刮傷、撕裂、孔洞、裂痕、氣泡、焦點糢糊、影像重疊、幅面不全等物理上疵病。

2.由人為因素造成疵病：縮影作業過程中，由於作業人員操作疏忽或爭取時間，均可能使軟片上產生油跡、指印、污物、文件歪斜或重疊及焦點不清，影像內有異物等人為上缺點。

㈡儀器檢驗：係由檢驗作業人員，借助各種儀器設備，將縮影軟片樣品，進行下列項目儀器檢驗，縮影軟片於品質要求上，必須符合標準條件。

1.幅面間隔及中心線：按照軟片要求標準測量，使用閱讀機放大測試，如幅面間隔或中心線，有一項不能符合規格，或兩者均不符合規格，此全捲縮影軟片，應計算為疵病品，可不予驗收。

2.縮小比率：縮攝工程圖樣尤其重視此一特殊要求條件，進行縮影作業時，於片頭及片尾拍攝檢驗目標（Test Target）上顯示，拍攝檢驗目標時使用縮小比率檢驗目標帶長度，與縮小比率相配合，例

表十　目視檢驗疵病分類表

疵　　　　　　　　　　　　病	一級縮影片		二、三、四級縮影片	
⊙圖號或文件號模糊不清	重	大	重	大
⊙填入格內之文字或符號出格或過淡以致不易辨認	重	大	重	大
⊙線條有斷續現象或過淡以致不易辨認	重	大	重	大
⊙日期模糊不清或漏列或焦距不準而不能辨認	重	大	一	
⊙無中心線記號	重	大		
⊙縮影片上有氣泡，撕裂或沖片藥液殘跡	重	大	重	大
⊙縮影片上有刮傷且通過或接觸影像內容區域	重	大	重	大
⊙縮影片上有異物並遮蔽或損傷影像內容區域	重	大	重	大
⊙縮影片之保護層上有異物或刮傷、條痕、氣泡、重叠痕跡、斑點等且遮蔽或損傷影像內容區域（無保護層則不適用）	重	大	重	大
⊙資料拍攝模式不符	重	大	一	
△縮影片上有異物於影像區域但未遮蔽或損傷影像內容僅影響縮影片之外觀	輕	微	輕	微
△縮影片之保護層上有異物或刮傷、條痕、氣泡、重叠痕跡、斑點等但未遮蔽或損傷影像內容者（無保護層則不適用）	輕	微	輕	微
○縮影片上有手指印或油跡	控	制	控	制
○縮影片上有刮痕但未通過或接觸影像區域	控	制	控	制
○縮影片上有異物但未接觸影像區域	控	制	控	制
○縮影片影像區內背景顯現灰塵斑點	一		控	制
○縮影片保護層上有異物或刮傷、條痕、氣泡、重叠痕跡、斑點等但未接觸影像區域（無保護層則不適用）	一		控	制

如以十六倍縮率，則使用一8吋±0.005之目標帶，在沖成片上應顯示0.5英吋長度。無論用何種縮小比率，在縮影片上此一縮小比率目標帶，所顯示長度應爲0.500吋±0.002吋， 超出此範圍者卽屬不合格，應計算爲一個疵病品，整捲縮影片卽不予驗收。

　　3.解像力（Resolution）：亦稱解像率，於縮影系統中意義，係指縮影片中影像最細緻部份，在放大閱讀時，仍能清晰分辨的意思。亦就是測量縮影軟片紀錄資料精細程度之表示方法。解像力影響因素頗多，最直接者諸如鏡頭品質、對焦、震動、軟片材料特性，同步性運動等重要因素，均給予縮影軟片於解像力要求上莫大限制。[4]

　　(1)解像力數值：解像力數值計算與縮小倍率具有密切關係，特以公式表示，並舉例說明，以供參考。

　　　RR代表縮小倍率

　　　P代表縮影片內解像力試驗卡可辨認之指數

　　　Rf代表縮影片解像力數值

　　計算公式：

　　　RR × P = Rf

　　舉例說明並代入公式：

　　設縮影片縮小倍率（RR）爲24倍，解像力試驗卡可辨認之指數（P）爲5.0　代入公式：RR × P = Rf

　　　24 × 5.0 = 120條／厘米（MM）

　　由於閱讀機放大率（M）與縮影片縮小倍率（RR），並非完全相同一致時，解像力關係如下列公式：$\dfrac{RR}{M}$（P）= Rf

　　　M代表閱讀機放大率

　　　RR代表縮影片縮小倍率

P 代表縮影片內解像力可辨認指數

Rf 代表放大影像之解像力

如前例：在三〇倍閱讀機上可清晰讀得指數爲5.0，代入公式：

$$\frac{RR}{M}（P）= Rf$$

$$\frac{24}{30} \times 5.0 = 4.0 線／厘米（MM）$$

綜合此項顯示，在三〇倍放大率閱讀機上閱讀，以二四倍縮率拍攝之縮影片，可清晰讀得試驗卡5.0指數時，閱讀機上影像之解像力數值，即爲4.0線／厘米（MM）。

(2)解像力標準：解像力在縮影系統中，幾乎是國際性標準，每厘米清晰辨認一〇〇～一二〇條線，方符合世界各國標準，同時亦係縮影作業單位攝製目標，由於各項條件限制，實難達到國際性要求標準，同時解像力要求條件與縮小倍率及縮影軟片代級，具有密切關聯性，所以縮影片解像力，除美軍對工程圖樣解像力，另有特殊要求標準外，一般縮影軟片解像力合理標準，基於實用立場與國內縮影技術觀察，每厘米90條線，應算爲允收標準。惟目前部份縮影機製造廠商認爲縮影片解像力，輪轉式縮影機最低標準爲每厘米80條線，平台式縮影機應達到每厘米100條線以上之標準，但亦以達到每厘米180條線爲最高標準。

縮影片採24～30倍縮率時，解像力以表列數值爲合理標準，如果縮小倍率昇高於30倍以上，解像力將依原始文件清晰度變化，其允收標準亦應相對提昇於高品質，甚至極佳品質階段，方不至於放大閱讀或放大複印時，發生困難。

低於79條線／厘米——不可允收標準

90～100條線／厘米——允收標準（合理解像力）

100～120條線／厘米——高品質（解像力）標準

高於120條線／厘米——極佳品質（解像力）標準

(3)解像力測定：縮影片解像力測定，通常係以檢驗目標內解像力試驗卡來測量，解像力試驗卡形式，計有美國國家標準局出版1010A型，國際標準組織（ISO）出品MIRE型，日本國家縮影協會出版解像卡，其中以美國國家標準局出品1010A型解像卡，使用最普遍而簡便。（圖一～三）

解像力測定方法，係縮影片完成沖片作業，使用顯微鏡觀察測定，以檢驗目標上解像力試驗卡為鑑定目標，同在檢驗目標中50％反射率試驗卡內濃度1.0～1.2時為準。於五〇～一〇〇倍顯微鏡下，用任何放大倍率，檢視檢驗目標內解像力試驗卡，橫直方向線條均能清晰辨認者為合格，如發現有五條線以上虛偽解像力（Spurlous Resolution）者，或係縮影機焦距誤差所致，實屬不合格軟片。同一檢驗目標內解像力試驗卡均應檢視，無虛偽解像現象時，以其中能辨認最低程度為該縮影片解像力，如未能達到要求標準，即為不合格疵病片，應不予驗收。

解像力值計算，係以清晰辨認那組數字，乘以縮小倍率，即為解像力值。當求得解像力值，未能全為整數，於上限下限間數

各型解像率試驗卡

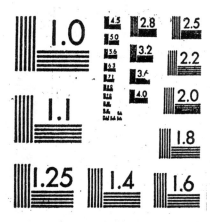

圖一　美國國家標準局出品之 1010A解像力試驗卡。

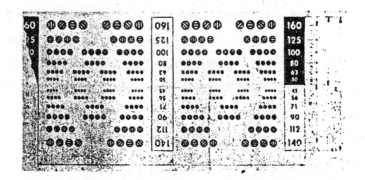

圖二　國際標準組織出品之MIRE解像率試驗卡

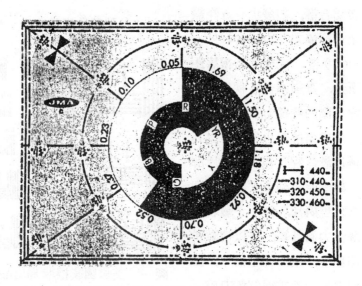

圖三　日本國家縮影協會出品之解像卡

值，且有小數點，須採取中間數值，作爲解像力歸整值，諸如解像力
歸整表中，在A行B行間，應採用C行歸整數值。

表十一　解像力歸整表

A	B	C
17.8	22.3	20
22.4	28.1	25
28.2	35.4	32
35.5	44.6	40
44.7	56.2	50
56.3	70.7	63
70.8	89.1	80
89.2	112	100
113	141	125
142	177	160
178	223	200
221	281	250
282	354	320
355	446	400
447	562	500
563	707	630
708	891	800
892	1120	1000
1130	1410	1250
1420	1770	1600
1780	2230	2000
2240	2810	2500
2820	3540	3200

4. 背景密度：縮影片密度係製作上一種表示及測試曝光程度方法，由於背景密度直接影響縮影片使用性，在要求條件上，較其他因素更爲重要。⑤

(1)密度定義：俗稱濃度（Density），係兩光度比之對數值。析言之，在一物體上照射之光度，此光線穿透該物體之光度，其比值之對數即爲密度式：

　　　　P_0 爲照射在軟片上光度

　　　　P_1 爲穿透過軟片之光度

　　　　D 爲散射透光之密度

　　密度式：$D = \log \left(\dfrac{P_0}{P_1} \right)$

更具體地說，縮影底片無字跡部份，於拷貝複製片（正片）時，光線不透過底片，使正片無字跡部份，形成透明極佳之介質。而縮影底片有字跡部份，希望光線儘量穿透。使正片字跡完全感光，形成純黑字跡，底片無字跡部份，便爲背景（Back ground），此透光性極爲重要，一般常稱爲背景濃度，或稱背景密度（Back ground Density）。

(2)密度標準：縮影片理想密度數值，於縮影攝製機構，均以 1.10 密度值爲製作目標。惟實際上，在作業過程中，由於各項因素影響，實難達到 1.10 密度值，故縮影軟片背景密度，在品質上各級軟片要求條件不同，惟基於實用立場，縮影軟片雖未符合要求標準或理想目標，在事實上給予彈性使用範圍，低密度值宜截止於 0.80，高密度值宜截止於 1.40，歸納其範圍如表，並作說明，以供參考。

　　　　0.80～1.40——允收限度（尚佳商製品質）

　　　　0.90～1.30——甚佳品質

　　　　1.00～1.20——極佳品質（工程圖縮影標準）

　　0.80～1.00──極佳品質（原稿對比差文件）

　　1.10～1.30──極佳品質（原稿對比強文件）

　綜上密度值範圍觀察，實際意義上，當密度值為0.80時，照射在軟片上光線有15.8％透過，理想透過數值（即密度為1.10）是

表十二　第一代（攝影機負片）縮影片密度值

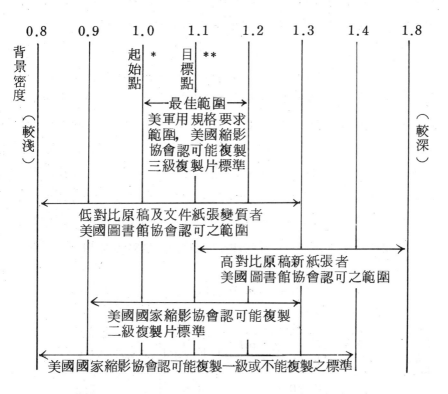

*　起始點為理論上負片之背景密度，可在複製片製作設備上完成遮蔽光線之目的之最低密度。

**　目標點密度值1.1為一般製作縮影片時所選定之背景密度目標，原稿品質較高者常選定1.5為目標點。

7.9 %，最高密度允收標準（密度值 1.40），透過光線爲 3.9 %，縮影片合於此項條件，無論是拷貝複製片，或在閱讀複印機上，複印放大目視紙質資料，均能完美達到目標。如果超過這個範圍，卽密度值低於 0.80 或高於 1.40 時，在閱讀機上雖可清晰觀視縮影片上內容，但無把握達到複製或複印目的。同時更應特別注意解像力要求，於縮小倍率在三〇倍以下時，上列範圍均需認可，惟縮小倍率再提高（超過三〇倍以上）時，縮影片背景密度允收範圍更應縮緊，以期達成複製及複印目標。

目前國內縮影製作單位，攝製縮影母片背景密度要求標準，係以檢驗目標內 50 ％反射目標區密度達到 1.00 爲理想，惟事實上縮影片背景密度均高於 1.00 ，在全捲軟片中，以維持不變爲原則。由於文件藏用年久變色或污損，無字跡部份背景密度以 0.80 值爲允收標準，過低卽屬不合格品質。如係紙質不佳或色澤不均，造成局部濃度深淺差別者，不在此限，但應力求字跡均能辨認爲目標。

5. 再生性（Reproducibility）：簡賅地說，就是縮影軟片複製能力，複製片份數要求，因軟片代級不同各異，但檢驗方法相同而簡便。

表十三　甲基藍試驗轉換曲線校正用樣品配製表

樣品瓶編號	試　劑　容　量		校正液 $S_2O_3^{--}$ 含量（$\mu g\ S_2O_3^{--}$／ml）
	標準液 ml 11.2 $\mu g\ S_2O_3^{--}$／ml	粹取液 ml	
1	0.20	4.8	2.2
2	0.40	4.6	4.5
3	0.60	4.4	6.7
4	0.80	4.2	9.0

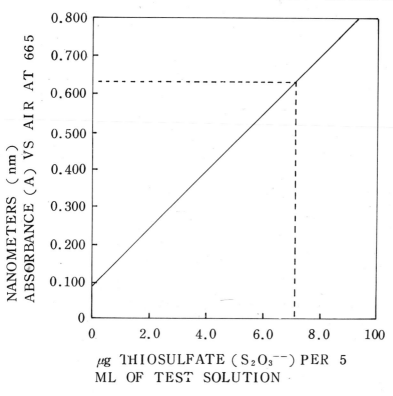

圖四 甲基藍試驗轉換曲線（附說明）

說明：一、採用第一種程序：使用 $10\,cm^2$ 樣品試驗產生一吸收數值為 0.632，自曲線查得其對應數值為 $7.2\ \mu g\,S_2O_3^{--}/5$ ml 則此樣品應含 $\dfrac{7.2}{10}$ 或 $0.7\ \mu g\ S_2O_3^{--}/cm^2$ 。

二、採用第二種程序：使用 $10\,cm^2$ 樣品試驗產生一吸收數值為 0.4000，自曲線上獲得其對應數值為 $4.1\ \mu g\,S_2O_3^{--}/5$ ml 則此樣品應含 $\dfrac{4.1\ \mu g\cdot 25}{5\cdot 10}$ 或 $2.0\ \mu g\,S_2O_3^{--}/cm^2$

無論縮影軟片為第幾級，每捲任選其中兩幅均複製至第五代，再使用 14～16 倍間任何放大倍率，將預先選定兩幅影像，放大複印目視文件，檢視文件中，無論文字或線條均應清晰可辨，否則即不符合要求標準。如果兩幅目視文件，均有模糊難能辨認時，該捲縮影片全部不予驗收，且應停止進行縮影作業，直至拍攝措施有所改善或修正，方可再行攝製工作。

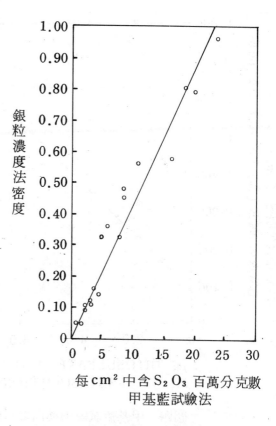

圖五　銀粒濃度法（密度差）與甲基藍法測量硫代硫酸根（測量 S_2O_3/cm^2）之關係

6. 定影液殘留量：

縮影片上定影液殘餘量要求標準，係以硫代硫酸根（$S_2O_3^{--}$）量計算，每平方公分不得超過千萬分之七克（$S_2O_3^{--}$：$0.7\ \mu gm/cm^2$）始為合格，如果殘留物超過要求條件，均可造成密度增加或形成污點，而影響縮影軟片品質及使用性。（圖四、圖五）

定影液殘留量測定，可採用甲基藍法（Methylene Blue Method）或銀粒濃度法（Silver Densitometric Method），進行檢驗作

業。通常縮影製作單位，委製單位或購用單位，深受儀器設備及檢驗技術等要求條件限制，無法實施檢驗工作，如果事實上認爲需要檢驗者，得抽取樣片託請檢驗機購，代爲進行檢驗作業。玆附甲基藍法試驗轉換曲線表，暨校正用樣品配製表，以及銀粒濃度法（密度差）與甲基藍法測量硫代硫酸根關係圖示和說明，以供參考。（表十三）

註　釋

註一　中國國家標準（CNS：2779）：計數值檢驗抽樣程序及抽樣表　民國 58 年　經濟部中央標準局　表 1 － 3 .

註二　吳相鏞　微縮軟片之品質要求及檢驗法　民國 68 年　國立中央圖書館館刊　新十卷　第一期 p1 - 17.

註三　同註二　新十卷第二期　p1 - 7.

註四　吳相鏞　縮影片的品質標準　民國 70 年　教育資料科學第十八卷第三期　p77 - 80.

註五　同註四　p80 - 82.

第六節　軟片處理

　　無論是任何儲存型態資料，或何種縮影軟片，諸如縮影片及複製片，經顯影、定影作業，以及檢驗合格。由於藏用上需要，抑作業時錯誤，或許尚需剪接、換裝夾檔片、孔卡片、登錄貼標、裝置紙盒、廢片銷燬等處理，方是完成縮影化管理作業。

　　一、軟片剪接：縮影軟片於攝製、沖洗或複製過程中，由於機械或人爲等因素，造成各種物理性疵病，所以軟片必須經過剪接處理，但務應遵守下列原則，進行軟片剪接作業。

㈠縮影片：亦就是縮影機負片，俗稱縮影母片，每捲長度100英呎中，軟片若有疵病，容許剪接三次，否則就是不符合標準規定，應予重新攝製。

㈡複製片：俗稱拷貝片，以避免剪接爲原則，但如係自行複製，祇在圖書館內提供讀者閱讀複印使用者，係以影像清晰爲前題，軟片剪接規定標準，處於次要地位。

㈢軟片若必需剪接處理時，於銜接所在位置，前後影像必須重覆二至四幅，以保持縮影資料完整性。

㈣軟片剪接作業時，須注意藥膜面同藥膜面，光面同光面，裁剪黏貼，不可使藥膜面同光面黏貼。

二、夾檔處理：縮影軟片作業完成，基於使用上需要，由捲狀縮影軟片的儲存型態，製作成夾檔軟片，以利更多讀者同時使用，諸如報紙資料，先攝製成卅五糎縮影捲片，再換製成夾檔片，在使用上更爲方便而有效。

㈠夾檔規格：夾檔膠套規格大小不同，有 $5 \times 3 \frac{3}{8}$ 吋， 6×4 吋， 8×5 吋， 4×6 吋， $7 \frac{3}{8} \times 3 \frac{3}{8}$ 吋等多種，其中以 4×6 吋，類同縮影單片標準規格。分二個至五個橫欄夾層，容量可單獨裝置卅五糎縮影軟片十二幅，或十六糎縮影軟片六〇幅，亦可同時混合裝置十六／卅五糎縮影軟片。

㈡資料組合：每個標準（ 4×6 吋）夾檔膠套，分二條夾檔層（Film chamber），容納卅五糎縮影軟片十二幅，最適合目前國內報紙，每日發行三大張十二版，各裝成一夾檔片，組合爲單元資料，註明標題、日期、編號，並複製縮影單片，以利資料分類、管理、儲存、流通，更符合動態資料的彈性需要。

㈢製作方法：夾檔片係使用極薄而透明，且具有韌性膠套（

Jacket File Folder），配由捲片剪裁組合而成。夾檔套最上端爲索引邊，可作標示主題內容用。裝置夾檔片作業，有採用機械作業或人工作業等處理方式。

三、**孔卡處理**：孔卡縮影軟片，係用ＩＢＭ卡片作紀錄資料爲單元基礎，由電腦打孔卡片與縮影軟片兩種媒體結合組成。這種新式資料處理方法，配合電腦使用，進行輸入、驗孔、分類、複製、輸出等作業。

㈠製作方法：孔卡縮影片製作，採人工裝貼和機械裝貼兩種方式，作業程序極爲簡便，無需專業訓練。

㈡資料組合：每張ＩＢＭ孔卡片，裝貼容量爲卅五粍縮影軟片一幅，或十六粍縮影軟片二幅。最適宜於工程圖樣、圖表、書畫等大型資料之紀錄單元。

四、**登錄標誌**：縮影軟片作業，無論是縮影、沖洗、複製、檢驗等程序，有關作業資料，均應詳細登錄，同時縮影軟片標題、儲存單位等項，亦應一一標示，以供參考。（附縮影軟片作業紀錄簿）

五、**裝記紙盒**：縮影軟片全部作業完成，最終裝記紙盒處理，以備儲藏使用與交換服務。紙質片盒上各項註記資料，諸如資料名稱、軟片編號、製作日期、背景濃度、解像力、軟片長度等各項資料，均應善加紀錄，以供使用者參考。（附各種紙盒）

六、**廢片銷燬**：縮影軟片在製作過程中，必有許多不符合要求條件，或不合規定標準品質的廢片，宜於適當時間或定期清理。若係機密性資料，更應編造廢片資料清册，依規定簽請銷燬，以免資料外流洩密，並維護作業場地整潔。

綜合以上處理過程中，負責軟片處理作業人員，於進行各項處理工作時，應戴用純棉白色手套，並特別細心工作，以免軟片刮傷、撕

縮影捲片拍攝記錄簿

編號：　　　　　　工令號碼：　　　　　第　頁　共　頁　　捲號：

資料名稱：
資料來源：
數量：　　載　MRG□　MRD□　幅

管制項目 程序	工作員	狀況記	完成日期	備註
拍 攝 片		沖藥指數高　低　縮率高　本捲共攝　　幅		
沖 片		RD＝　曬影液度		
檢 驗		濃度 HD＝　LD＝　Fog＝　R＝　MRD－2□　缺點待修□		
補 拍 片		HD＝　LD＝　MRG－1□　MRD－2□　完全良好□		
沖 片		RD＝　顯影液溫度　　°F完成後顯影液殘留藥命		
收 終 檢 查		裱式相符□　收□　已調整修正□　無接頭□ 本捲內共有接頭　　個 補拍資料無異□		

資料名稱：
資料來源：
數量：　　載　MRG□　MRD□　幅

管制項目 程序	工作員	狀況記	完成日期	備註
拍 攝 片		拍藥指數高　低　縮率高　本捲共攝　　幅		
沖 片		RD＝　顯影液溫度		
檢 驗		濃度 HD＝　LD＝　Fog＝　R＝　MRD－2□　缺點待修□		
補 拍 片		HD＝　LD＝　MRG－1□　MRD－2□　完全良好□		
沖 片		RD＝　顯影液溫度　　°F完成後顯影液殘留藥命		
收 終 檢 查		裱式相符□　收□　已調整修正□　無接頭□ 本捲內共有接頭　　個 補拍資料無異□		

縮影捲片拍攝記錄簿

資料名稱：　　　　　資料來源：　　　　　數量：　　　張

編號：　　　第　　頁共　　頁　　卷號：

工令號碼：　　完成日期：　　張　　備　　註

程序	管制項目	工作員	狀況記　　　　　況	數	備註	完成日期
	資料接收		完全良好□ 第二版圖□ 斜筆□ 鏡線□ 放印圖□ 殘破□			
	資料整理		已排列次序□ 整理□ 使平□ 輔助頁內已齊備□			
	試拍		RD＝ 做深色圖拍攝指數 淺色圖指數 平均指數			
	目錄編製		目錄共 張，複印□ 拼貼□			
	閃光卡規格		每到 完全拍攝閃光卡 幅			
	拍片		拍攝指數高 低 縮率高 本地共攝 幅 MRG□ MRD□			
	沖片		RD＝ 顯影液溫度 °F完成後顯影殘留壽命			
	檢查		濃度HD＝ LD Fog＝ R 完全良好□ 缺點待校□			
	補拍		HD＝ LD＝ MRG－1□ MRD－2□			
	沖片		RD＝ 顯影液溫度 °F完成後顯影液殘留壽命			
	放移檢查		候式相符□ 不收□ 已調整修正□ 無搭頭□ 本地內共有接頭□ 備			
	資料退還		補拍資料無類□ 手續已完備□ 提領人			
	捲片複製		複製軟件速度 光度 拷貝正片□ 負片□			
	複製沖片		RD＝ 顯影液溫度 °F完成後顯影液殘留壽命			
	包裝簽發		沖發甲編號 沖發內容印片□ 拷貝正片□ 拷貝負片□			

夾檔縮影拍攝裝填記錄簿

資料名稱：　　　　資料來源：　　　歡值：　　　　張　　　編號：
工令號碼：

程序項目	工作員	狀　　況	記　　錄	廠	完成日期	備	註
資料簽收		完全良好□第二點閱□					
資料整理		已排列次序□整整□後整□鉛筆□墨線□放印圈□放印圈□殘破　　張　補助頁已齊備□					
試拍		RD＝　故深色開拍捕插數　淺色捕插數　平均插數					
拍攝		故尚縮率　拍攝捕插數高　低　MRGI□　MRD2□					
冲片		RD＝　冲影液溫度　°F冲影液殘留壽命					
冲片		RD＝　冲影液溫度　°F冲影液殘殘留壽命					
冲片		RD＝　冲影液溫度　°F冲影液殘留壽命					
檢線		濃度HD　LD　Fog　R　完全良好　缺點待格□					
裝填夾編		共裝共　　張　完全良好□　待更換　　張					
目錄編製		已詳共　　張　以印□　拆始□　夾格序號已知稱□　號碼□					
目錄拍攝		MRD2□ MRGI□ 濃度HD　LD					
補拍		MRD2□ MRGI□ 濃度HD　LD					
故終檢查		夾格一致性良好□　光收□　已調整修正□					
資料退還		柏扣沒料無誤□　沒料裝置　　張　完全扣縮□					
片卡複製		手續已完備□　我閱人 Diazo 片數牌代號　噃光條件					
包裝發檔		噃發平函號					

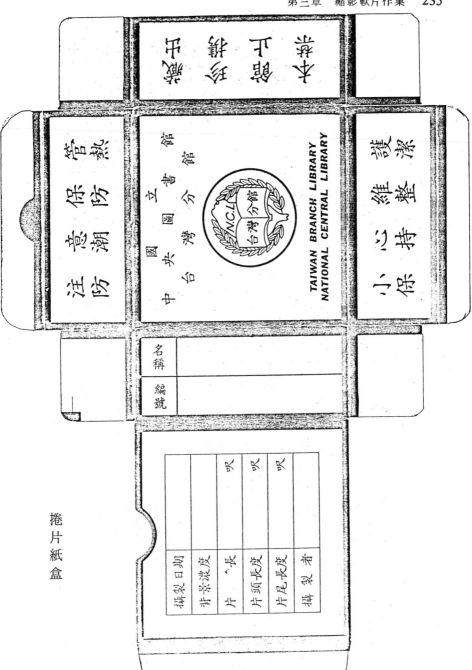

本片請于
濕度下攝製

熱帶管保
防潮保管
注意防潮

中央圖書館
國立圖書館
台灣分館

TAIWAN BRANCH LIBRARY
NATIONAL CENTRAL LIBRARY

清潔維護
小心保持

名稱
編號

攝製日期		
背景濃度		
片　長		呎
片頭長度		呎
片尾長度		呎
攝製者		

捲片紙盒

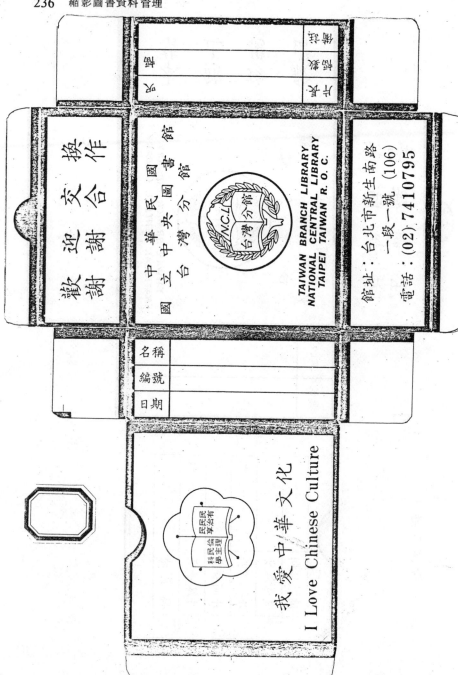

裂、沾染油漬、污跡、灰塵、汗水、指印等人為因素，所造成之疵病，而損害縮影軟片完美性與品質標準。

第七節　軟片維護

縮影軟片製作過程，雖然符合永久檔品質要求標準，但未能善加保藏與維護，亦無法達到永久檔保存壽命。由此足證，縮影軟片保藏維護工作，佔有極重要地位。縮影軟片保藏方法，已在第五章五節「圖書館縮影資料典藏」中詳作說明，此節中不再作贅述，僅即軟片維護方面，簡略敍述，以供參考。

一、軟片維護涵義：亦就是縮影軟片的保護工作，涵有確保安全與維護清潔之雙重意義，換句話說，就是縮影軟片在儲藏使用過程中，不祇要確保軟片安全，同時更應隨時維護軟片清潔，方能維持縮影軟片長久使用率。

二、軟片維護方式：縮影軟片維護方法，除永久檔及長期保存之要求條件，非常嚴格外，通常短期保存或使用率較高的軟片，亦應隨時注意軟片安全與軟片清潔，以避免軟片無謂損毀與傷害。

㈠就軟片安全言：在確保軟片安全方面，應特別注重防盜、防火、防潮等工作，基本作法與注意事項：

1.縮影軟片，尤其永久檔軟片，但如提供閱讀複印使用者除外，以不准攜出縮影軟片典藏庫為原則。

2.縮影作業人員除外，其他工作人員，嚴禁進入縮影軟片典藏庫，非經機關首長許可，一律謝絕外賓參觀。

3.縮影軟片典藏庫（含週圍），嚴禁放置易燃、易爆物品，並禁止吸煙，以免引起火災，燒燬縮影軟片。

4.縮影軟片典藏庫，應有適當的防蟲、防鼠等措施，以防止蟲害確保縮影軟片安全。

5.縮影軟片典藏庫門及軟片櫃，應隨時加鎖，並設置防盜措施，以防範縮影軟片盜竊。

㈡以軟片清潔說：於維護軟片清潔方面，應從防黴菌、防霉斑、防灰塵等小處着手，基本作法及注意事項：

1.縮影資料室或軟片典藏庫，應有空氣調節設備，以防範溫度濕度劇變，損害軟片品質，諸如燃燒變質或污漬沾損。

2.縮影軟片典藏庫，必須裝置吸濕設備，以保持適當濕度，避免軟片產生霉跡。

3.縮影軟片典藏庫，應嚴密封閉，單獨設置空調系統，以免庫內空氣污染或對流，並抵消調節溫濕度功能。

4.縮影軟片典藏庫，必須保持適當溫度及濕度，以防止黴菌生長，損害軟片品質。

5.縮影軟片典藏庫，應維持無灰塵之清潔空氣，以免除微細污點疵病發生。

6.縮影作業人員，於工作時應戴白色純棉手套，並以純熟之技巧進行各項作業，避免機械因素，造成藥膜刮傷，軟片污染指印或汗水。

三、特別注意事項：無論何種縮影軟片，於藥膜面發生刮痕，均將導致影像破壞，因此在軟片維護上，必需針對各種軟片特性，尤須特別注意各項不同之影響因素，以維護軟片安全與清潔。①

㈠控制相對濕度：縮影軟片典藏庫相對濕度，最宜維持在20％～40％之間，避免高濕度對各種軟片不良影響，尤以銀鹽膠膜軟片，醋酸纖維片基軟片，最具敏銳之影響力。

㈡溫度調節控制：縮影軟片典藏庫，最適宜溫度須在華氏七〇度以下，若溫度升高，對重氮銀產品，最富有破壞性，氣泡片對較高溫度，接觸時間雖極短暫，但亦將導致影像破壞和損害。

㈢黑暗貯存環境：乃係針對重氮片特別需要而設置，由於重氮片影像對光線具有敏感性，若影像長期暴露在光線中，極容易使軟片變質，所以重氮片於黑暗貯存狀況下，即使欠佳或較高溫度貯存條件，仍可獲得圓滿之長期貯存效果。

㈣避免污染物存在：係指銀鹽片及重氮片影像特殊而重要的要求，由於銀鹽片影像與污染物作用，產生微小污點，造成褪色或變質現象，以破壞影像。

㈤防範灰塵及高壓力點：無論是何種縮影軟片，將由於摩擦而產生疵病，尤以氣泡片特別在局部產生高壓力，極為敏感，而高壓力點將導致氣泡片表面凹陷，造成物理性氣泡溢散，破壞影像完美性。

四、軟片定期檢查：無論是何種縮影軟片，或那一類儲存型態，期能獲致圓滿的貯存效果，儲藏庫全部軟片，必須實施定期檢查，方能確保縮影軟片安全。②

㈠縮影軟片依照中長期貯存或永久檔貯存環境，所要求溫度濕度條件下，仍應實行定期檢查，以確保貯存品質，普通採用兩年週期，選擇代表性軟片約20％，在次一週期檢查時，檢查控制其已於兩年前檢查過軟片，同時亦調換一部份未曾檢查過軟片，即可發現貯存中產生之變化，加以統計分析，而供實施定期檢查參考。

㈡中長期貯存軟片，由於外界溫度有超過貯存標準（即超過60％）時，且係採用密封罐貯存法者，檢查週期應較密，選用軟片仍以20％為宜，檢查時程更應縮短為一年週期。

㈢縮影軟片於製作拷貝片時，亦須先行檢查，並作軟片清潔處理，以清除軟片上灰塵、手印、污點、霉跡等沾染物，藉資確保影像清晰度。

註　釋

　　註一　吳相鏞　縮影軟片之保藏　民國 68 年　教育資料科學
　　　　　第十五卷第一期　　p16.

　　註二　吳相鏞　如何達到縮影軟片永久保藏的目的　民國 69 年
　　　　　縮影研究專刊　　p42.

第四章　縮影資料形式

縮影技術急速發展，已成為人類智慧，最重要的傳播媒體，亦是資料爆炸危機中，用以處理大量資料，最經濟有效的方法與利器。就縮影軟片形式說，依美國縮影專家亞歷山大（Samuel. N. Alexander）及羅斯（F. Clay. Rose），於一九六四年分類方法，計分三大類十八種之多，除最普遍而常用者，捲狀縮影軟片、條狀縮影軟片、夾檔縮影軟片、孔卡縮影軟片、片狀縮影軟片外，尚有其他縮影形態，如非透明性縮影資料：縮影卡片、縮影印刷片、縮影紙帶等，因各有獨特功能，且使用範圍廣泛，故即基本規格、儲存形式、影像組合、特性功能等項，作統合性說明，以建立完整的觀念。（縮影軟片形式暨使用流程圖）

第一節　捲狀縮影資料

捲狀縮影軟片（Micro Roll Film），簡稱縮影捲片（Microfilm），係將原始資料，逐幅連續拍攝在整捲軟片上。為最早發展成功縮影軟片，不僅是使用最廣泛的傳播媒體，同時亦是最基本的儲存形式。由於非捲狀縮影軟片，基於攝製上便利，亦先攝製成捲的整體單位，再按資料內容或儲存形態等因素，分割為個體的獨立單元。諸如條狀縮影軟片、夾檔縮影軟片、孔卡縮影軟片，均先以十六糎（MM）或三五糎縮影軟片，連續攝製成縮影捲片，再裁剪為長約五吋至七吋條狀縮影軟片，或經裝填機（Filler）處理成 4 吋×6 吋夾檔縮影軟片，並複製為片狀縮影軟片，或用裝孔機（Mounter）分張剪裁裝入 IBM

片，製作成孔卡縮影軟片，於是捲狀縮影軟片，不僅是其他縮影軟片母體，就捲狀縮影軟片本身說，更是一種最基本而用途最廣的儲存形態。

　　一、基本規格：捲狀縮影軟片基本規格，包括軟片厚度、資料幅數、影像位置、頭尾長度、儲存容量、片軸標準等項目，依據國際標準組織（ISO）成案，綜合說明，以供參考。①

　　㈠軟片厚度：縮影軟片厚度，以不低於 0.16 糎（MM）為原則。

　　㈡資料幅數：捲狀縮影軟片，計有十六糎（MM）、三五糎、七〇糎、一〇五糎等多種。惟縮影資料幅數，係以三五糎為主，十六糎次之，七〇糎及一〇五糎軟片非有特殊條件，極少使用。就三五糎軟片幅寬言，每英呎通常攝製十二幅（Frame），每捲攝影約一千二百幅。十六糎軟片幅寬，每英呎通常攝製三十幅，全捲攝影約三千幅。

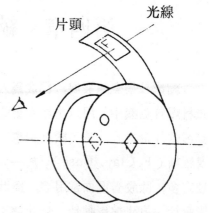

a. 可反轉的儲片軸外貌

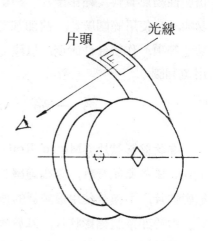

b. 不可反轉的儲片軸外貌

圖一　儲片軸外貌

㈢影像位置：影像在軟片中位置，實際上，就是每頁原始文件或資料，於縮影軟片中配置的版面，以三五粍軟片為準，影像位置距離上下邊緣，不得少於一粍（MM），惟亦不能超過五·五粍。而十六粍軟片，影像位置距離上下邊緣，不得少於〇·五粍，但亦不得超過二·八粍。

㈣頭尾長度：無論是十六

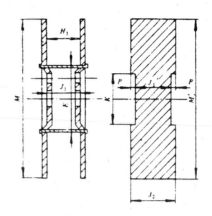

圖二　儲片軸的縱剖面

粍或三五粍縮影軟片，每捲片頭（Leader）和片尾（Trailer），都必需留存一段空白軟片，其長度通常不得少於五〇公分（cm）為原則。

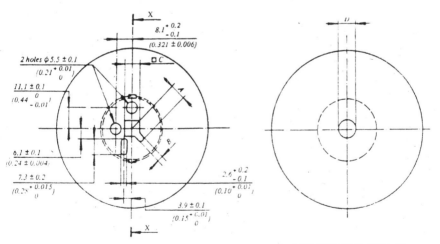

　　a. 可反轉的儲片軸　　　　　b. 不可反轉的儲片軸

圖三　儲片軸的橫剖面

圖四　儲片軸的規格及公差表

公差 軸別 規格		空　白　片　軸		儲　存　片　軸	
		16 mm	35 mm	16 mm	35 mm
A	mm	8.1 ± 0.5	8.1 ± 0.5	8.1 ± 0.5	8.1 ± 0.5
	in	0.32 ± 0.02	0.32 ± 0.02	0.32 ± 0.02	0.32 ± 0.02
B	mm	3.3 ± 0.2	3.3 ± 0.2	3.3 ± 0.2	3.3 ± 0.2
	in	0.13 ± 0.01	0.13 ± 0.01	0.13 ± 0.01	0.13 ± 0.01
C and D[1]	mm	$8.10 {}^{+0.10}_{-0.05}$	$8.10 {}^{+0.10}_{-0.05}$	$8.10 {}^{+0.20}_{-0.05}$	$8.10 {}^{+0.20}_{-0.05}$
	in	$0.319 {}^{+0.004}_{-0.002}$	$0.319 {}^{+0.004}_{-0.002}$	$0.319 {}^{+0.008}_{-0.002}$	$0.319 {}^{+0.008}_{-0.002}$
E[2]	mm	32.0 ± 0.5	32.0 ± 0.5	$32.0 {}^{+1.0}_{0}$	$32.0 {}^{+1.0}_{0}$
	in	1.26 ± 0.02	1.26 ± 0.02	$1.26 {}^{+0.04}_{0}$	$1.26 {}^{+0.04}_{0}$
H₁[3]	mm	$16.20 {}^{+0.20}_{-0.15}$	35.30 ± 0.20	$17.0 {}^{+1.5}_{-0.9}$	$36.0 {}^{+1.5}_{-0.9}$
	in	$0.638 {}^{+0.008}_{-0.006}$	1.390 ± 0.008	$0.670 {}^{+0.06}_{-0.035}$	$1.420 {}^{+0.06}_{-0.035}$
J₁ and J₁′	mm	18.3 ± 0.2	37.5 ± 0.4	19.0 ± 1.0	38.0 ± 1.0
	in	0.72 ± 0.01	$1.48 {}^{+0.01}_{-0.02}$	0.75 ± 0.04	1.50 ± 0.04
J₂	mm	$J_1' + 2P$	$J_1' + 2P$	22.0 max	41.0 max
	in	$J_1' + 2P$	$J_1' + 2P$	0.87 max	1.61 max
K[4]	mm	25.5 min	25.5 min	25.5 min	25.5 min
	in	1.00 min	1.00 min	1.00 min	1.00 min
M and M[5]	mm	91.5 ± 0.5	91.5 ± 0.5	92.0 ± 2.0	92.0 ± 2.0
	in	3.60 ± 0.02	3.60 ± 0.02	3.62 ± 0.08	3.62 ± 0.08
P[6]	mm	0.5 max	0.5 max	$\dfrac{J_2 - J_1'}{2}$	$\dfrac{J_2 - J_1'}{2}$
	in	0.02 max	0.02 max	$\dfrac{J_2 - J_1'}{2}$	$\dfrac{J_2 - J_1'}{2}$

說明一每捲容量為三十公尺或一百英呎
　　　二根據 ISO／R1116-1969（E）

㈤儲存容量：捲狀縮影軟片儲存容量，依據國際成例，每捲長度以三〇公尺，或一〇〇英呎爲標準化容量。

㈥片軸標準：儲片軸爲構成縮影資料重要部份，而片軸標準規格，直接影響縮影軟片運用。儲片軸有二種，一種是可反轉的儲片軸，有二個方孔和一個校對用圓孔，另一種是不可反轉的儲片軸，方孔、圓孔各一個，以與前者區別。（圖一～四）

　二、**儲存型態**：捲狀縮影軟片，係最原始的縮影資料媒體，計有十六糎（MM）、三五糎等二種，唯就捲狀縮影軟片儲存型態說，最基本而普遍使用的形式，分爲盤式（Reel）、匣式（Cortridge）、卡式（Cassette）三種。②（圖五～七）

　㈠盤式縮影捲片（Micro-Reel）：係最古典型縮影軟片，爲早期縮影資料媒體形式，通常使用十六糎（MM）或三五糎縮影捲片攝

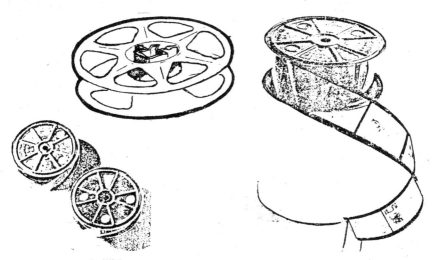

a. 16 糎（MM）縮影捲片　　b. 35 糎（MM）縮影捲片

圖五　捲狀縮影軟片

製而成，尤以三五糎縮影捲片，最適合於攝製報紙。而利用人工方法，進行檢索與閱讀縮影資料。

　　㈡匣式縮影捲片（Micro-Cartridges）：這種形式縮影捲片，約於一九六三年代正式出現，係將縮影捲片,裝置在硬質膠製軟片匣（Magazine Load）內，藉資保護軟片安全與清潔, 同時匣口設有固定卡箇或槽溝，以便在閱讀機上固定位置, 而利高速檢索。

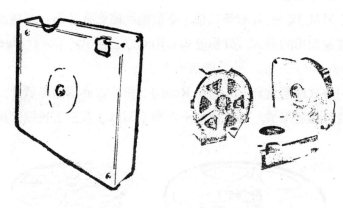

圖六　匣式縮影捲片

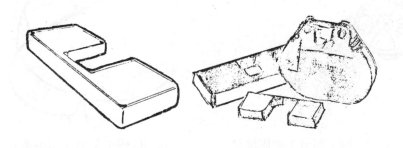

圖七　卡式縮影捲片

㈢卡式縮影捲片（Micro-Cassettes）：這種形式縮影捲片，裝置外形類似卡式錄音帶，係將攝製完成縮影捲片，裝置在一個密封的片盒內，片盒設有二個軸心，以利放錄捲片，盒上製有卡筍或槽溝，便於閱讀機上固定位置用。

三、影像組合：捲狀縮影軟片，影像組織排列方式，有單行橫式、單行直式、雙行單向式、雙行雙向式等多種組合排列方法，雖因實際需要不同略異，唯最基本而簡單的組合，係採單行橫式,或單行直式,進行攝影作業。③

㈠單行橫式（Simplex-Comic Format）：組合排列方法，係影像與軟片垂直，每幅影像間，保持有固定距離，依次連續攝錄。

㈡單行直式（Simplex-Cine Format）：組合排列方法，係所有影像全依次序連續攝錄，每幅影像間隔，十分均衡。

㈢雙行單向式（Duplex Format）：組合排列方法，係每幅影像攝錄在軟片的一半寬度內，全部文件平行攝影，依順序連續攝錄，直至軟片末端終止。

㈣雙行雙向式（Duo Format）：組合排列方法,係軟片的一半,依順序連續攝錄，直至末端，再反向按次序攝錄，在另一半的軟片上。

除上列四種最基本的組合方法外，尚採用複合影像式（Multiple images），於三二倍至五四倍縮率攝製時，將原始文件每次二頁、四頁或八頁，同時曝光攝錄，形成複合影像。

四、特性功能：捲狀縮影軟片，係一種最基本而用途又廣的儲存型態，縮影資料容量大，製作成本低廉，尤其適合於使用率較低，檢索方法單純的資料，縮影資料依次攝錄，井然有序，更具有高度的完整性，茲就各種捲狀縮影軟片,各具獨特功能,分別說明,以供參考。④

㈠十六糎捲片：主要適用於紀錄資料與事務文書，諸如函件、

simplex, duo & duplex

These terms refer to the arrangement of the documents contained on the microfilm.

simplex format

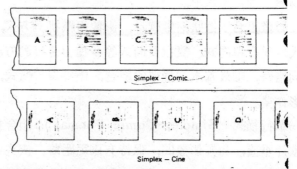

Simplex — Comic

Simplex — Cine

Film is run through the camera once, and a single row of images is photographed. Documents of various widths and lengths are accommodated. Image orientation can be *comic,* with information right reading from edge to edge of the film, or *cine,* with information right reading along the length of the film.

duplex format

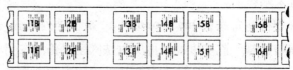

Both the front and back of a document, both sides of a check for example, are photographed simultaneously side by side on the film, across the width.

duo-format

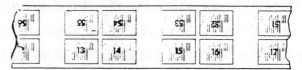

Film is run through the camera twice and a row of images photographed along one half of the film width during each passage. Documents of various widths and lengths are accommodated, in either cine or comic mode.

複合影像

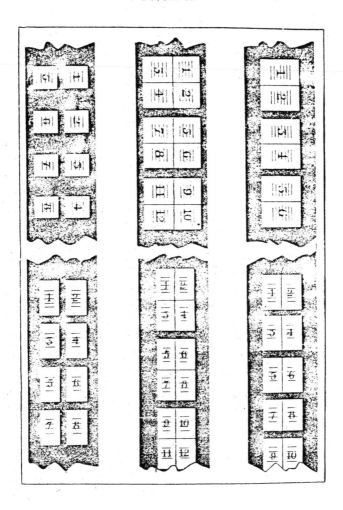

捲狀縮影軟片系統作業流程圖
Micro Roll Film System Flow Chart

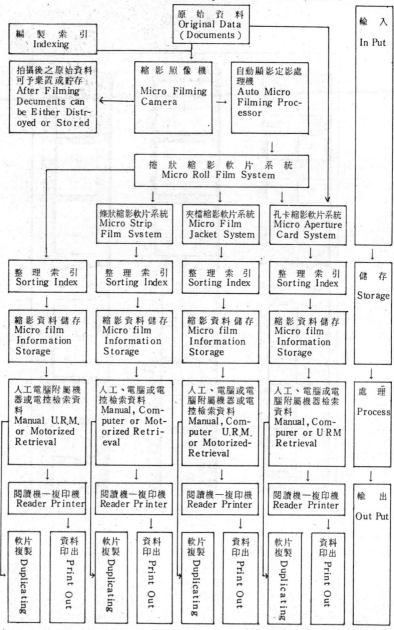

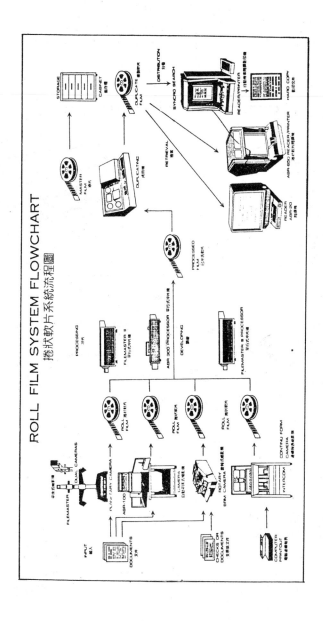

捲片縮影軟片系統作業流程圖

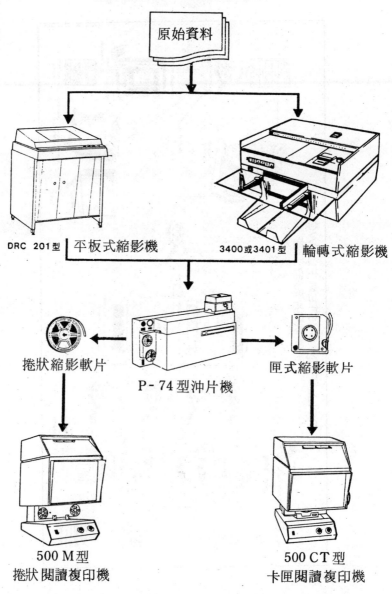

原始資料

DRC 201型　平板式縮影機　　3400或3401型　輪轉式縮影機

捲狀縮影軟片　　P-74型沖片機　　匣式縮影軟片

500 M型　　　　　　　　　　500 CT型
捲狀閱讀複印機　　　　　　　卡匣閱讀複印機

傳票、證券、支票等資料。

　　㈡三五糎捲片：這種捲片，最受欣迎而普遍使用，舉凡文獻、圖書、報紙等資料，均可適用。

　　㈢一〇五糎捲片：這種捲片最大功能，係攝製片狀縮影軟片，最基本的底片材料。

　　㈣匣式縮影捲片：特殊功能，係使用時,無需用手拉動軟片,裝入閱讀機，以免指紋污染而磨損影像，更因有片匣保護，軟片資料始終維持良好狀態。

　　㈤卡式縮影捲片：裝片方法與卡式錄音帶相同，卡內有二個軸心，使用完畢無需倒片，同時使任何一幅影像，保持觀察閱讀位置，以便嗣後隨時閱讀參考。

　　綜觀捲狀縮影軟片，各具特殊功能，惟在全捲軟片資料中，修改增訂深感不便，如果資料排列次序不當，或攝影錯誤，更難換改，對新增、修改或加註資料，亦難隨加隨修隨改，必須整個單元再重新攝製方可。

五、捲狀縮影軟片處理程序圖：⑤（見前頁）

註　釋

　　註一　沈曾圻　顧敏　縮影技術學　民國66年　技術引介社印行　p29-33.

　　註二　方同生　非書資料管理　民國65年　弘道文化事業公司印行　p269-270.

　　註三　Introduction to Micrographics, National Microfilm Association（U.S.A.）p6-7.

　　註四　同註二　p279.

註五　黃克東　縮影系統資料處理　民國 59 年　銘傳女子商業
專科學校印行　p 29.

第二節　條狀縮影資料

　　條狀縮影軟片（Micro Strip Film），又稱長條縮影軟片，係由
十六糎（MM）縮影捲片，經過裁切處理而成。並裝置在條狀縮影片
匣內，加以保護而利儲存、檢索、閱讀。然條狀縮影軟片儲存形態，
以處理零星而獨立資料爲主，旣經濟而又富有伸縮性，任何機關團體，
或任何大小種類及性質行業，均可依實況需要而採用。①

　一、基本規格：

　　㈠軟片長度：每條軟片長度，約二〇公分至三〇公分。

　　㈡片匣標準：條狀縮影片匣（Micro Strip Holded），每匣裝
放長十二英吋（三十三公分），寬十六糎（MM）軟片，片匣數量依
實際需要設置。

　　二、主要器材：條狀縮影軟片，係先經捲狀縮影軟片、攝製、沖
洗作業完畢，裁切處理裝製而成。所需器材設備，特列舉主要者，略
加說明，以供參考。

　　㈠條狀縮影軟片裝片機（Microstrip Filler）：每分鐘五張速
度，剪裁及裝入十六糎（MM）縮影捲片，爲方便檢視及校對，以免
發生錯誤，由人工操作，使數種作業同步完成，不致產生重複作業、
顛倒編序、浪費人力、消耗時間等現象。

　　㈡高速檢索資料中心設備（Microstrip Reference Station）：
最基本設備，包括閱讀機（Reader）乙台，以及十二組巢狀軟片檔櫃，

依實況需要，旋轉成 L 型工作枱，操作人員，於十五分鐘內，從週遭軟片檔櫃中，檢索所需資料。

㈢條狀縮影軟片複印機（Microstrip Printer）：機器安裝及操作，極爲簡便，無需特殊技術訓練，並配合閱讀機使用，縮影軟片若需放大複印，只要輕按鍵鈕，任由機器自動操作，於數秒鐘內，所需資料立可輸出。

三、儲存單元：條狀縮影軟片，所儲存資料，以每一條狀縮影片匣（Microstrip Holded）爲單元，每條縮影軟片，編製索引二〇個號碼，每號儲存資料一份。如每個縮影片檔櫃，裝放一百個條狀縮影片匣。以一組十二座巢狀軟片檔櫃，爲儲存資料標準，則每高速檢索資料中心，所儲存縮影資料，最大極限高達一百七十五萬份。

四、特性功能：

㈠操作簡便：條狀縮影軟片，原求高速度處理資料而設計，於是全部操作手續，均探按鈕方式，極爲簡便，任何工作人員，只需事前稍作講解，即能熟練操作，無需專技訓練。

㈡資料更新：高速檢索資料中心設備，全由中央控制系統操作，任何十六糎（MM）縮影軟片資料，均可隨時更新，全條縮影軟片長度約一英呎，約容納縮影資料十六至二六幅（Frame），包括索引號碼所佔軟片幅數在內，由於更換幅度小，故資料增減迅速，保持資料新實快速功能。

上圖爲條狀縮影軟片

條狀縮影軟片系統作業流程圖
Micro Strip Film System Flow Chart

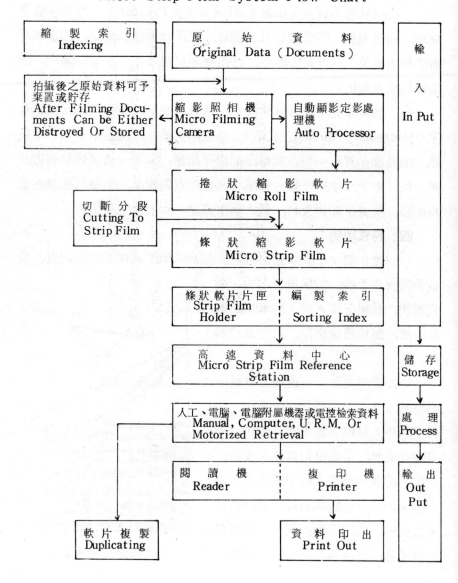

㈢電腦檢索：高速檢索依實際需要，於裝置時預先設計，將檢索系統配合電腦程式（Computer Programming），或電腦附屬機器（Electronic Auxiliary Machines），又稱單元紀錄機器（Unit Record Machine），或電動打字機等設備，相互配合運用，更發揮高速檢索效能。

㈣富有彈性：設備增減，依業務與資料實況需要決定，以免無謂浪費。每一高速檢索資料中心，儲存資料最大極限高達一七五〇〇〇〇份，所需縮影軟片檔櫃與條狀縮影片匣、索引號碼等，若有妥善設計與適當安排，決不消耗工作人員時間與精力。

㈤作業有序：人工作業程序邏輯化，如不使用電腦檢索，以人工檢索亦極為快速。緣條狀縮影資料檢索程序，皆經完善設計安排，全部過程邏輯化，合乎工作簡化要求，絕對避免浪費時間與精力。同時設有特殊裝置，確保縮影軟片於顯映時，防範其他縮影軟片匣散失，永保縮影軟片檔櫃儲存次序。

㈥保護眼力：條狀縮影軟片閱讀機（Mircostrip Reader），顯影映幕寬大（14吋×14吋），係用超標準光學玻璃製成，光線柔和，不傷眼力。且機器性能卓越，無需特殊保養維護。

五、條狀縮影軟片處理程序圖：

註　釋

註一　黃克東　縮影系統資料處理　民國59年　銘傳女子商業專科學校印行　p28-32.

第三節　夾檔縮影資料

　　夾檔縮影軟片（Micro Jacket Film），係最富組織性與協調性縮影資料媒體，就儲存形態言，夾檔縮影軟片與片狀縮影軟片類似，所採用閱讀機（Reader），亦係同一形式。以軟片特性說，夾檔縮影軟片，在所有縮影媒體中地位，具有極重要性存在價值，不僅克服捲狀，條狀縮影軟片缺失，而且更具有處理動態資料功能。

　　一、製作方法：夾檔縮影軟片，係使用極薄而透明，具有韌性塑膠夾套（Jacket／File Folder），配由捲狀縮影軟片，剪裁成條狀縮影軟片組合製成。夾檔套最上面是索引邊（Translucent Indexing Edge），供作標示內容用。

　　㈠夾檔形式：夾檔縮影軟片所裝塡影像（Image），在新式處理方法中，係利用裝塡機（Filler）進行作業，每小時自動裝塡 250 幅（Frame）影像。

　　㈡資料組合：每個標準（4吋×6吋）夾檔，分五條夾檔層（Film Chamber），容納十六粍軟片六〇餘幅縮影資料，除適合資料分類、貯存、檢索、流通外，更容許資料異動與更新，故夾檔縮影軟片組合富有伸縮性，而符合動態資料彈性需要。

　　二、基本規格：由於縮影片夾套大小不同，故夾檔縮影軟片基本規格亦異，從最小5吋×3⅜吋，至最大8吋×5¹⁄₁₆吋等約有六種不同規格，每個夾檔套分成三至七個橫式夾檔層欄（Film Chamber），每欄套裝 16 粍（MM）、35 粍（MM）縮影軟片若干幅影像。通常使用夾檔縮影軟片夾套尺寸、數量及用途，作綜合說明，以供參考。①

　　㈠小型片夾：夾套基本尺寸5吋×3⅜吋，分二至四個橫欄夾檔層（Film Chamber），夾裝容量35糎（MM）縮影軟片24幅，或16糎縮影軟片48幅。此小型片夾，最適合於銀行金融、保險信託、醫療衞生等公私機關團體，處理縮影資料使用。

㈡中型片夾：尺寸規格6吋×4 1/16吋，分三至五個橫欄夾檔層，夾裝容量16糎縮影軟片，最多以75幅爲限，惟亦可任意混合夾裝16糎與35糎兩種縮影軟片，所需求數量。此中型片夾，最適合司法、商業、文教、圖書館等機構，以作縮影資料處理之用。

㈢寬邊型片夾：因夾套具有7/8英吋特寬索引邊，以供編製索引使用，故又稱寬邊索引型，基本尺寸6吋×4 1/16吋，分二至四個橫欄夾檔層，夾裝容量16糎縮影軟片，最高達45幅，若不留索引寬邊時，可夾裝75幅。惟亦可任意混合夾裝16糎及35糎縮影軟片，所需要資料數量。此寬邊型片夾，適合於處理各種複雜索引標示縮影軟片使用。

㈣大型片夾：基本尺寸8吋×5 1/16吋，分三至六個橫欄夾檔層，夾裝容量16糎縮影軟片114幅，亦可任意混合夾裝16糎及35糎兩種縮影片，所需要資料數量。此大型片夾，適合公私機構、工商團體、處理大量縮影資料用。尤以處理人口、學生、旅客、新聞、圖書，以及法規、判例、犯罪紀錄、金融票據、公債股票等資料，最爲適用。

㈤單片型片夾：片夾標準與縮影單片類同，基本規格4吋×6吋（105×148 MM），夾裝容量單獨裝置4吋×6吋片狀縮影軟片乙張，此單片型片夾，係專供保護縮影單片（Microfiche）特殊用途，一夾一片，簡便明瞭。爲美國政府機構，以及大規模公私企業團體採用。

㈥標準型片夾：類似電腦打孔卡（IBM），基本尺寸7 3/8吋×3 3/8吋，分二至四個橫欄夾檔層，夾裝容量全裝16糎縮影軟片，最大容量72幅，唯亦可任意混合夾裝16糎及35糎兩種縮影片，並配合電腦進行高速檢索（Rapid random retrieval）。

　　三、特性功能：夾檔縮影軟片，最富組合性與重組性。片夾功效，既可保護軟片，又便於整理編排各項文件，使用時亦無須抽出軟片，且每片夾設有抬頭及目錄資料，有利快捷查索與歸檔。②

　　　　㈠節省儲存空間：各種縮影軟片，同具此一特性，唯以夾檔縮影軟片，節省儲空率最高達95％以上，以純縮影儲存空間立方英吋計算，每立方英吋儲存七千張縮影軟片，若使用專供儲存夾檔縮影軟片夾，並利用電控機械縮影軟片檔案櫃（Electro-Mechanical File）來儲存縮影資料，每個檔案櫃儲存及快速控制索引六萬六千個夾檔縮影軟片夾，最大容量可容納及處理四百五十萬張縮影軟片，亦就四百五十萬張普通文件。台灣地區人口資料，每人資料紀錄一張文件，任何一間普通辦公室，安置四個檔案櫃，即可容納全部一千八百萬份人口縮影資料，同時進行作業中，隨時提供人口動態資料。

　　　　㈡高速自動檢索：使用專為儲存夾檔縮影軟片夾，設計電控機械縮影軟片檔案櫃，內部裝配精確自動檢索裝置，憑藉文字與數字索引設計，透過終端機（Terminal）進行高速自動檢索，於十秒鐘內，檢獲所需夾檔縮影軟片夾，同時整個序列，如有發生錯檔，立可查證糾正。

　　　　㈢快捷夾裝軟片：縮影軟片經機器裁剪成單元，裝入夾檔縮影軟片夾橫欄夾檔層，利用閱讀裝填機（File-Reader-Filler）進行作業。從縮影捲片（Micro Roll Film），裁切成個別紀錄縮影資料單元，裝入軟片夾橫欄夾檔層，全由機械操作，不僅避免工作人員手指，直接觸及軟片，留存指紋、汗跡、污漬而損毀軟片外，而且夾裝進度快捷，每人每小時工作量，夾裝六百個橫欄夾檔層，或九千張縮影軟片。同時由於機械裝填作業，又可閱讀縮影軟片資料，更具有高度精確性，不致發生錯誤與索引錯亂現象。

㈣資料適時更新：夾檔縮影軟片儲存形式，依存檔政策與資料內容需要設計，保持適時更新。實質上，夾檔縮影軟片，係以單獨紀錄縮影資料內容爲單元，夾裝於軟片夾橫欄夾檔層內儲存，隨時更新動態資料，保持夾檔縮影軟片資料適時性與完整性功能，此夾檔縮影軟片儲存型態，最適合各行業具隨到隨辦，隨辦隨結性業務處理使用。

㈤永保軟片安全：夾檔縮影軟片，係夾裝於軟片夾橫欄夾檔層內，外受富有韌性，且薄而透明夾套永久保護，同時在軟片夾裝作業全部過程中，悉與外界空氣隔絕，故任何污跡均無法觸及軟片，因此縮影軟片資料，永遠不受損害，於複製或複印時，所拷貝副本或複印資料，效果與新軟片完全一致。由於軟片夾品質與設計精密，縮影軟片在橫欄夾檔層中位置穩定，而平時使用縮影資料，無論是拷貝、閱讀或複印必需移動軟片夾時，夾裝在橫欄夾檔層內軟片，亦決不會發生磨擦、傾倒或重叠等現象，以永保軟片安全。

㈥容量富伸縮性：夾檔縮影軟片，係以縮影軟片夾爲資料容量單元，而軟片夾橫欄夾檔層數量，端視夾裝軟片寬度，諸如十六糎（MM），三五糎（MM），予以調整與增減，少自一條，多至七條，且每條橫欄夾檔層容量，亦視軟片資料幅寬，夾裝軟片最少一幅，最多十七幅。夾裝方法，既可單獨夾裝一種寬度軟片，亦可混合夾裝數種不同寬度軟片，每個軟片夾，又可依軟片寬度，資料內容，檢索設計等需要，夾裝縮影軟片，最少一幅至最多一一四幅，縮影資料容量，富有極大伸縮性，且控制預留位置，亦非常方便。

㈦適合檢索設計：夾檔縮影軟片夾，上端留有半透明索引邊（Translucent indexing edge），用筆、打字機、印刷、蓋印或特製磁筆（Magnetic pen），以編製索引——文字或數字的代碼（Code）及符號（Characters），並利用各種特殊設計有顏色索引邊（Color co-

ding）和打槽邊（Notch coding）
軟片夾，依業務實際需要或軟片資
料性質，以設製適合於基本需求之
檢索系統，由於顏色及打槽位置不
同，將縮影資料依業務需求，分別
組成索引單元（Unit indexing），
既可增加資料索引精度、速度與容

量，同時於檢索作業時，亦不致發生錯誤與混亂現象。

　　㈧複製副本方便：夾檔縮影軟片，係以每個軟片夾為資料單元，
使用標準規格 4 吋× 6 吋，片狀縮影軟片（Micro sheet Film），複
製為固定形式的縮影單片副本（Microfiche Copy），供作處理靜態
資料（Inactive information），或作為安全檔案（Security File），
或用作業務上副本，對縮影資料儲存、運輸、流通等功用，極為經濟
而有效果。

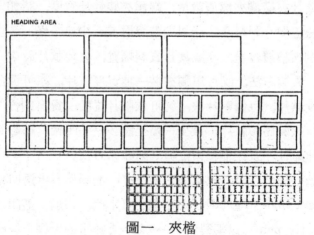

圖一　夾檔

　㈨資料成本低廉：夾檔縮影軟片，永不脫離中央存檔（ Central file ），以保持完整性存檔，尤其不會發生散失、錯置、外調等現象，於進行參考諮詢服務時，案櫃雙手所及之處，就是資料源泉所在。因此資料使用效率高，使用者於最短時間內，便能取得所需全份資料，故就經濟與效益分析，夾檔縮影軟片，所處理縮影資料越多，每天所需調用資料益多，則反應成本越輕，益顯夾檔縮影軟片，成本低廉而經濟有效。

四、夾檔縮影軟片處理程序圖：

夾檔縮影軟片系統作業流程圖

Microfiche jackets film system flow chart

輸　入　Input

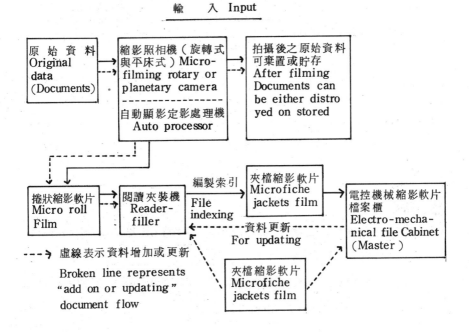

夾檔縮影軟片系統作業流程圖
Microfiche jackets film system flow chart

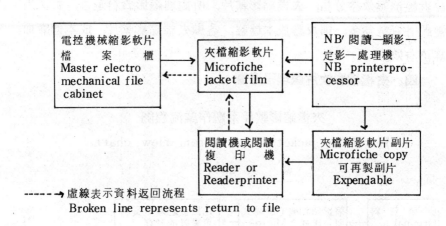

輸　出 Output

電控機械縮影軟片
檔　案　櫃
Master electro
mechanical file
cabinet

夾檔縮影軟片
Microfiche
jacket film

NB' 閱讀—顯影—
定影—處理機
NB printerpro-
cessor

閱讀機或閱讀
複　印　機
Reader or
Readerprinter

夾檔縮影軟片副片
Microfiche copy
可再製副片
Expendable

------→ 虛線表示資料返回流程
Broken line represents return to file

註　釋

註一　沈曾圻　顧敏　縮影技術學　民國 66 年　技術引介社印
　　　行　p 53-56.

註二　黃克東　縮影系統資料處理　民國 59 年　銘傳女子商業
　　　專科學校印行　p 32-40.

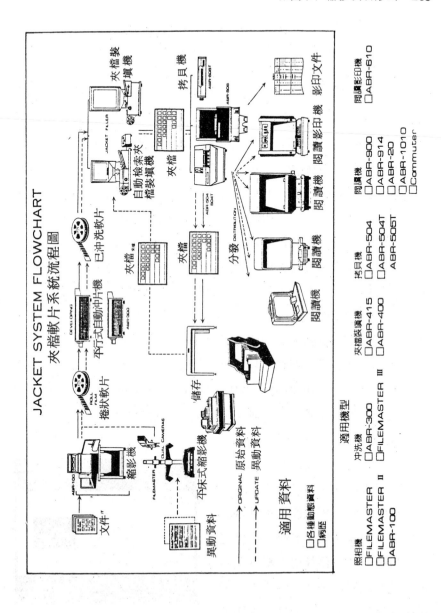

第四節　孔卡縮影資料

孔卡縮影軟片（Micro Aperture Card），係由電腦（Electronic Computer）及電腦輔助機器（Electronic Auxiliary Machine or Unitrecord Machine）普遍化發展，促進縮影軟片製作技術，以及縮影資料處理方法，形成新式縮影軟片體系。實際上，孔卡縮影軟片，係以IBM卡片爲紀錄資料的單元基礎，由電腦打孔卡片與縮影軟片兩種媒體結合組成，新的資料處理形態，而配合電腦或電腦輔助機器，進行輸入、驗孔、分類、複製、輸出等作業，尤其重要者，利用電腦以處理縮影資料索引，並透過打孔數碼而快速檢索，於極短時間內，輸出一份孔卡縮影軟片上全部紀錄。

　　一、標準規格：孔卡（Aperture Card），又名穿孔卡（Hollerith card），乃電腦系統中所用打孔卡片（Punched card），爲縮影軟片體系新儲存單元紀錄，且係廣泛使用的資料紀錄媒體，以美國國際商業機械公司（International Business Machines Corporation）所出品者，最負盛名，故俗稱IBM卡片，其標準規格：①

　　㈠長度：7 ¾英吋。

　　㈡高度：3 ¼英吋。

　　㈢厚度：0.007英吋。

　　㈣紙質：絕緣體，韌性高，不受溫度與濕度變化影響。亦就是說，IBM卡片，係採用高級紙質製成，爲絕緣體而韌性高的卡紙，能耐極大變化的溫度與濕度，而不會

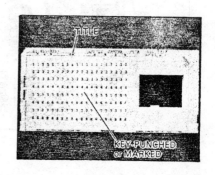

變形，故在電腦或電腦輔助機器內，操作處理時，不易發生故障。

　　二、**基本原理**：利用孔卡片紀錄資料，其原理非常簡單，係用打孔機（Card punch），按照原始資料內容，在卡片上特定的位置，依一定程序，打成長方形細小孔眼，於孔卡片上紀錄資料，當孔卡輸入電腦或電腦附屬裝置之各種讀卡裝置（Reading Devices），就於打孔位置進行通電，而未打孔地方，便無法通過電流的原理，完成機器讀卡紀錄資料，產生電衝（Electric Impulse）功能，以自動控制機器輸入（Input）作業，電腦輸出（Output）資料,亦由電腦或電腦附屬機器自動作業，使電衝變成打孔而紀錄在卡片上，或印成目視文字、數字或符號。

　　三、孔卡格式：通常 IBM孔卡片，分成八〇直欄（Vertical Columns），從左向右依次順序為1～80，每一直欄打1～3個小孔，以代表一個字母、數字或符號，80直欄即可代表八〇個字母、數字或符號。IBM孔卡片，又分十二橫行（Horizontal Rows），自上而下，各橫行編有0～9號碼。於12、11、0等三橫行，稱為主打孔位置（Zone Punching Positions），1～9橫行，稱為數字打孔位置（Digit Punching Positions），互相組合而成，以表示英文字母。每張

孔卡縮影軟片

IBM孔卡片上資料數量，端視使用欄行數量多寡來代表，通常一張 I
BM卡片，稱爲一個單元紀錄（A unit Rocord），由於資料係紀錄在
每張卡片直欄中，故被稱爲一個單元資料（A unit of information）。
唯實際上，在一張孔卡片上，紀錄一組以上資料，或一件資料，需要
一張以上孔卡片來紀錄，方能成爲一個完整而獨立的單元。

　就外形說，孔卡片上邊左角或右角，通常會被裁去一角，或被修
剪成圓邊角，有時爲九〇度直角，或靠十二行上面的邊印有顏色條帶，

圖一　手工式孔卡裝貼步驟

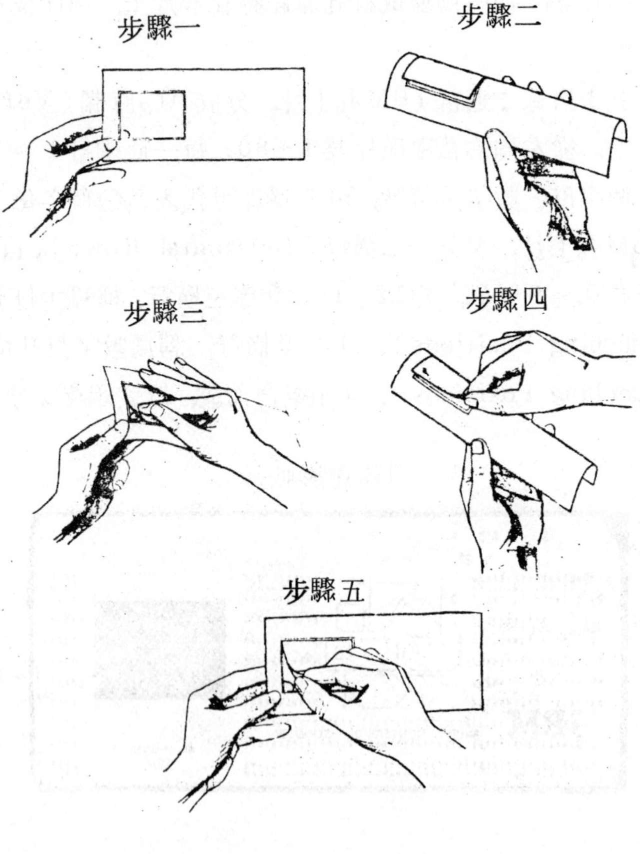

步驟一

步驟二

步驟三

步驟四

步驟五

圖二　製作孔卡的方法

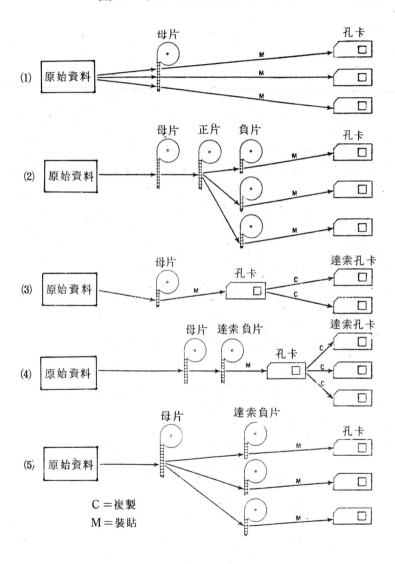

C＝複製
M＝裝貼

以利整理、識別或編製索引使用，並避免發生錯卡，倒卡等現象。

四、孔卡裝貼：孔卡縮影軟片製作，係採用打孔卡片（Punch card），裝貼縮影軟片位置，具有非常嚴密規格，以確保孔卡縮影品質，於檢索時，方不會發生操作上偏差，每份空白打孔卡片上，均有一層保護紙（Protective Sheet），加以保護縮影軟片裝貼位置，在裝貼縮影軟片時，才能取下保護紙，亦就是裝貼縮影軟片方法。手工式裝貼孔卡縮影軟片方式，係由角開始或由邊開始而進行作業。（圖一）

五、孔卡組合：孔卡縮影軟片，係用IBM孔卡片，以一幅（Frame）35糎（MM）軟片，或二幅16糎軟片，貼裝（Mount）或袋裝（Seal）在孔卡片上，通常貼用直列十六欄至二○欄，其餘各欄用打孔方式，紀錄各種資料而組合代表文字、數據或符號，供作是件資料索引，以利電腦檢索。惟孔卡縮影軟片，製作或複製方法，在基本上，因有各種不同過程，故使用材料亦異。但依實際需要數量，使用年限，以及成本效益等各項因素，愼重考量決定採用組合方式，乃最適宜而符合實際需求之製作方法。（圖二）

㈠原始資料，先直接攝製縮影母片（Negative），利用孔卡片裝貼組合而成。

㈡原始資料，先直接攝製縮影母片（Negative），再複製爲負片（Negative）副本，利用孔卡片，分別裝貼製成。

㈢原始資料，先直接攝製縮影母片（Negative），利用孔卡片裝貼組合而成。再由孔卡縮影軟片（Negative），複製重氮片（Diazo copy）副本，俗稱達索片複本。

㈣原始資料，先直接攝製縮影母片（Negative），複製重氮負片（Diazo Negative）副本，利用孔卡片分別裝貼組合而成。

㈤原始資料，先直接攝製縮影母片（Negative），複製重氮負片（Diazo Negative）副本，利用孔卡片裝貼組合製成，再由孔卡縮影軟片，複製重氮片（Diazo Copy）副本。

　　六、孔卡檢索：孔卡縮影軟片，僅貼用直列十二至二〇欄，餘末裝貼各欄，悉用代碼加以打孔處理，並送進多欄卡片選別機（Multi-Column Card Selector），經由光電判讀原理，進行卡片檢索，其方式：

　　㈠字鍵操作（Key-set）方式：孔卡檢索，係將選別機字鍵，按代碼操作指示方式，進行挑選作業。

　　㈡操作盤（Pin-Board）方式：孔卡檢索，係在選別機操作盤上，按代碼輸入不同鍵（Pin），以指示檢索進行。

　　㈢卡片程式儲存（Card Program Store）方式：孔卡檢索，係將1～4張卡片程式，置於資料卡片前，選別機即按程式中代碼，自動檢索，而指示所需查索孔卡片。

　　㈣旋轉開關式（Rotary-Switch）方式：孔卡檢索，係將操作盤排列之旋轉開關，轉至代碼位置，而給予檢索指示。

　　綜觀上述卡片選擇（Selecting）方法，以卡片程式儲存方式，最富自動化功能，並按機器不同，隨時修正檢索方式。而孔卡縮影軟片檢索，通常一次裝置二千張孔卡片，若容量超過時，必需分段進行選卡追蹤作業，雖係分段作業，但以光電判讀方式選卡，檢索速度亦非常快捷。

　　七、孔卡縮影軟片功能：孔卡縮影軟片，除具備一般縮影軟片特性外，同時更具有許多獨特功能：[2]

　　㈠按照索引排列儲存：孔卡（IBM）片，大都使用分類系統編製索引，利用打孔代碼原理進行，而孔卡縮影軟片，按照分類方式儲存，已爲可行方法，利用機械分類完成。即可用人工程序，選取卡片，以供檢索。

　　㈡複製副本快捷簡便：孔卡縮影軟片，除具有複製設備外，孔卡軟片複製副本，顯得快捷簡便，於極短時間內，約十秒鐘，即可複製（拷貝）孔卡縮影軟片副本乙張。

　　㈢轉換各種資料韌性：孔卡縮影軟片，深富轉換成各種資料韌性與潛力，依實際使用需要，分別透過各項製作方法，轉換成各種縮影資料或目視文件。

　　㈣換製磁性紀錄資料：孔卡縮影軟片，使用磁筆（Magntic pen），將孔卡作成磁卡（Mark Sensed Card）紀錄資料，利用光磁讀卡機（Optical Mark-Scoring Reader）或複製打孔機（Reproducing Punch）進行作業。全部資料處理，隨到隨辦，隨辦隨結，並配合電腦達成全自動化作業，提高檢索效率。

孔卡縮影資料

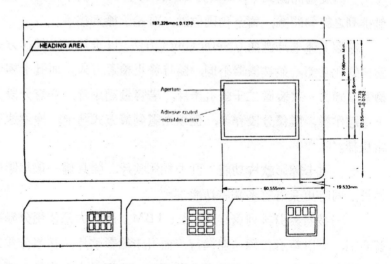

㈤保持資料儲存彈性：孔卡縮影軟片，各張獨立儲存，適合保持動態資料（Dynamic information），隨時增減或更新，俾使資料經常維持精確性與時效性。

㈥資料處理富伸縮性：孔卡縮影軟片，儲存數量較少時，採用人工於 IBM 卡片上書寫索引，或利用普通檔案櫃儲存，若數量較大時，配合電腦處理索引與檢索，各公私機構團體，衡量業務性質、資料數量、作業繁簡，並視財力、人力、採取適宜方式，立即進行作業。

㈦具備多形態經濟性：孔卡縮影軟片，依實際需要設計，採行人工操作或機械操作方式，若大型資料體系，採用直接遞送系統，進行電腦作業，不僅成本低廉，而且發揮自動檢索功能。

綜觀孔卡縮影軟片，通常以人工處理與檢索，唯大型資料體系，亦可採用機械操作，更能發揮高速檢索效率。並適合於工程圖及大幅文獻資料，檢索追踪使用。由於孔卡縮影軟片，需要儲存空間較大，同時缺乏儲存完整性，而且容易錯檔（Misfile），致未受各界重視而普遍使用。

七、孔卡縮影處理程序圖：（見次頁）

註　釋

註一　沈曾圻　顧敏　縮影技術學　民國 66 年　技術引介社印
　　　行　p 45-51.

註二　黃克東　縮影系統資料處理　民國 59 年　銘傳女子商業
　　　專科學校印行　p 41-47.

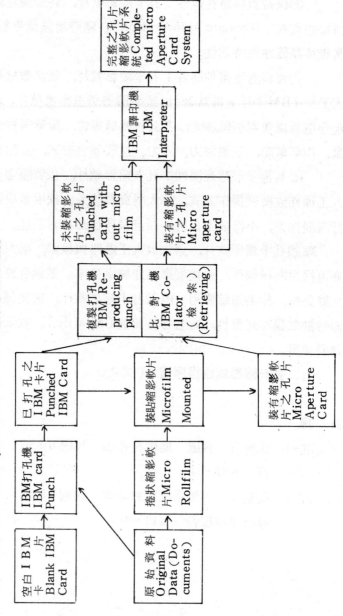

孔卡縮影軟片系統作業流程圖

Micro Aperture Card System Flow Chart

圖 A

使用電腦附屬機器作業：

With Electronic Auxiliary Machines or Unit Record Machines

圖B

使用電子計算機（電腦）作業：

With Computer：

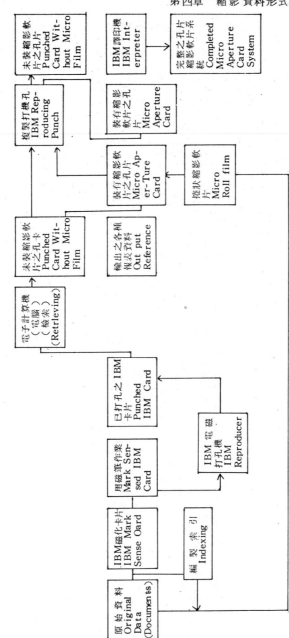

圖C　使用裝有縮影軟片之孔卡作業

Aperture Card Mounted With Microfilm

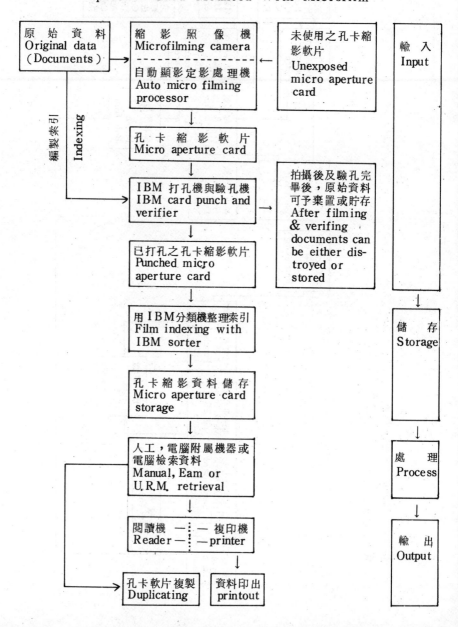

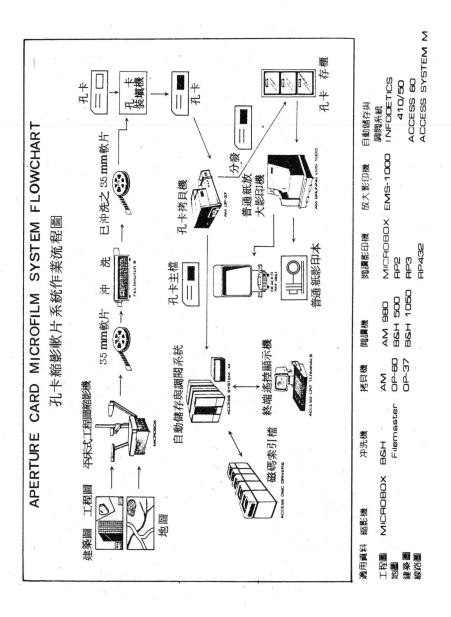

APERTURE CARD MICROFILM SYSTEM FLOW CHART
孔卡縮影軟片系統作業流程圖

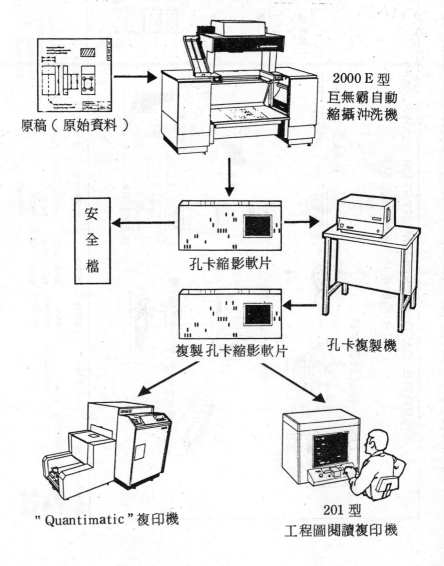

原稿（原始資料）

2000 E 型
巨無霸自動
縮攝沖洗機

安全檔

孔卡縮影軟片

孔卡複製機

複製孔卡縮影軟片

"Quantimatic"複印機

201 型
工程圖閱讀複印機

第五節　片狀縮影資料

片狀縮影軟片（Micro Fiche Film），簡稱縮影單片（Microfiche），係德國葛柏（Dr Goebel）博士，於一九三九年創始，幾經演進發展，終自一九六〇年代正式生產使用，目前縮影單片，由於本身具有各種優點，乃備受各界愛用的縮影資料媒體，且在縮影技術中，深受重視而佔有重要地位，頗有迎頭趕上，並脫穎超越趨勢。

　一、**基本規格**：縮影單片，係透明性質片狀軟片，每張平版狀軟片中，含有無數幅（Frame）縮影影像，影像組織方法，係從左到右，自上而下，分欄分行，成爲規律化方形格子狀分佈排列。國際標準尺寸，寬四英吋，長六英吋（105×148 公分），亦就是 4 吋×6 吋的基本規格，使用十八倍至二〇倍縮率，攝錄 8½吋×11 吋的文件資料，容量最高達六〇張。

　縮影單片的檢索，係單片上方，留有各種寬度的索引邊，於索引邊上，可用文字、數字或符號，編製以目視索引號碼、文件主旨、資料來源、作者姓名及有關資料索引。就軟片使用說，縮影單片又分正片與負片兩種，正片（Positive Image）係透明底黑影像（白底黑字），適合複製副本與閱讀使用。負片（Negative Image）爲黑底透明影像（黑底白字），專供複印目視文件（Hard Copy）需用。故以片狀縮影軟片爲儲存型態的公私機構，同時製作正負二種單片，分別供給閱讀複印用。①

　二、**單片類型**：片狀縮影軟片，國際標準規格 4 吋×6 吋，惟亦有使用其他尺寸，以下列數種縮影單片，最普遍化使用。②

　㈠COSATI 縮影單片：美國總統科學技術資料委員會（Pr-

essident's Committee on Scientific and Technical Information)
倡議，並爲聯合國及美國官方正式承認使用標準化格式，每張單片容
納六〇頁原始縮影資料，分五排十二欄儲存，以二〇倍縮率攝製而成。
單片尺寸爲4吋×6吋，美國國家技術資料服務處（NTIS），國防
文獻中心（DDC）、教育資源訊息中心（ERIC）等單位，均採用此
標準規格。

　　㈡NMA縮影單片：美國國家縮影協會（National Microfilm
Association）所推行標準規格，單片尺寸爲4吋×6吋，每張軟片攝
錄九十八幅影像資料，分七排十四欄儲存，以二十四倍縮率攝製，目
前在商業性用途上極爲普遍使用。

　　㈢COM縮影單片：係由電腦輸出孔姆式縮影單片，目前尚無一
定標準規格，唯配合孔姆設備，以二十四倍及四十二倍兩種縮率規格，
最爲普遍使用，其中四十二倍率縮影單片，攝錄原始文件資料二二四
頁，由於電腦輸出部份，所用紙張規格不同，計有8½吋×11吋及
15吋×12吋等兩種尺寸紙張，故縮影單片規格，亦深受影縮，自不
待言。

　　㈣EB縮影單片：係由大英百科全書（Encyclopaedia Brita-
nnica）所採用與傳佈者，其特點係利用3吋×5吋縮影軟片，以取
代目前最通用尺寸4吋×6吋形狀，並使用五五倍至九〇倍之不同縮
率，攝錄原始文件或資料四百至一千頁，以達到「一件文獻，一張單
片」要求，許多圖書出版業者，正考慮利用此種規格發行縮影本。

　　㈤NCR超級縮影單片：美國國民收銀機公司（National Ca-
shier Registrar）研製成功，係利用鉻化微粒攝影（PCMI）技術，
將一系列圖書資料，攝製於4吋×6吋縮影單片上，以一〇〇倍至一
五〇倍縮率，在二英吋正方單片內，攝錄三千二百四十五頁原始資料

（全部聖經文字），依然字跡清晰，這種驚人發展，雖引起爭議，並待推廣使用，唯終必爲圖書館與資訊單位所重視。

　　超級縮影單片（Ultra-fiche），乃近年來最新發展改進精製品，使用一〇〇倍至四〇〇倍縮率，若以一五〇倍縮率，攝製 8½吋×11吋，大尺寸原始文件，全片八〇欄，每欄四一行，共容納三千二百八〇幅（Frame）。最簡單攝製方法，係先將原始文件攝成三五粍（MM）縮影軟片，然後將三五粍底片，進行再縮影作業，而煉製成特高密度超級縮影單片，由於攝製技術精細，製作成本昂貴，唯複製品價格便宜，目前尚未普遍使用，但在科技日新月異的時代中，超級縮影單片，發展用途仍屬必然趨勢。

　　㈥Tab-Card 縮影單片：這種形式縮影單片，現正爲航空工業協會與航空公司等單位使用，其外形尺寸，類似普通電腦打孔卡片一樣。

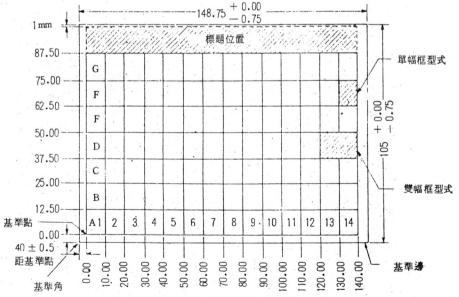

註：1.除非另有註明，所有尺寸均爲厘米（mm）。
　　2.此圖上所示之格子線在片狀縮影片上並不出現。
　　3.最下層A列的底邊與基準邊平行。
　　4.本圖顯示縮影片的排列情形是以標題在上，且爲正讀者。
　　5.左下角距基準點的公差範圍是±0.5mm。

以四十二倍率縮攝二〇八幅影像的規格

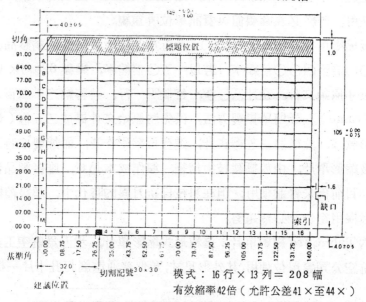

模式：16 行 × 13 列 ＝ 208 幅

有效縮率 42 倍（允許公差 41× 至 44×）

以四十八倍率縮攝二七〇幅影像的規格

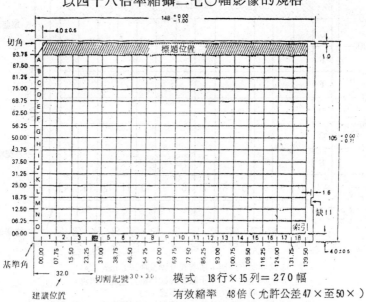

模式　18 行 × 15 列 ＝ 270 幅

有效縮率　48 倍（允許公差 47× 至 50×）

此外尚有縮減爲四十二倍者，茲一併列表如下：

標準原件高廣	縮減倍數	欄數	行數	片　幅　數	
				原件8 ½× 11″	原件11 × 14″
8 ½× 11″	24	14	7	98	49*
11 × 14″	24	9	7	63	63
8 ½× 11″	42	25	13	325	156*
11 × 14″	42	16	13	208	208
8 ½× 11″	48	28	15	420	210*
11 × 14″	48	18	15	270	270

* 每幅攝印佔用兩幅面積

縮減二十四倍之單片形式

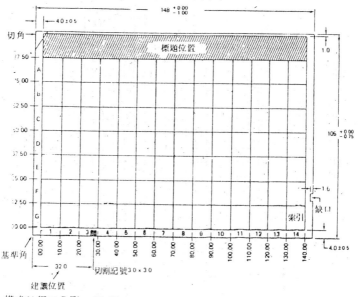

模式14行× 7 列= 98 幅

有效縮率24倍（允許公差爲23×至25.5 ×）

圖中尺寸均爲糎，幅框格綫並不出現於ＣＯＭ單片上。本圖所顯示之
缺口及切角方向，爲單片藥膜面向讀者。

縮減四十八倍之單片形

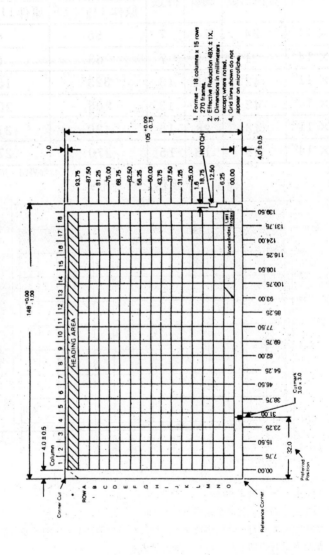

超縮影單片

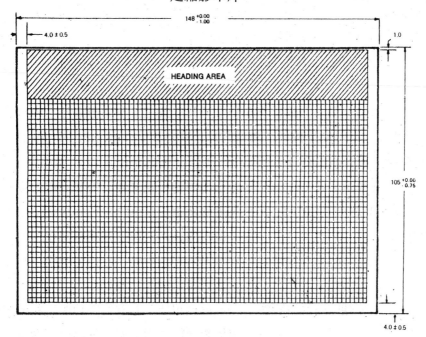

三、製作程序：片狀縮影軟片攝製方法，除使用單片縮影機（Step-Repeat Microfiche Camera），直接進行縮影作業外，亦可間接以十六糎（MM）或三五糎縮影捲片，裁剪裝製成夾檔縮影軟片形式，再拷貝副本，亦就是片狀縮影軟片儲存型態，以供閱讀與傳播使用。③

㈠縮影單片（Micro-Fiche）：又稱片狀縮影母片（Master Negative），係使用片狀軟片縮影機，直接將原始文件或資料攝製而成。

㈡複製單片（Distribution Fiche）：複製單片副本，在基本上，由於使用軟片不同，故拷貝副本亦異，但在閱讀使用上，極為方便。

1. 原始資料，先攝製片狀縮影母片（Master Negative），再複製副本負片（Negative），以供生產（複製及複印）使用。

2. 原始資料，先攝製片狀縮影母片（Master Negative），複製副本負片（Negative），再複製副本正片（Positive），以供閱讀使用。

3. 原始資料，先攝製十六糎（MM）或三五糎縮影捲片（Micro-Roll），利用裝片機製作夾檔軟片（Micro Jacket）形式，再由夾檔軟片，複製副本正片（Positive），以供閱讀使用。

㈢複印文件（Hard Copy）：俗稱目視文件，係利用放大複印機（Enlarger-Printer），或閱讀複印機（Reader-Printer），由複製副本負片（Negative），放大複印而成。採按鈕方式自動化作業，複印速度，每小時五千張，平均每張只需五秒鐘。目視文件標準尺寸，$8\frac{1}{2}$吋×11 吋。

四、片狀縮影軟片特性：由於縮影單片，具有獨特功能，在近年來縮影軟片型態中，發展最快速縮影資料傳播媒體。依美國國會圖書館（Library of Congress），於一九七二至一九七三年度中，縮影資料儲藏統計顯示，縮影單片增加十二萬三千六百七十五張，係全部縮影資料中，增加率最高的一種軟片媒體。[4]

㈠縮影單片，以每張單片為資料處理單元，諸如畢業論文，研究報告、調查資料、小冊子文件等，均可分別攝錄在一張縮影單片中儲存使用。

㈡縮影單片，抬頭編有目視辨識索引，同類縮影資料，全部攝錄於同一縮影單片上，查閱片頭鑑識索引資料，卽可檢獲所有同類資料，有利資料檢索。

㈢縮影單片，體積輕巧，易於携帶及郵遞，且運費較低，有助於資料流通, 諸如國際交換, 館際互借, 以促進文化交流合作。

㈣縮影單片, 攝製成本低廉, 以單片為處理新資單元, 陳舊而不適用資料, 隨時更新, 適時追加、刪除, 以維持縮影資料存檔永新。

㈤縮影單片, 儲存與索引, 視業務實際發展需要, 可隨時增減, 而保持彈性擴充, 並配合自動化檢索系統使用, 以發揮縮影單片高度功效。

㈥縮影單片, 複製作業簡便, 副本端視業務需要, 建立縮影資料分支儲存系統, 以策安全。兼以縮影單片, 攝製或複製作業快速, 且價格便宜, 有益資料流傳使用。

㈦縮影單片, 採用整套縮影資料, 作活頁儲存時, 可供數人同時閱讀使用, 比較捲狀、匣式、卡式縮影軟片儲存型態, 於使用時, 更能發揮高效功能。

㈧縮影單片, 每一單片容納五〇至六〇張, 原始文件的縮影資料, 若以乙本一千頁圖書, 攝製縮影單片, 僅需要十五張單片而已, 與普通傳統式圖書典藏方法, 節省儲存空間高達 97 %。

五、片狀縮影軟片處理程序圖:（見次頁）

註　釋

註一　黃克東　縮影系統資料處理　民國59年　銘傳女子商業
　　　專科學校印行　p 47-50.

註二　沈曾圻　顧敏　縮影技術學　民國65年　技術引介社印
　　　行　p 41-42.

註三　同註一　p 51-52.

註四　同註一　p 52-54.

片狀縮影軟片系統作業流程圖
Flow Chart Of A Typical Microfiche System In Operation

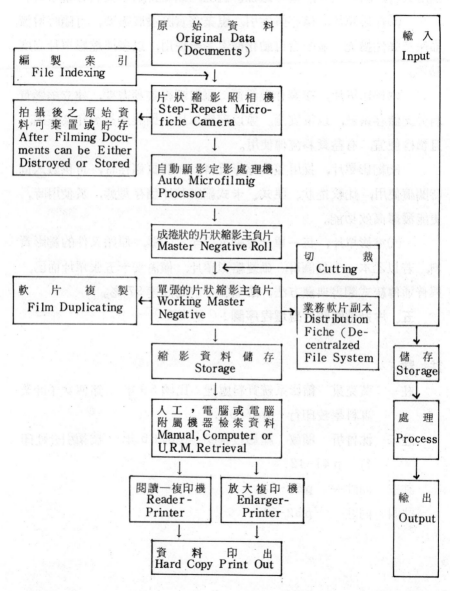

片狀縮影軟片系統作業流程圖

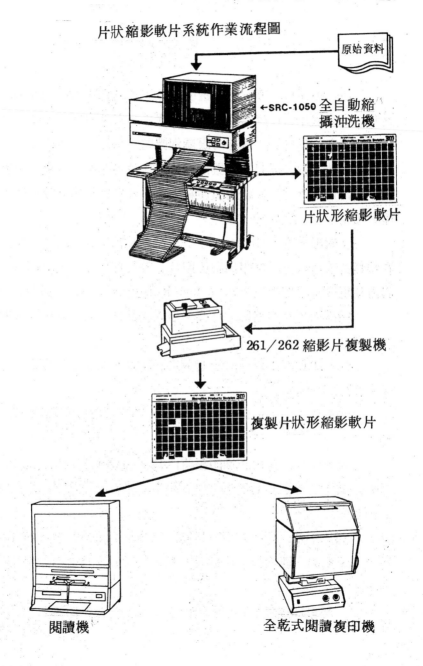

原始資料

←SRC-1050 全自動縮攝沖洗機

片狀形縮影軟片

261／262 縮影片複製機

複製片狀形縮影軟片

閱讀機

全乾式閱讀複印機

第六節　其他縮影資料

其他縮影資料，亦就是非透明性縮影資料（Micro-opague），與透明性縮影軟片儲存媒體迥異，其結構係利用沖印紙或卡紙，將縮影資料密集印刷製成。並附有肉眼識別標題，低縮率非透明性縮影資料，利用普通放大鏡卽可閱讀，雖然效果非像使用閱讀機清晰，但閱讀資料方便，自不待言，而非透明性縮影資料，儲存形式計分縮影卡片、縮影印刷片，縮影紙帶三種。①

一、**縮影卡片**（Micocard）：係將攝製縮影資料，以密集方式，在特製的卡片紙上，複印出縮影照片。於製作母片（Negative）時，必需使用單片式縮影機（Step and Repeat Camara）攝製。

㈠標準規格：縮影卡片標準形式，計分 3 吋× 5 吋及 4 吋× 6 吋二種。

㈡縮印比率：自原件十七分之一，以至原件二三分之一（17：1 — 23：1 ）。

㈢製作方法：縮影卡片基本組合，計分單面印製與雙面印製二種：

1.縮影卡片，採用單面印製時，頂端係以普通字體印出文件目錄資料，其下容有資料七〇幅，厚度較小，存置卡片盒內，每英吋容納八十五張。

2.縮影卡片，採用雙面印製時，只在一面頂端印有目錄資料，兩面共容有資料一四〇幅，由於厚度較大，存置卡片盒內，每英吋僅能容納六十五張。

二、**縮影印刷片**（Microprint）：乃讀者縮影印刷公司（Reader

Microprint）特殊成品，係以高度精密鋼版印刷方式，將攝製縮影資料，複印在特製的卡片紙上而成。

　　㈠標準規格：縮影印刷片標準形式：6吋×9吋。

　　㈡縮印比率：原文件攝印縮減倍數，大致與縮影卡片相似，只是所印製文件，以報紙、期刊、絕版書爲主。如目前國內聯合報、經濟日報、中央日報，均將對開報紙，以八開（8K）發行縮影版。

　　㈢製作方法：縮影印刷片，頂端亦有用普通字體印出文件目錄資料，以利檢索。

　　三、縮影紙帶（Micro-tape）：係將縮影資料，以連續密集方式，在特製的成捲沖印紙帶上，複印出縮影紙帶，亦就是縮影照片，類似電報輸入帶。

　　㈠標準規格：縮影紙帶，原係捲狀沖印紙帶，按幅剪裁貼在3吋×5吋，普通用卡片上。

　　㈡製作方法：特製沖印紙捲帶塗有背膠，類似書背標籤，按幅自行剪下，依實際需要或特別規定，分類貼在普通用3吋×5吋卡片上，每張卡片容納資料四〇幅。

註　釋

　　註一　方同生　非書資料管理　民國65年　弘道文化公司印行
　　　　　p 276.

第五章　縮影圖書資料管理

　　圖書館乃係蒐集（採訪）、組織（分類）、整理（編目）、保藏（典藏）和利用（閱覽）文獻資料之機構。由此知證，現代圖書館功能，並非昔時藏書樓閣，只供極少數貴族消遣，已進而以館藏全部圖書資料，文化資源，公開陳列給予社會大衆使用。亦就是說，圖書館已由靜態藏書樓閣，演變成動態探求知識及休閒活動中心。並由消極而被動地等待讀者來館借閱，演化爲積極展開多元性社教活動，主動地提供廣角度讀者服務。

　　科學技術，日新月異，傳播知識新資料，與時俱增，圖書館空間相對縮小，由於圖書資料急劇生長，非但庋藏問題叢生，而且安全維護，快速流通，靈活運用，更感困難。故圖書館所藏文獻資料，採行縮影化管理，不僅是最經濟有效管理方法，同時更能充份發揮最大功能。

　　著者任職圖書館十載，曾擔任圖書分類編目工作，以及參考諮詢服務，並負責規劃圖書館縮影資料管理事宜。尤以近數年來，於參考諮詢與讀者服務中，屢有文教機構、公務機關、民營企業、金融財經等單位，委託製作或檢驗縮影軟片，暨諮詢查問有關縮影資料管理、規劃、作業等問題。深切體認國內縮影事業發展趨勢，於圖書館中建立縮影資訊管理體系，僅提個人實際工作經驗，以供參考。

第一節　圖書館縮影作業概況

　　吾國政府機關暨民間機構，採用資料縮影作業，歷時僅有十餘年，且使用單位亦欠普及，唯眞正以圖書資料與史籍文獻，進行縮影作業者，寥寥無幾，亦僅有黨史會、國史館、省文獻會、蒙藏委員會、中央圖書館暨台灣分館，政大社會科學資料中心等單位，其中在圖書館界，以中央圖書館最具規模，特卽該館縮影作業概況，略加說明，以供參考。①

　　一、沿革宗旨：該館縮影室，於民國五十六年成立，草創伊始，所需設備與人員，均無預算支援，作業無從開展，嗣經諸方奔走設法，始蒙亞洲學會資助，暨美國哥倫比亞大學貸款，購置縮影機及沖片機，開始作業。然以財力有限，館藏善本圖書無法迅速全部攝製，特於民國六十二年七月，擬具計劃，呈奉教育部核准，自民國六十四年度，始分五年編列預算，已在民國六十七年十二月，完成縮影作業計劃。其主要宗旨，係攝製館藏善本圖書及重要文獻，並應讀者或有關單位請求爲其服務，代攝其他微捲縮影資料。

　　二、作業程序：該館善本圖書微捲製作程序，計分攝製、沖洗、檢驗、複製（正片）、整理、標簽、編目、儲存等八項程序，企謀高度分工及密切配合，對縮影工作人員，除訂有標準工時、標準工作量外，且訂有超額生產獎金，計件計時論資辦法，以激勵自動自發精神，而達預定進度，完成生產目標。

　　三、服務方式：該館除自行攝製作業外，並適應讀者及國內外各機關團體需要，提供各項縮影服務。

　　㈠購製：期便利學者及國內各機關團體，申購館藏縮影圖書資料，或複製縮影微捲，特訂申請辦法。

　　㈡交換：爲加强與國外學術機構及個人圖書交換工作，訂有該館藏書縮影膠片正片交換出版品辦法。

　　㈢閱讀：該館適應讀者需要，便利縮影資料閱讀複印，於民國六十八年，新增購機械器材，提供閱讀複印服務。

　　四、縮影計劃：該館除已完成善本圖書攝製計劃外，今後縮影計劃，以下列三個方向發展。

　　㈠自民國六十八年七月開始，正式拍攝三五糎（ＭＭ）彩色微捲，現已完成者計有：金石昆蟲草木狀、十竹齋畫譜、太古遺音、金剛經、花草略畫等五種。

　　㈡該館除特藏善本圖書外，另有歷代墓誌、輿圖及報紙等資料，擬攝製縮影微片，已於民國六十八年三月，呈教育部核備，並奉准列入七〇會計年度辦理，預定十五個月完成。

　　㈢該館並計劃將館藏現行期刊，報紙及各公報，以及其他重要文獻，全部攝成縮影膠片，以利保管流傳，達成傳播文化使命。

　　五、附錄資料：

　　㈠附錄一：國立中央圖書館館藏圖書資料縮影及複製微捲申請辦法

　　㈡附錄二：國立中央圖書館藏書縮影膠片正片交換出版品辦法

　　㈢附錄三：國立中央圖書館善本書縮影化作業程序圖

　　㈣附錄四：國立中央圖書館善本書縮影微捲統計表

　　㈤附錄五：國立中央圖書館善本圖書微捲分類表

註　釋

　　註一　國立中央圖書館縮影業務概況（油印本）

附錄一

國立中央圖書館館藏圖書資料縮影及複製微捲申請辦法

六十七年三月廿七日第一次館務會議通過實施

一、本館為便利讀者及國內各機關團體申請縮影館藏圖書資料或複製縮影微捲，特訂定本辦法。

二、本館現存可供閱讀資料均可申請攝製微捲；惟善本圖書或特殊資料須經核准，始可攝製。

三、申請縮影及複製手續如下：

　1. 申請人向本館交換處辦理手續，填寫申請表。

　2. 申請表填妥後，由交換處會請本館保管資料單位（閱覽組、特藏組、期刊股、官書股等）簽註意見並檢出資料。

　3. 交換處依據檢出之資料及申請表核計應繳費用，並通知申請人約期取件。

　4. 申請人接到通知後，應繳全部費用之半數，餘款於取件時一次繳清。

　5. 國內外機關、學校可憑公函辦理申請手續並一次繳款。

四、縮影及複製工本費（單位新台幣）如下：

　㈠縮影：

　　1. 縮影微捲：每張二元五角（包含正負片，但負片必須留存本館）

　　2. 片頭費：每捲二十元（不足一捲者以一捲計）。

　㈡複製微捲：

　　1. 複製正片每張一元五角，另加片頭、軸及包裝費，如前項。

　　2. 國外機構直接申請複製各種目錄全部善本圖書縮影微捲者九折計。

　　3. 代銷機構複製各種目錄全部縮影微捲者以八五折計，同時申請五套以上者八折計。複製部分縮影微捲者九五折計。

㈢委託攝製複製縮影微捲工本費價目：

1. 縮製：負片每張收費一元五角；正片每張一元二角；同時攝製正負片者以二元五角計算。

2. 人工費：如需加班趕製者，普通圖書每捲（以七百頁計）六十元；報紙及較難攝製之資料每捲七十元。

3. 片軸及包裝費：每件二十元（不需要片軸及包裝者免收）。

五、館藏圖書資料縮影微捲，非經本館同意，不得複製或出版。

六、本辦法經館務會議通過後實施。

附錄二

國立中央圖書館之藏書縮影膠片正片交換出版品辦法

一、國立中央圖書館（以下簡稱本館）為加强與國外學術機構及個人圖書交換工作，特訂定本辦法。

二、凡國外學人、學術機構或大學圖書館有最新出版品，均可就本館攝製之藏書縮影膠片正片作等值交換。

三、如無適當出版品可資交換，而需用本館藏書縮影膠片者。可依訂價直接向本館函購。

四、凡經交換或購買本館藏書之縮影膠片。規定僅供研究之用，非經本館同意，并依本館申請影印及攝製管理辦法辦理者，不得影印出版。

五、本辦法如有未盡事宜，得隨時修訂之。

附錄三

國立中央圖書館善本書縮影化作業程序圖

攝前預編　→　提書　→　攝製（捲狀系統）　→　沖片　→　檢驗　→　合格　→　還書　→　複製　→　儲存與閱覽

否

正片　→　特藏組

API拷貝機二台　→　國內外訂單　交換處

1 MRD1 縮影機
2 MRD2 縮影機二台
3 MRD2E 縮影機
4. FUJI S型縮影機

DVR沖片機 二台

1 考訂編目
2 編訂號次
3 修補冊頁
4 製作索引
5 其他（版權書）

特　藏　組

附錄四

國立中央圖書館善本書縮影啟捲統計表

年度	攝製	沖片	檢驗	典藏	備註
六十三	459部 312,950張	459部 312,950張	459部 312,950張	459部 312,950張	一、二號目錄
六十四	717部 350,943張	717部 350,943張	717部 350,943張	717部 350,943張	三、四、五號目錄
六十五	6002部 3,090,558張	6002部 3,090,558張	453部 125,551張	453部 125,551張	六、七號目錄 八號目錄待編
六十六	3083部 1,097,813張	3083部 1,097,813張	8632部 4,062,820張	8632部 4,062,820張	八號目錄 九號目錄待編
六十七 (元~十二)	2844部 1,607,912張	2844部 1,607,912張	2844部 1,607,912張	2844部 1,607,912張	已攝製二十一號目錄
總計	13,105 6,460,175張	13,105 6,460,175張	13,105 6,460,175張	13,105 6,460,175張	已出版1-9號目錄 已儲存12,213捲

附錄五

國立中央圖書館善本圖書微捲分類表

經部　　00001 ········ 01283

　　易　類　00001 ········ 00152

　　書　類　00153 ········ 00227

　　詩　類　00228 ········ 00334

　　禮　類　00335 ········ 00515

　　　　　周禮之屬　　00335 ········ 00379

　　　　　儀禮之屬　　00380 ········ 00406

　　　　　禮記之屬　　00407 ········ 00451

　　　　　大戴禮之屬　　00452 ········ 00458

　　　　　三禮總義之屬　　00459 ········ 00466

　　　　　通禮之屬　　00467 ········ 00483

　　　　　雜禮俗之屬　　00484 ········ 00515

　　春秋類　00516 ········ 00697

　　　　　經之屬　　00516 ········ 00572

　　　　　左傳之屬　　00573 ········ 00647

　　　　　公羊傳之屬　　00648 ········ 00667

　　　　　穀梁傳之屬　　00668 ········ 00674

　　　　　總義之屬　　00675 ········ 00695

　　　　　彙編之屬　　00696 ········ 00697

　　孝經類　00698 ········ 00716

　　樂　類　00717 ········ 00741

　　四書類　00742 ········ 00850

　　　　　論語之屬　　00742 ········ 00760

　　　　　孟子之屬　　00761 ········ 00772

地理類　03174 ……… 04158

　　　　總志之屬　03174 ……… 03242

　　　　都會郡縣之屬　03243 ……… 03771

　　　　邊防之屬　03772 ……… 03808

　　　　專志之屬　03809 ……… 03872

　　　　山水之屬　03873 ……… 04016

　　　　遊記之屬　04017 ……… 04039

　　　　雜記之屬　04040 ……… 04117

　　　　外紀之屬　04118 ……… 04158

輿圖類　04159 ……… 04444

　　　　寰宇之屬　04159 ……… 04159

　　　　總志之屬　04160 ……… 04177

　　　　通志之屬　04178 ……… 04224

　　　　府縣都會之屬　04225 ……… 04318

　　　　驛站之屬　04319 ……… 04329

　　　　宮殿之屬　04330 ……… 04336

　　　　邊防之屬　04337 ……… 04369

　　　　海防之屬　04370 ……… 04379

　　　　河流之屬　04380 ……… 04408

　　　　水利之屬　04409 ……… 04423

　　　　軍事之屬　04424 ……… 04444

政書類　04445 ……… 04965

　　　　通制之屬　04445 ……… 04532

　　　　典禮之屬　04533 ……… 04586

　　　　邦計之屬　04587 ……… 04619

　　　　軍政之屬　04620 ……… 04628

　　　　法令奏議之屬　04629 ……… 04881

　　　　工商之屬　04882 ……… 04892

第二節　圖書館縮影作業規劃

　　圖書資料、史籍文獻，係先賢智慧經驗結晶，乃學術研究不可或缺資源。圖書館蒐集圖書資料，提供公眾閱讀，以及學術研究參考。惟傳統式圖書資料的管理與流通，費時費力，且常由人為因素或管理不善，造成無謂的錯誤與損失。因此，圖書館圖書資料管理的改進創新，為業務實際需要與科技發展趨勢，採行縮影化管理，係最經濟有效的嶄新方法。茲即圖書館籌創縮影資料室，在行政及管理上，必須事前考慮的問題，諸如創設目的、決策方針、作業規劃、任務分配、場地設置等要素，分別說明，以供參考。

　　一、創設目的：圖書館縮影資料室設置，旨在充分發揮縮影資料使用功能，在基本原則上，必須根據目前實際需要，暨未來發展趨勢，以謀求增進工作高度效率。

　　㈠解決目前實際問題：必須深切瞭解館藏圖書資料，所產生的空間、管理、調閱、維護等問題。

　　1.空間問題：館藏圖書資料數量龐大，且急劇增長，儲藏空間不敷使用，根本解決之道，乃設置縮影資料室，採行縮影作業。

　　2.管理問題：圖書資料種類繁多，形式複雜，就性質言，分圖書、報紙、期刊，以形式分，線裝、精裝、平裝，且尺寸大小不一，在儲藏管理上，深感不便，自不待言，為保持圖書資料的完整性，而不致散失，設置縮影作業，係最經濟有效方法。

　　3.調閱問題：圖書資料最大功能，乃靈活運用，快速地提供讀者閱讀與學者參考，唯事實上，圖書資料或因空間狹小，分地儲藏管理，當即影響圖書資料快捷流通，讀者借閱，殊感困難與不便。

4.維護問題：傳統式紙質印刷的圖書資料，庋藏使用年久，必有破損、水漬、蟲蛀等現象，損失無法估計與彌補，同時維護困難，而且費事、費財、費力。

㈡預測未來發展趨勢：綜觀當前各國圖書館發展趨勢，於資料膨脹危機中，圖書館應如何改善儲藏環境，而作有效管理，暨充分發揮圖書資料功能，並配合圖書館自動化，輸入縮影檢索系統，快速提供讀者服務，事事必需預先籌謀，以根除未來問題發生。

㈢增進作業高度效率：評鑑現行制度，如有先天條件不足，或因後天人為因素缺失，必產生低效率的後遺症，於謀求有效解決目前實際困難，預測未來發展需要，更能增進作業高度效率。在管理學上涵義，就是以最少人力，最有限經費，來做最多工作，最有效事情。質言之，圖書館採用縮影化資料管理，就是最根本的解救途徑。

二、決策方針：圖書館採行縮影化資料管理，在經營政策上，可從國家建設，學術研究、業務需要、管理效率、技術服務等各方面，以作決策參考的要件。

㈠配合文化建設方案：圖書館負有蒐藏、維護文化資源、文物遺產、史蹟資料等重大使命。如何有效使縮影化管理方法，維護文化資源的安全，以及蒐集流失國外的文獻資料，就是圖書館設置縮影資料室，最重要的任務。

㈡適應學術研究企求：圖書館縮影資料室經營方針，不僅要配合文化建設方案，更必須符合學術研究及社會各界人士企求，促進學術研究風尚，改善社會習慣，變化國民氣質，唯有達成目的，才是正確的經營目標。

㈢預估實際業務需要：圖書館採行縮影作業，宜就目前狀況與未來計劃，詳加比較分析，亦就是必須兼顧現行制度，並預估未來發展潛力，製訂經營政策與作業計劃，以建立最適當的基礎。於購置縮影設備時，對各種機械性能與用途，不僅要符合目前需求，且在將來擴大使用時，亦能發揮機械的最大功能，以避免浪費財力、物力。

㈣評鑑縮影管理效率：係指作業程序、儲存型態、生產計劃、品質管制、流通方式、成本控制等各要素，詳加分析，確實評鑑效益，必須符合「方式最有效、費用最經濟、人力最節省、效率最快捷」之原則。換言之，就是以有限財力、物力、人力，採用最有效方式，增進最佳管理效率。

㈤徵信廠商技術服務：係指廠商售後服務而言，於購置縮影機械設備前，除瞭解機械性能與用途外，更重要者，必須徵信代理廠商售後服務態度，以及技術服務深度，諸如作業人員訓練，縮影技術指導，機械保養修護，都必需具有最可信賴的服務態度，以及技術人才、確保縮影作業順利進行。

　　三、作業規劃：圖書館設置縮影資料室，評估縮影化管理價值，依效益分析，不但要瞭解有形的直接效益，更要進而探討無形的間接效益，以供作業規劃參考。

　　㈠圖書形式與數量：縮影作業的資料來源，乃圖書館庋藏的圖書資料，其形式、數量，以及成長率，對縮影作業規劃，具有莫大影響力。

　　1.就形式言，計分圖書、報紙、期刊，以及書畫、輿圖等文物資料，尺寸大小不一致，採用攝製模式，軟片規格亦異。

　　2.以數量言，就目前庋藏數量，以及成長力，決定作業程序，購置機械設備的衡量因素。

　　㈡投資成本與效益：企業經營最重視者，係投資成本與報酬率，於圖書館縮影作業規劃時，最重要依據，亦就是投資成本與效益分析。

否則大量投資，而效益不彰，必然浪費財力。

　　1. 重估圖書館現有儲存空間、設備器材、管理績效、流通方式、安全維護等問題，於十年內發展潛力，所需經費及人力，檢討分析，以作規劃準據。

　　2. 評鑑縮影作業價值、設備器材、資料運用，以及管理效率，所需預算與人員，進行效益分析，以供規劃參考。

　　3. 預測縮影資料軟片、製作成本、設備折舊、機械維護，以及複印資料工本費，必須比較分析，以作規劃要件。

　　㈢儲存型態與特性：配合館藏圖書資料性質與尺寸，同時瞭解各種縮影軟片特性，於採用儲存型態，以作規劃參考。

　　1. 儲存型態：分捲狀縮影軟片、條狀縮影軟片、夾檔縮影軟片、片狀縮影軟片、孔卡縮影軟片等五種。

A、盤式捲片　　　　B、卡式捲片　　　　C、匣式捲片

一、捲狀縮影軟片（Roll）

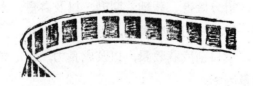

二、條狀縮影軟片（Strip）

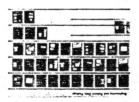

三、夾檔縮影軟片（Jacket）

四、片狀縮影軟片　　五、孔卡縮影軟片
　　（Microfiche）　　　（Aperture Card）

2 軟片特性：由於儲存型態不同，而各軟片特性亦異，且各具有優劣，如分析表：（請參閱第四章縮影資料形式）

各縮影軟片優劣比較分析表：

軟片形式	優　　　　　　　　　　點	缺　　　　　　　　　點
捲狀軟片	1.確保檔案完整無缺，保管容易。 2.成本低。 3.尤適用於數量龐大的靜態檔案儲存。	1.資料不易更新，檢索費時。 2.檢索系統設計較爲複雜困難。 3.閱讀機費用較貴。

軟片形式	優　　　　　　　點	缺　　　　　　　點
片狀軟片	1.相關資料可以集中存放，便於檢索。 2.檢索系統容易設計，尤便於目視檢索。 3.原版製作省時、容易。 4.複製成本低。 5.資料更新容易。 6.閱讀機費用較廉。 7.傳播迅捷，可大幅度節省郵遞費用。	1.原版製作費用較高。
夾檔軟片	1.同性質資料集中，便於檢索複印。 2.容量富彈性，更新資料成本低。 3.保持資料更新。 4.永久保護縮影軟片。	1.夾檔尚不能在國內生產，單位成本高。 2.不適用於數量龐大之檔案系統。 3.製作費時。
孔卡軟片	1.輔助資料與縮影資料可以並存。 2.配合電腦處理，高效檢索。 3.縮影資料與輔助資料可分別單獨處理，更新資料易，費用亦低。 4.尤適用於工程圖面及數量龐大內容複雜的資料。	1.機器設備成本高，耗材單位成本亦高。
條狀軟片	1.操作簡便。 2.資料隨時更新。 3.使用電腦檢索。 4.設備富有彈性。 5.作業井然有序。	1.製作費時費事費力。 2.用途不廣，國內尚無此類軟片。

㈣作業程序與模式：縮影軟片作業程序與攝製模式，在作業規劃上，佔有非常重要地位，於今後縮影計劃發展，具有深遠的影響力。

1.作業程序：縮影作業程序，依據設置宗旨，配合未來業務發展需要，必須採行攝製、沖洗、檢驗、複製、閱讀、複印等一貫性作業程序。

2.攝製模式：實際上就是賦予縮影的原始資料，一種固定的秩序，或一貫性的拍攝次序（連續編號），以說明縮影資料組合方式。

㈤服務對象與方式：係指縮影軟片使用對象，暨軟片流通方式，亦是作業規劃參考要件。

1.就服務對象言：必須廣而普及，不論是機關團體，或社會各界人士，均須適應其需要，提供最佳服務。

2.以服務方式說：必須發揮縮影資料最大功能，配合國內外學術機構，社會人士研究企求，採行交換、互借、購製、閱讀、複印等服務方式，以促進文化交流、敦睦館際合作、提供公衆服務。

四、任務分配：圖書館建立縮影系統，增進管理效率，爲達成計劃目標，對人力有效運用，極爲重要。由於工作層次不同，各層次所負職責亦異，如何分配任務，並發揮協調合作精神，以發展縮影事業。

㈠行政首長：在圖書館爲館長，於縮影化管理方面，應分擔決策上責任。

1.瞭解縮影化管理的價值與設置宗旨。

2.確立縮影化資料運用及流通方式。

3.決定圖書資料攝製範圍與優先次序。

4.編列縮影作業經費與支配使用。

5.選擇縮影業務主管，並瞭解必備條件。

6.任用工作人員，須瞭解工作能力。

　㈡業務主管：係指縮影業務單位主管，應負業務規劃方面職責。

　1.瞭解圖書資料性質數量與生長力，配合現行管理制度，推行縮影作業。

　2.預測縮影資料發展趨勢與潛力，分析各種軟片特性，採行儲存型態。

　3.評鑑縮影投資成本效益與人力，編列縮影作業經費，建立預算制度。

　4.規劃縮影作業程序與攝製模式，編製檢索系統，發揮縮影資料功能。

　5.建立縮影業務檔案與管理制度，管制工作紀錄，提高軟片品質水準。

　㈢縮影工作人員：係指管理人員與技術人員，由於工作性質不同，在縮影作業過程中，所負職責亦異，略加說明，以供參考。

　甲、管理人員：

　1.條件：須具有圖書館及縮影作業知識。

　2.職掌：負責縮影器材管理、縮影資料儲藏、目錄卡片編製，以及縮影資料流通，讀者服務。

　乙、技術人員：

　1.條件：須具有縮影作業知識與技能。

　2.職掌：負責原件整理、編次、縮影攝製、沖洗、檢驗、複製，以及成片處理等一貫性作業。

附錄三 人員編制及職掌說明表

任務區分	人數	職　　掌　　說　　明
行政首長	1	負責縮影作業決策、預算支配、人員任用。
業務主管	1	承首長之命，綜理縮影作業規劃、資料徵集、品質及生產控制、作業查考。
管理人員	2	一人負責普通行政業務，縮影資料中心及材料儲藏室管理。 一人負責縮影資料閱讀室管理及提供讀者複印服務。
技術人員	1－3	負責縮影、沖洗、檢驗、拷貝及成片處理等一貫性作業。

五、空間配置：係指場地分配與佈置而言，圖書館縮影資料室，空間配置基本原則，不僅要配合館內各部作業需要，同時更須符合縮影作業本身要求。其先決條件，除根據設置目的、服務對象、流通方式、資料容量、發展計劃等最根本要件外，於配置技術上，尚須特別注意二項要素。

㈠空氣調節：縮影資料室，係圖書館內特種資料製作、儲藏、流通等多種性質之活動空間，由於特殊需要，應裝置高效的空調設備，以發揮冷卻、增熱、除潮、祛塵等重要功能，保持空氣清新與流通，適應縮影作業與軟片儲藏的基本需求。

㈡空間區劃：縮影資料室，內部區域分配，必須考量作業時，整體性與個別性需要，宜作多種用途設計，充分有效利用空間，同時更須配合各作業區間聯貫性，以免費事、費時、費力、造成事倍功半的惡果。

附錄四　縮影作業區區域配置平面圖及設備說明表

縮影中心平面圖及設備說明表

一、平面圖

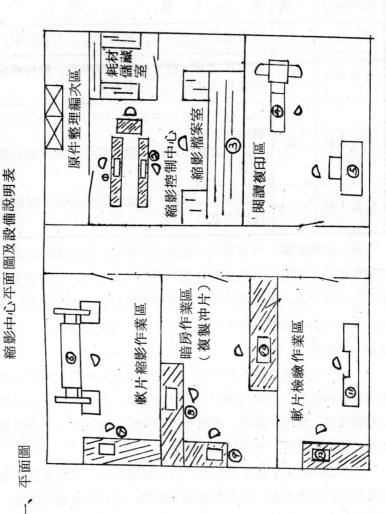

二、設備說明表

設 備 名 稱	單位	數量	說　　　　　　　　　　　　明
縮　影　機	台	2	一部縮攝報紙期刊用 一部縮攝圖書資料用
拷　貝　機	台	1	複製縮影捲片用
沖　片　機	台	1	沖洗捲片用
複　製　機	組	1	複製單片、夾檔片用
清　潔　機	台	1	維護軟片清潔用
濃　度　計	台	1	檢驗軟片密度用
顯　微　鏡	台	1	檢驗軟片解像力用
檢　片　機	台	1	檢片及繞片用
接　片　器	台	1	配接軟片用
裝　孔　機	台	1	裝貼孔卡軟片用
閱讀複印機	組	2-4	複印縮影（目視）資料用
閱　讀　機	台	6-10	專供讀者閱讀用

　備註：2～3部專供十六糎捲片閱讀用
　　　　2～3部專供卅五糎捲片閱讀用
　　　　2～4部專供單片、夾檔、孔卡片閱讀用

六、制度建立：圖書館縮影作業規劃，最主要目的，旨在建立一套完美的縮影資料管理制度，以確立縮影作業規範，俾使全體縮影工作人員，有所遵循而一致施行，絕無因人而異，造成「人存政舉、人亡政息」之流弊。①

㈠訂定縮影計劃：凡事豫則立，不豫則廢，圖書館縮影作業，亦不例外，務須事前妥善籌謀，針對實際需要，研訂縮影計劃，以作今後發展業務準據。

㈡確定縮影型態：圖書資料採行縮影化管理，究以何種軟片儲存型態，較爲適宜，應依圖書館藏實際需要，針對財力、人力、任務等狀況而定。

㈢製訂縮影程序：縮影作業乃百年大計，決不可朝夕更改，於縮影作業前，必須製訂縮影作業程序，作爲實施縮影時依據，循序漸進，始能達成縮影目標，以完成縮影任務。

㈣設計攝製模式：縮影作業過程中，最重要者，就是根據館藏圖書資料類別與體積尺寸，事先縝密設計一套完善的模式，於進行作業時，依固定編次循序運作，且行之有恒，藉以規範攝製程序，控制軟片品質水準。

㈤訂立管理規則：欲建立優良縮影管理制度，必須訂定各種縮影資料管理規則，諸如縮影資料購製、交換、閱讀、複印等辦法，俾有據可循，以利管理流通，方不致造成因人異事，徒增困擾，遭人物議。

註　釋

註一　張澤民　檔案縮影管理之研究　民國69年　縮影研究第二輯　p10.

第三節　圖書館縮影資料採訪

　　圖書館縮影資料來源，除自行製作生產外，尚可透過採訪方法，
蒐獲大量縮影資料媒體，以匯合成重要文化資產，藉資發揮最大潛能，
俾完成知識傳播與文化流傳使命。

　　一、縮影資料採訪涵義：又稱縮影資料徵集，係指縮影資料採訪
工作，藉採購、贈送、交換等方式，以充實與發展圖書館縮影資料藏
用，務期達到最高理想——用最有限財力，徵集得最優縮影資料，以
供給最多數讀者使用。

　　二、縮影資料採訪政策：縮影資料採訪宗旨，係依據圖書館採行
圖書資料縮化管理目的，以最經濟方法，徵集一系列縮影資料媒體，
提供讀者使用，由於各圖書館特性不同，而縮影資料蒐集亦異，惟最
大原則，乃各本獨特需要，以作製訂採訪政策基礎。

　　㈠配合國家建設方針：就目前國家建設說，除配合文化建設方
案，大量蒐集流失國外的國寶國粹，以及漢學研究資料，藉以保存中
華文化資產外，並針對各項建設特殊需要，引進各先進國家各種科技
新知，以促進國內科技進步。

　　㈡針對館藏資料特性：各類型圖書館，各負特殊使命，亦就是
各有經營目標，而各具獨特需要，故縮影資料採訪政策，應針對各圖
書館特質，徵集個別需要的資料，以達成各負特殊任務。諸如國家圖
書館，負有保護本國文化資源使命，應徵集珍本、孤本，以保存國粹。
各公共圖書館，應徵集當地文獻，以保存地方文物。大專圖書館，應
配合教學，研究及學習需要，以引進學術最新資料為主。政府機關圖
書館，以徵集本機關經營業務相關者為主。學術機構或專業圖書館，

以本身研究範圍，或經管業務者為主。並採分工合作方式，各專業圖書館間密切協調合作，分別類科，各負專責，作系統性，聯貫性引進各種科學技術新資料，以適應國家科技發展需要。①

㈢符合學者研究企求：縮影資料的採訪目的，不僅是發展館藏，充實資源，而最重要者，乃係蒐集國粹，或引介學術新知識，以及科學新技術，以供學術研究參考，促進國家各項建設，故任何圖書館，所徵集縮影資料，都必須符合學術研究企求。

㈣預估未來發展需要：圖書館作業發展趨向——自動化，縮影資料採訪目標，亦須預估業務發展需求，配合圖書館自動化，採取輸入電腦系統作業，提供讀者最快捷的縮影參考服務，以發揮縮影資料的最大功能。

三、縮影資料採訪方式：徵集縮影資料，以充實館藏，而利讀者使用，惟圖書館縮影資料來源，除自行攝製生產外，亦可透過採購、贈送、交換等方式進行，玆分別說明，以供參考。

㈠縮影資料採購：圖書館訂購縮影資料前，必須依館藏特性及經營目標，以作選擇縮影資料準據，同時參酌縮影資料目錄，縮影資料單元，縮影軟片特性，資料採購方式，以訂定縮影資料採購標準。

甲、縮影資料目錄：依據縮影資料目錄，簡介或說明，瞭解原始資料性質與內容，以及著者、出版事項與版權等問題，以作研判與選定資料之參考。唯國內縮影資料刊行目錄者有限，僅國立中央圖書館編印：善本圖書微捲目錄，而國外縮影媒體書目，包羅萬象，計有科技期刊、研究文獻、政府出版品等，特選介刊有中國文獻資料者，略加說明，以供參考。②

1.善本圖書微捲目錄：係國立中央圖書館編印，每六個月出刊一號，目前已出版有二〇號，資料包括該館藏我國歷代（宋版～清版）

善本圖書。內容編次，按傳統方式，用經、史、子、集四部古籍分類法排列。

訂購通訊地址：國立中央圖書館　台北市南海路四十三號（107）

　　　　　　電話：3147326

　　2. Preservation Project LOG（Chinses Materiais）：係美國哥倫比亞大學東亞圖書館編印，內容是中國文獻資料，包括圖書、期刊、報紙等，記有捲號、登錄號、分類號、書名、著者、發行時間、地點及出版者等事項。

訂購通訊處：Columbia University East Asian Library

　　　　　　116 th and Broadway, New York 10027. U.S.A.

　　3. National Register of Microform Masters：係美國國會圖書館編印，內容包括期刊及論文，依著者與標題字母順序編列，於探訪縮影資料，深具重要的參考價值。

訂購通訊處：Library of Congress.

　　　　　　10 First street, S.E.

　　　　　　Washington, D.C. 20540 U.S.A.

　　4. Newspapers in Microform：美國國會圖書館編印，原名稱爲" Newspapers on Microform "，係美國內外各地區縮影版報紙目錄，內容依地理區域名稱及標題排列，每次發行兩部，美國本土一部，美國以外國家一部。

訂購通訊處：Library of Congress

　　　　　　10 First street

　　　　　　S.E. Washington, D.C. 20540 U.S.A.

　　5. Statistics Rare Serials and Monographs：係瑞士 Inter Documentation Company AG 公司發行，內容以東方各國統計資料

為主，諸如我國出版之統計月報（民國18年～民國37年），工業統計（民國22年～民國25年），均編入目錄中，所列資料係以縮影單片形式發行。

訂購通訊處：Inter Documentation Company AG

　　　　　　Poststrasse 14

　　　　　　6300 Zug-Switzer land

乙、縮影資料單元：係指一件完整性縮影資料，於形式上，瞭解縮影成品，所攝製原始資料種類、數量與縮影片儲存型態、數量，以及發行性質等，供作採訪參考。

　　1.原始資料：係指該項縮影軟片，所攝製的原始資料，性質必須符合館藏需要，其內容有幾種，數量共幾冊或頁數，均應詳加考慮。

　　2.縮影資料：係指該項縮影軟片，採用何種儲存型態、究係捲狀、長條、夾檔、孔卡或單片，其數量有幾捲、幾張、幾片，以及發行性質，係縮影發行（Micropublishing），縮影重刊（Micro-republishing），縮影複製（Microduplication），縮影重印（Micro-reprinting）。

丙、縮影軟片特性：選擇縮影資料，最重要標準，乃有關縮影軟片特性（Microfilm Specification），必須適合館藏資料需要，更須符合已有縮影設備特性，方係最佳的選擇決定。③

　　1.軟片形式：係指縮影資料儲存型態，究係標準規格4×6吋縮影單片或夾檔軟片，抑係16／35糎（MM）縮影捲片，或係IBM孔卡軟片。

　　2.縮影倍率：係指原始資料於攝製時，所縮小之倍率，最適當的倍率，係用三十五糎軟片攝製報紙時，縮小19倍，以十六糎軟片，攝製期刊（19×26公分）時，縮小21倍；攝製普通圖書（15×21公分）時，縮小15倍。於閱讀機或閱讀複印機，使用鏡頭放大倍率，如能配合原來縮率，效果更爲良好。

3. 影像區別：係指原始文件與影像，究爲同向或反向，亦就是選擇縮影軟片，應以正片（Positive）或負片（Negative），何者最適宜館藏，通常以選擇負片，最適合藏用需要。

4. 軟片性質：係指縮影資料，採用何種性質的軟片製作，諸如銀鹵片（Silver Halides）、重氮片（Diazo）、氣泡片（Vesicular）、乾銀片（Dry Silver），其中以銀鹵片，最符合永久藏用要求。

5. 軟片編次：係指縮影資料軟片，於縮攝時編製號碼，亦就是軟片編號，究以數字，文字或年代先後順序排列，最常見軟片編號，係採用數字與文字混合編次，諸如捲號（Rool No）：0001／B0001、或0002／N0001、抑0003／P0001。其中0001～3爲軟片總編號，B0001、N0001、P0001爲各類軟片編號。B＝代表圖書（Book）、N＝代表報紙（News）、P＝代表期刊（Period）。

6. 檢索方法：縮影檢索，乃選擇縮影資料時，最重要的判定條件，由於縮影資料，必須具備完善的檢索系統，方能發揮縮影的特殊功能，於閱讀時，達到快捷效率。然縮影資料，最完善的檢索方式，須具有縮影資料編目卡片、縮影資料目錄或簡介，縮影資料索引（索引卡、書本索引、或電腦化索引），以及縮影軟片儲存型態的參見指引（Cross Reference Guide）。

丁、縮影採購方式：係指縮影資料採購方法與技術而言，玆即採購宗旨，採購比例，採購技巧等問題，作建議性討論，以供參考。⑥

1. 採購宗旨：亦就是縮影資料採購的主要目的，必須在政策分析時，決定原則性方向，以作縮影資料採購準據，諸如：(1)減輕書庫壓力，(2)充實館藏資源，(3)館際資料共享，(4)適應學術研究，(5)配合建設需要，(6)介紹科技新知等各種主要目的。

2.採購比率：係指採購縮影資料時，各項分配的比率問題，諸如：

(1)預算分配比率，並決定優先次序。

(2)資料媒體比率，係指傳播媒體的採購分配問題，亦就是現行資料，於發行時，在縮影版本與印刷版本間，採購分配比率。

(3)軟片形式比率，係指縮影資料，在儲存型態上所佔比率，亦就是各種不同軟片形式分配率。

3.採購方式：係指縮影資料，於訂購時，在作業上技巧，諸如：

(1)價格問題：係指折扣價格，預約優待價格，特價優待價格等計算方式。

(2)付款問題：係指現金購買、匯兌購買、總匯結帳、一件一匯等付款方式。

(3)訂購次序：係指縮影資料，於分期採購時，應以何者優先，或何者次後。

㈡縮影資料交換：係指縮影資料，採取交換方式，傳播知識媒體。亦就是說，採用以軟片換軟片，或以館有縮影資料換館缺縮影資料等方式，藉資充實館藏資源，並供公眾使用，此乃最佳途徑。

甲、交換類別：係指縮影資料，交換成品類別而言，亦就是縮影資料刊行品之種類。

1.縮影發行品交換：係指新的圖書資料，首次公開發行，直接採用縮影形式出版發行而言。

2.縮影重刊品交換：係指昔曾發行之出版品，採縮影形式再次發行，或以普通印刷版本與縮影資料版本，同時出版發行而言。

3.縮影複製品交換：係指採用縮影母片（Mast Microfilm），複製拷貝之縮影資料媒體，以作交換而言，亦就是指第二代縮影軟片（

訂購單格式

ORDER FORM

Requested by: Date:

Order No.

☐ Air Mail

☐ Regular Mail

Please send the following item(s) on the basis of purchase subscription:

List No.	Item No.	List No.	Item No.	List No.	Item No.
Remarks:					
			Signed		

Please return white copy. Yellow copy is for your file.

Second Generation Microfilm），或第三代縮影軟片（Third Ge-
neration Microfilm）而言。

4. 縮影印製品交換：係指採用縮影母片（Mast Microfilm），在
非透明卡片上，印製成縮影資料卡片而言。

乙、交換單位：國內外自行製作縮影資料者，以政府機關與學術
機構最多，且性質各異，竟應與何者進行交換，必須慎重選擇，尤其
交換時，應以雙方需要及認可之縮影資料為範疇，以免徒勞無功。

1. 就國內言：目前縮影作業正在起步，學術機構或圖書館界，採
行縮影化管理，並自力製作縮影資料者，尚屬幾希，唯國立中央圖書
館攝製善本書縮影資料；暨台灣分館製作台灣文獻、舊期刊報紙等縮
影資料；國史館及黨史會攝製史蹟文獻的縮影資料；國立政治大學社
會科學資料中心，所攝社會科學文獻的縮影資料；國科會科技資料中
心，製作科技新知縮影資料，雖數量有限，但尚可依本身需要者，選
擇交換，以充實館藏資源，而供眾使用。

2. 以國外說：歐美各國採用縮影系統最早，並配合電腦作業，進
行自動檢索，尤以近數年來，國外學術機構，對漢學研究風氣鼎盛，
蒐藏中文圖書資料，深具規模者，亦復不鮮。諸如美國國會圖書館藏
中文圖書資料約四〇萬餘冊，並編有善本書目，中國方志目錄，中文
圖書目錄，中文期刊目錄，可供交換時，選擇資料參考。此外美國哈
佛燕京圖書館藏近二十餘萬冊，哥倫比亞大學東亞圖書館，胡佛研究
所東亞圖書館，猶他州譜系學協會，以及美國圖書資料協會中文資料
中心，法國巴黎大學圖書館漢學資料中心，日本國會圖書館，東京帝
國大學圖書館，澳洲國家圖書館東亞部等單位，均蒐藏有豐富的中文
圖書資料，並可製作縮影軟片，進行交換服務。

丙、交換計算：由於各國圖書館或學術研究機構，所訂價格各異，

實難以計價方式處理，故縮影軟片交換時，應本公平互惠原則，並須相互尊重攝製權，非經對方同意，不得重新拷貝及出版，以從事商業行爲。

　　1.計算單位：縮影軟片以幅／呎爲計算單位，亦就是幅（Frame）／100呎，但以資料正文爲主，不包含片頭，片尾或其他資料在內。

　　2.計算標準：無論縮影資料媒體儲存型態爲何，價格如何，係以捲或片的數量計算，亦就是本"以一易一"原則，換句話說，就是以捲易捲，用片換片，更爲適宜而公平。惟於下列標準，其幅數差距，通常在75～120％以內，雙方須予接受，不得異議。

　　　⑴十六糎（16MM）捲片：2000～2500幅（Frame）／100呎。

　　　⑵三十五糎（35MM）捲片：500～1000幅（Frame）／100呎。

　　丁、交換方式：

　　1.直接交換：各圖書館根據自行攝製縮影資料，編印縮影資料目錄或簡介，直接分別寄送各自選定之交換機構，藉供交換服務參考。

　　2.間接交換：縮影資料交換服務，除直接交換外，尚可透過各文教機構或學術研究團體推介，間接進行交換服務。諸如吾國教育部國際文教處，各國圖書館學會，或國際縮影協會，國際交換服務中心等組織，均可請求推介，以促進國際文化交流，敦睦館際友誼合作。

　　㈢縮影資料贈與：贈與方式，不僅是縮影資料徵集，最經濟方法，同時更係充實圖書蒐藏資源，最有價值的來源。

　　甲、贈與類別：④

　　1.經函索而贈送者：大部份均係預先選擇，然後向持有人或攝製者，如政府機關，學術機構或文教社團等單位函索，或洽贈而獲得之縮影資料。

2.非函索而贈送者：縮影資料發行者，圖書館、學術研究機構、學者或讀者，自動捐贈之縮影資料。

乙、贈與訊息：係指縮影資料贈送消息來源，可從各種學術機構，文教社團，以及各類出版刊物中獲悉，而負責縮影資料採訪人員，必須經常查閱，以備函索取，並隨時探詢學者個人，發現藏有縮影資料，應盡全力爭取贈與，裨充實館藏資源。

丙、贈與內容：係指贈與縮影資料的內容性質而言，包括政府機關、學術研究機構、文教社團等，所攝製之各種縮影資料，除縮影品發行商、廣告品，以及一般宣傳品外，均須符合館藏需要，尤其善本書、絕版書、新版書、科技或學術性資料，所製作的縮影資料媒體，更具有永久藏用價值，於接受贈與時，更應慎重處理，必須保持採訪政策原則，館藏資源標準，並維護良好公共關係。

丁、受贈時應注意事項：

1.選擇縮影資料內容：縮影資料內容，必須符合館藏需要，尤以思想純潔，事理正確者，方合選定原則，適宜公眾閱讀，反之，性質內容欠宜者，應予婉拒。

2.保持縮影品處理權：亦就是圖書館具有全權處理，所受贈之縮影資料，諸如本館編目藏用，轉贈其他機構，或用作交換等措施，必須依圖書館採訪政策，堅持既定原則與立場，縮影捐贈者個人，不得堅持己意，並設法婉告贈與者，以取得諒解，而不致於開罪對方，這種說服技巧，乃負責縮影資料採訪人員，最高藝術化表現。

3.須備函致謝贈與者：無論贈與者係個人或機關團體，所贈送縮影資料如何，除宣傳性或廣告性者外，均應由館長或業務單位，備函致謝，以保持最佳的關係。

註　釋

註一　藍乾章　圖書館經營法　民國48年　中國圖書館學會印
　　　行　p65-68.

註二　沈曾圻　顧　敏　縮影技術學　民國66年　技術引介社
　　　印行　p196-204.

註三　同註二　p194-195.

註四　中國圖書館學會出版委員會編　圖書館學　民國63年
　　　台灣學生書局印行　p274-275.

第四節　　圖書館縮影資料編目

　　圖書館縮影資料來源，除自行攝製外，亦可透過採購、交換、贈
與等方法，蒐集而獲得。唯縮影資料公開使用前，必須經過適當的編
目工作，亦就是縮影資料的組織與整理工作，更具體地說，就是資料
分類與目片編製的工作，藉以發揮縮影資料功能，特即縮影資料編目
緣由、意義、原則，暨縮影資料編目方法、要項、規格等，簡單說明，
以供參考。

　　一、縮影資料編目緣由：縮影傳播媒體，係將原始資料，縮小攝
製而成，於軟片外形上，與原始資料體積，差距極大。因此縮影資料
使用，無法像傳統式圖書籍册，採取開架方式，公開陳列，任由讀者
自由取閱，而必須借助閱讀機械器材，方能閱讀縮影資料內容。所以
欲使讀者瞭解縮影資料性質與內容，迅速查索所需特定資料，端賴縮
影資料完善的編目工作。

　　縮影資料編目工作，旨在表示縮影資料性質，以及決定排列順序。

其着眼非僅着重於縮影資料的適當整理，或完善儲藏，而最重要目的，在提供縮影資料內容的完整線索，藉縮影資料編目工作，編製各種目片（目錄），俾使每件縮影資料，從各種不同角度，均使讀者快捷查獲最需要資料，以發揮便利讀者查索與儲藏排架的功效。

基於縮影資料，共同負有傳播知識的功能，而與其他傳播媒體，均具有編目工作的必然性與適用性，以編製各種不同目片或目錄，俾能達成資料傳播與讀者服務的最高宗旨。

二、縮影資料編目意義：縮影資料的編目工作，係指縮影資料分類與縮影目片編製而言，事實上，縮影資料分類工作，乃是縮影資料編目工作，最重要的部份。由於縮影資料，係按照分類體系，以選定分類號，作為儲藏排列次序，所以每張完善的分類目片，非僅表示每件縮影資料類別，同時亦表示縮影資料儲藏排列次序，由此可知，縮影資料的分類與編目工作，乃一體兩面，相輔相成，互為體用，具有密不可分的聯貫性。①

由於縮影資料，具有各種儲存型態與不同規格，且保藏方法，亦略有差別；必須存置於特殊設計的軟片櫃內，並保持原編類目，依照序號排列，唯必要時，亦可參酌事實上需要，採用最適合的排列方式。

㈠依縮影軟片型態編目排列：亦就是相同型態軟片，均按類（捲）號排列，諸如縮影捲片、單片、夾檔片、孔卡片等形式，各分別排列儲藏。其優點係使各型軟片各適其所，便於調整管理，唯同類資料（性質相同者）間，缺乏完整體系，資料檢索與歸檔，深感不便。

㈡依縮影資料主題編目排列：無論縮影軟片何種型態，亦不顧體積規格，一律以各件縮影資料主要內容或主要標題編目排列，同一主題者，如人口問題資料，均置於同一處所。其優點係有助讀者利用各型資料，按學術研究範疇，檢索館藏全部有關資料，唯以類目為排列準則，各型軟片混雜，檢索歸檔不便，且平時保持清潔與整理，更感困難。

　　㈡依縮影資料種類編目排列：係以原始資料體裁，按縮影軟片形式及編號編目排列，各依原始資料體裁，分報紙、期刊、圖書等資料類別，兼顧縮影軟片型態及編號，並在各縮影資料外盒上標註主題。其優點在提示原始資料特性，縮影軟片形式和主題，以及存置處所，唯體積規格尺寸不一，管理與維護困難。

　　綜觀上述各種方式，均具有特點，然最理想方式，係各取其長而捨其短，亦就是說，審視實際情況，先將縮影資料，按軟片形式分類，配合原始資料類別，註明主要標題，依原有號碼編目排列，於儲藏、檢索、流通時，必然符合管理上需要。

　　三、縮影資料編目要領：每一縮影資料，必須編製目片，提供讀者查索使用，而編目工作，更應詳細確實，俾使閱讀者，於最短時間內，查獲所需要的資料。特即其編目要領，暨應詳加註記事項，分別說明，以供參考。②

　　㈠書名項：係指原始圖書資料的名稱而言，包括正書名（title proper），副書名（sub-title），又名（alternative title）。因書名項乃每一縮影資料的專有名稱，記載務求正確無誤，著錄要領，應以縮影軟片片頭所記名稱為主，次按原始資料書名頁書名，或依縮影資料有關記載著錄。唯如中文珍本圖書，其書名末有卷數者，依中文圖書編目規則，一律視為書名一部份，均應以書名著錄。

　　㈡著者項：著者一項，包括原書作者、譯者、編者、纂者、輯者、注釋者、繪圖者、校核者等有關諸人，姓名務求正確，應以真實姓名為準。著錄要領，係以原始資料有關者為主，亦可附著縮影資料攝製者，但如非必要，乃以不必記載為宜，同時著者最多以著錄三人為限，超過三人時，得以某某某等合著（合編、合譯）標示，至於著者國籍或朝代及生卒年代等個人資料，應在目片中詳加註記。唯吾國著者，不須加注「中國」或清代以後作者，亦不必加冠年代。

　　㈢出版項：係指原書及縮影發行事項而言，包括原書出版年、出版地、印行者、版刻、版次等有關資料。以及縮影發行時間、地點、機構等事項。著錄要領，縮影資料出版年，應以攝製時間為準，並非著錄發行年，如果一套縮影資料出版年，先後不一致時，必須分別註明。至於出版地，係記載發行者所在地為主，有關出版機構，亦以發行者為主，並非著錄攝製者或經銷者。

　　㈣形式項：依指縮影軟片外形而言，記載事項，應包括數量、規格、縮率、區分、型態等項，其著錄要領：

　　1. 規格：係指縮影軟片體積尺寸大小而言，諸如16糎（MM）、35糎（MM），4×6吋等著錄。

　　2. 縮率：係指縮影資料攝製時縮小倍率而言，亦可使用"X"代表，諸如二十四倍，亦可著錄為 24 X，或三十二倍著錄為 32 X。

　　3. 區分：係指縮影軟片影像及使用材料而言，通常區分為負片（Negative），係黑底白字。正片（Positive），係白底黑字。

　　4. 型態：係指縮影軟片儲存型態而言，亦可作縮影資料數量計算單位，為使讀者深切瞭解，特簡介如下：

　　　⑴捲（Reel）──────代表捲狀縮影軟片

　　　⑵卡（Cassettes）──代表卡式縮影捲片

　　　⑶匣（Cartridger）──代表匣式縮影捲片

　　　⑷條（Microstrip）──代表條狀縮影軟片

　　　⑸夾（Jackets）────代表夾檔縮影軟片

　　　⑹片（Fiche）──────代表片狀縮影軟片

(7)孔卡（Aperture card）──代表孔卡縮影軟片

㈤附註項：旨在補充說明縮影資料其他特點，著錄範圍，包括書名、題旨、著者、出版（版權）、形式、附錄、內容等有關資料。

㈥原資料項：係指原始資料而言，由於縮影資料乃再度攝製之媒體，故原始資料項記載範疇，應包括原出版年、出版者，以及原稽核項之面（冊）數、圖表、高度等事項。著錄要領，於開始以"本縮影係依館藏資料攝製"標示。

㈦代號項：係指縮影資料代碼而言，著錄事項，包括原書分類號碼，縮影資料代碼，以及儲藏單位代號等。

㈧提要項：旨在簡敍本縮影資料主要內容、思想、評話、以及研究參考價值。唯通常在目片中，並未著錄提要項。

四、縮影資料編目行格：係指縮影資料規格而言，乃是目片必需著錄事項。組織次序及表示方法，依目片形式，用途及使用對象不同，於製作目片時，採用最適當文字，以著錄必須記載的資料，依縮影資料編目要領，仿書名片、著者片、標題片製作而組成。並可與其他圖書目片，在目錄櫃中同時排列，或依需要編製書本式目錄。

於今目片製作，多採用單元卡制（Unit-card system），編製方法，係依基本規格，先行製作一種標準格式目片主卡複印而成，再按各種目片不同作用，於主要款目（entry）上，副加各種不同標目（heading），諸如著者（Author），主題（Subject heading），就是標準的副加目片。通常圖書館或資料庋藏單位，多用主要目片，自行使用卡片複印機，複製所需各種目片，不僅省時、省事、省力，而且又正確、快捷，故單元卡片製作方法，實值得普遍推廣使用。

㈠目片規格：係指卡片紙質、尺寸、形式而言。

1.使用二五〇磅西卡紙裁切而成。

2.標準尺寸，橫十二‧五公分，高七‧五公分（12.5×7.5 cm）。

3.卡片中有直、橫暗線二條，直線距左高二‧二公分，橫線距頂端一‧五公分。

4.卡片中央有〇‧八公分直徑圓孔，位於橫中央距底端〇‧五公分。

㈡目片格式：係指主要目片標準格式而言，亦就是目片基本組合方式，依目片編目要領，逐項著錄而成。

1.書名項（主要款目），主要目片著錄，以縮影資料名稱爲主要款目，距離直暗線〇‧五公分位置開始書寫，如一行未能書寫完畢，必須迴寫時，自第二行向右縮進一字續寫，以便醒目。

2.著者項於主要款目下，第一行縮進一字（西文空二個字母）開始書寫，先朝代或國別，次姓名及撰者別，若有註譯者，其時代、國別、姓名等均書於著者之後，且相隔一字。

3.出版項續書於著者項之後，空二個字，於出版年、出版地、出版者、版刻、版次，以及攝製時間、地點、攝製者等項，其間各空一字著錄，若一行書寫不完，在次一行與第一行主要款目齊排續錄。

4.形式項自爲一行，與著者項齊頭開始書寫，分別註記縮影資料數量、軟片規格、縮小倍率、影像區分、儲存型態等項，其間各空一字，藉以區別。

5.附註項自爲一項，另隔一行與形式項齊頭處書寫，即以主要款目、著者項、出版項、形式項等，未能詳叙者，於附註項中，加以著錄。

6.原資料項亦隔一行與附註項齊頭，於"本縮影係依據"語句之後，開始書寫內容，包括原資料稽核項之冊數、圖表、高度、裝訂，以及分類號等資料。例如：原資料：本縮影係依據國立中央圖書館台灣分館藏資料攝製，原刊名農聲月刊，24冊、有圖表，27公分、精裝、分類號 430.5／BC 53。

　　7.捲號及登錄號，著錄於主要目片上，約距出版代號（台灣地區為119）四行位置。

　　㈢目片種類：縮影資料目片，係由各種款目組織而成，其製作目的，旨在使讀者從各種角度，迅速查閱所需要的資料，通常習用的目片，亦就是縮影資料所必備者，略加說明，以供參考。③

　　1.書名片：凡純粹以書名款目組成，係用以查索某書入藏，或同一書名各種不同版本、注釋、翻譯者、中文編目規則，循依著錄成規與使用習慣，以書名片爲主。在基本上，與西洋編目規則，殊有不同。圖書館中多以分類片代用，既省時又省事。

　　2.著者片：凡由著者款目及其變形衍生者，諸如合著者、註釋者、翻譯者、編輯者等所組成。係用以知悉某作者所著某書入藏，或用一著者所撰各種書籍，本館庋藏種類。西文（日本亦同）編目規則，則以撰者片爲主片（Main entry）。

　　3.分類片：凡目片依圖書分類法系統排列而成者屬之，係用以查悉各類圖書入藏數量，書籍排架係以分類片上，所記分類號碼爲序，各種叢書分類分析片，亦排置於分類片中，以供參考。簡言之，分類片不只供讀者按類索書用，最主要的功用，仍在整理文獻，便於典藏。

　　4.標題片：凡純粹由主題款目組成者屬之，由於一書，曾因內容廣泛，不可能置於一個類目下，故用該書多種主題，擇要編製標題片，以補分類表，無法適當表明的各主題。其目的在檢索有關某問題的圖書資料，無熟悉分類系統，或一書包涵數個主題時，各別標明主題，以助讀者蒐求資料使用。以下附目片範例：

卡片標準規格（尺寸）

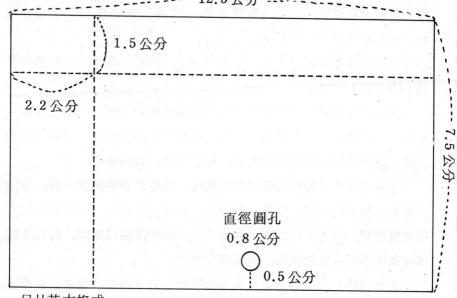

目片基本格式

分 類 代 碼	書名（縮影軟片原資料名稱）
出 版 代 號	著者　出版年　出版地　出版者　版次　攝製年 攝製地　攝製者 　數量　規格　正負片　縮率　形式
捲　　號 （登錄號）	附註： 原資料：本縮影係依據…………

目片標準著錄規格

S_{520.5}	台灣教育（月刊）
4340 0059-81 P 0001-28	台灣教育會編 明治34年7月創刊 台北 該會發行 民國70年 台北 國立中央圖書館台灣分館攝製 28捲 16糎負片（N） 25X 捲狀（Roll） 附註：本刊原名台灣教育會雜誌，自大正3年1月（141號）改刊名為台灣教育。 本縮影係依據該館現藏台灣教育攝製，原資料計43冊（合訂本） 有圖表 21公分 精裝 分類號碼：070.5／6 ○

書名片（主片）

S_{553.05}	實業之台灣（月刊）
3204 0152-156 P0061-65	實業之台灣社編 明治42年10月創刊 該社發行 民國70年 台北 國立中央圖書館台灣分館攝製 5捲 16糎負片（N） 25X 捲狀（Roll） 本縮影係依據該館現藏實業之台灣月刊攝製，原資料計12冊（合訂本） 有圖 26公分 精裝 分類號碼：070.5／5 ○

著者片

S 553.05	實業之台灣社編
實業之台灣（月刊）	
3204	實業之台灣社編　明治42年10月創刊　該社發行
	民國70年　台北　國立中央圖書館台灣分館攝製
0152-156	5捲　16糎負片（N）　25X　捲狀（Roll）
P 0061-65	本縮影係依據該館現藏實業之台灣月刊攝製，原資
	料計12冊（合訂本）　有圖　26公分　精裝　分類
	號碼：070.5／5

分類片（排架片）

S 553.05	實業之台灣（月刊）
3204	實業之台灣社編　明治42年10月創刊　該社發行
	民國70年　台北　國立中央圖書館台灣分館攝製
0152-156	5捲　16糎負片（N）25X　捲狀（Roll）
P 0061-65	本縮影係依據該館現藏實業之台灣月刊攝製，原資
	料計12冊（合訂本）　有圖　26公分　精裝　分類
	號碼：070.5／5

標題片

S 430.5	農聲彙刊 農聲月刊
5472 P0068-71	國立中山大學農學院農聲社編　民國12年5月創刊 廣州　該大學農學院推廣部印行　民國70年　台北 國立中央圖書館台灣分館攝製 　　4捲　16糎負片（N）　25X　捲狀（Roll） 　　附註：該刊原爲旬刊，自103期起改爲月刊，於民 國25年發行農聲彙刊二册，並編有分類總目，在該校 十週年校慶時，並以該月刊歷年各種論文，分類選出 編印專册十種，本館藏有農業經濟論叢及農藝論叢兩 册，特攝於后，以供研究參考。 　　　　　　　　　　　　　　　　　　　續見次片

延續片

	第二片
S 430.5	農聲月刊
5472 P0068-71	本縮影係依據該館現藏農聲月刊攝製，原資料計24 册（合訂本）　有圖表　26公分　精裝　原分類號碼 ：420.5／BC53

叢捲片

431.48	農村社會學大綱等三種
3123 B0002	民國68年　台北　國立中央圖書館台灣分館攝製 1 捲　16糎負片（N）　25 X　　捲狀（Roll） 　本縮影係依據台灣分館藏農村社會學大綱（馮和法 撰分類號碼：631／T1），中國農村問題之研究，中 國農村經濟研究等三種資料攝製。 　　　　　　　　　　　○

分析片

431.2	中國農村經濟研究
1740 B0002	翟克撰：　　　　　　（與馮和法著農 村社會學大綱，同攝一捲軟片：431.48／3123）。 　　　　　　　　　　　○

五、縮影資料目錄：縮影資料根據編目規則與著錄方法，依各種功用編製卡片式目錄，亦可依實際需要，編印書本式目錄，更具體地說，卡片式目錄，係將各種記錄，分別書寫在卡片上，依不同用途，製作各種目片，按一定規則，加以排列，資料更新，極爲方便。書本式目錄，係將各種記錄，依一定規則，編製成書，出版發行，由於固定格式與位置，保持資料更新，深感困難，唯不易散失，且便利携帶與保管。玆列舉國內外書本式目錄實例，以供參考。

　　㈠國立中央圖書館善本圖書微捲目錄

　　㈡國立中央圖書館台灣分館縮影資料簡介

　　㈢美國國會圖書館（L.C.）目錄

　　㈣美國哥倫比亞大學東亞圖書館縮影目錄

㈠國立中央圖書館善本圖書微捲目錄

叢書部

15208　百川學海一百七十九卷四十八冊
　　　　宋左　圭編　明弘治十四年無錫華埕刊本
　　　　PP 2137　　　　　　　　　　　　　　NT$ 4,394

15218　百川學海二十卷四十冊
　　　　宋左　圭編　明嘉靖十五年蒲陽書林鄭氏
　　　　刊本　全十集一百種　PP 1460　　　NT$ 3,000

15219　百川學海一百四十四卷五十六冊
　　　　宋左　圭編　明人重編　明末刊本
　　　　PP 2184　　　　　　　　　　　　　　NT$ 4,488

15222　百川學海一百四十四卷三十冊
　　　　宋左　圭編　明人重編　明末葉坊刊本
　　　　PP 1738　　　　　　　　　　　　　　NT$ 3,556

15223　說郛一百卷六十四冊
　　　　明陶宗儀編　藍格舊鈔本　PP 3456　NT$ 7,072

15225　重編集類說部存七卷七冊
　　　　明陶宗儀編　熊　佑重編　明鈔本　存卷
　　　　二至卷八　PP 298　　　　　　　　　NT$ 636

15228　欣賞編十卷八冊
　　　　明沈　津編　明正德辛朩（六年）長洲沈
　　　　氏原刊萬曆間增補本　PP 268　　　　NT$ 576

(二)國立中央圖書館台灣分館縮影資料簡介

S 553.05
3204

台灣實業之台灣（月刊）

該業發行之台灣實業社編　明治42年10月創刊

書館台灣分館　民國70年　台北　國立中央圖

攝製

0152-0156

5捲　16糎(MM)　負片(N)　25X　捲狀（Roll）

P0061-0065

本縮影係依據該館現藏台灣實業之台灣月刊攝

製，原資料計12冊（合訂本），有圖，26公

分，精裝　分類號碼：070.5/5

提要　本刊為綜合性刊物，以日文為主，中

文為輔，資料範圍廣泛，但以台灣工商業、

經濟、政治及社會等評論為主要內容。

檢索方法：每六個月攝完，加光卡十幅

(Frame)

流通方式：交換　互借　閱讀

複印

㈢美國國會圖書館（L．C）的目錄樣式：

A．圖書 **Book**

　　　Clemens, Samuel Langhorne, 1835-1910.[1]. Life on
　　　the Mississippi.[2]. Boston,[4] Osgood,[5] 1883.[3]　624
　　　P.[6] LCP[8]　mo[9] mf[9] 3-25501 [11]

1. 主要款目（著者及其生卒年代）
2. 書名
3. 出版日期
4. 出版地
5. 出版者
6. 頁數
8. 收藏單位代號
9. 縮影形式
11. 美國國會圖書館卡片編號

B.　期刊 **Scrial**

Journal für praktische Chemie,[1,2]　v. 1–　　　　　　　1834–[3]　　　Leipzig[4]
　　Suspended publication, 1945–O 1954.
　　Formed by union of Journal für technische
　　　und ökonomische Chemie, and Journal für
　　　Chemie und Physik.
　　Title varies: Journal für makromolekulare
　　　Chemie.
　　Also called: Erdmann's journal.
　　Indexes: v. 1–258, 1834–1958.
UnM[*] m[3] 1834–1937[10]　　　　　　　　　　　　　　　　57-42052[11]
McE[*] m[3] 3rd ser., v. 1–155; 1870–1940[10]
ASIS[*] m[3] v. 109–266; 1870–1941[10]
Mean[*] mo[3] v. 109–290; 1870–1943[10]

1. 主要款目 Main Entry（期刊名稱）

2. 書名 Title（期刊名稱）

3. 出版日期 Date(s) of Publication

4. 出版地 Place of Publication

5. 出版者 Publisher

6. 頁數 Pagination

7. 附註 Notes

8. 收藏單位代號 Symbol of Holder

9. 縮影形式 Type of Microform

10. 館藏 Holdings

11. 美國國會圖書館卡片編號 Library of Congress
　　Card Number

(四)美國哥倫比亞大學東亞圖書館縮影軟片目錄

登錄書號（案書號）Call No:	著者 AUTHOR	題標 Title	分類號 Classification No:
28	童 王 民	合作概論 (1933) 中華、廣州　154p	4477.9 0117
29	山 西 省 政 府	合作指導人員手冊 (1946) 山西、太原　106p	4477.6 2191
32	蔣 介 石	新生活運動 (1934) 正中、南京　113p	4216 4481
33	社會部組織訓練司	工會法 (1947) 該司、南京　14p	4474 3802
34	台灣省新聞處	勞工保險 (1950) 該處、台北　147p	4469 0272
35	羅 運 炎	中國勞工立法 (1939) 中華、昆明　238p	4471 6139

六、文字縮寫與代碼：縮影資料目錄編製，一般通用性文字，於著錄時，均可使用簡單字母或符號代表，以節省著錄空間，惟必須列表對照，作為一貫性使用，若有更換或增減時，應即隨時補正。茲列舉美國國會圖書館，所出版 " National Register of Microform Master 1965-75. vol 1-6 "，其中所使用之縮寫與代碼，略作介紹，以供參考。④

Types of microforms	m	microfilm master (negative)		
	m*	microfilm preservation master (negative)		
	m (p)	microfilm master (positive)		
	m (p)*	microfilm preservation master (positive)		
	mf	microfiche master (negative)		
	mf*	microfiche preservation master (negative)		
	mf (p)	microfiche master (positive)		
	mf (p)*	microfiche preservation master (positive)		
	mo	micro-opaque master (positive)		
	mo*	micro-opaque preservation master (positive)		
	mp	microprint master		

Months of the year	Ja	January	Jl	July
	F	February	Ag	August
	Mr	March	S	September
	Ap	April	O	October
	My	May	N	November
	Je	June	D	December

Special marks	[ ]	incomplete holdings
	?	information questionable or incomplete

註　釋

註一　中國圖書館學會出版委員會編　圖書館學　民國 63 年 台灣學生書局印行　p372-377.

註二　國立中央圖書館編訂　國立中央圖書館中文圖書編目規則 民國 48 年　p1-72.

註三　藍乾章　圖書館經營法　民國 48 年　中國圖書館學會印行　p146-147.

註四　沈曾圻　顧　敏　縮影技術學　民國66年　技術引介社
　　　印行　p216.

第五節　圖書館縮影資料典藏

　　圖書館縮影資料典藏工作，係指縮影軟片管理與貯存而言，每個
採行縮影化管理的圖書館，對縮影圖書資料藏用，深懷着一個崇高理
想，就是在縮影軟片有效壽命期中，均能將軟片上所縮錄的資料，以
作各種有效運用，更具體地說，就是圖書館全部縮影資料，務須達到
永久保藏使用的目標。

　　一、永久檔涵義：永久檔（Archival）一詞，含意混淆，且有各
種解釋，曾被廣用及誤用，俗認永久檔軟片，應該達到永久保藏運用
的最高目標。就永久檔貯存條件言之，雖然圖書館或使用者，所持
有的縮影軟片，均達到美國國家標準局規定，各項品質試驗條件，應
可歸類屬於永久檔品質，但事實上，仍無法獲得永久保藏結果。究其
原因頗多，惟最主要者，在不同型式軟片，於貯存特性上，具有莫大
差異。換句話說，永久檔品質軟片，仍無法獲得永久保藏效果，於軟
片使用者及軟片製造廠商，軟片攝製者之間，都必須負起個別責任。①

　　㈠美國國家標準局賦予永久檔定義：永久檔品質軟片，係用以
記錄有永久保存價值資料的軟片。依此含意，他們瞭解世界上並無永
恒性物品，故對永久檔案定義，未訂定時程長短，基於這個理由，美
國國家標準局，採行較近實用性定義，亦就是承認所有物品，都有變
質的現象。

　　㈡美國國家檔案保管處，採取與美國國家標準局，完全相同觀

點，並引用該局目前祇承認銀鹽影像，係屬於永久檔品質軟片。因此其他任何照像材料，必需具備其銀鹽軟片相等或更佳的穩定性，方能屬於永久檔品質，所以重氮片、氣泡片及彩色軟片，美國國家標準局，均未列入永久檔品質內。國家標準機構與政府機關，實有責任採取堅強而一致態度，並賦予明確定義，對具有「永久保存價值」意義，仍應賦予明確年限，且年數計算單位，係以百年計算，而非用十年。

㈢美國國家標準局特別任務小組，以研究重氮片及氣泡片影像穩定性，認為永久檔一詞定義，亦暗示着永恒的意思，同時深切瞭解軟片穩定性，尚須再予詳細分類必要，曾提出兩項定義：中程壽命軟片——具有十年堪用壽命軟片；長程壽命軟片——具有百年壽命軟片。現正循序納入美國國家標準之中，以取代其並無確切定義，諸如 " 短程 " 或 " 商用 " 等字彙。

就軟片特性說：於永久檔與長程，中程軟片的年限區別外，尚有一種重要特性，在永久檔，長程及中程壽命軟片中亦有差別，便是軟片光學密度，具有不同的允收標準，永久檔品質軟片，影像必需保持光學密度不變，以及軟片材料能保持與原始質地相符。但長程及中程壽命軟片，在密度標準上無需如此嚴格，祇需在貯存相當年代後，仍能保持堪用程度即可。實質上，係指光學密度要求，允許有一變化公差。

以軟片用途言：縮影軟片使用者，可能具有專為貯存而設（閱讀複印用）的拷貝片，或具有專為分配工作（複製生產用）的拷貝片，在兩種不同用途的複本軟片，必需嚴格劃分清楚，貯存用軟片絕不可當工作用軟片來使用，其理由非常明顯，因軟片經常使用，容易導致磨損，沾染灰塵，造成物理性傷害，或由使用時造成環境不斷變化，而不適宜於保藏，所以永久檔縮影片，若需經常參考使用時，務必複製拷貝片，以供生產工作需要。

　　二、影響保藏因素：依美國艾德斯坦（P. Z. Adelstein）所著"縮影軟片之保藏"文中，曾提議按貯存壽命分類，有不同種類軟片，在長期保藏特性上，依軟片種類、軟片沖洗作業、貯存環境等條件，均係軟片保藏的影響因素，茲用公式形態，詳加說明，以供參考。

　　永久檔品質軟片＋永久檔沖片水準＋永久檔貯存環境
　　　　＝永久檔保存壽命

　　由此可知，永久檔保存壽命，必需具備永久檔品質，永久檔沖片水準，永久檔貯存環境等三項條件，且三者具有同等重要而缺一不可，若欲達到永久保藏目的，這三項因素，各有其一定要求標準，並由三個不同機構，分別負責達成，其中軟片品質由軟片製造廠負責，沖片水準係由製作縮影片者沖片作業控制，貯存環境則完全由使用者來負責。縱使永久檔品質軟片，在永久檔沖片水準下完成沖片作業，但貯存於不完善的環境中，亦不能維護永久檔保存壽命。

　　㈠永久檔品質軟片：無論是縮影機負片（俗稱縮影母片），或是拷貝複製軟片，目前最普通使用者，不外是鹵化銀鹽膠膜軟片，重氮片及氣泡片等三種，惟軟片依保存年限劃分，又可分為永久檔品質（Archival Record film），長程壽命（Long Term film），中程壽命（Medium Term film），若果僅考慮軟片貯存穩定性，符合永久檔品質要求，於銀粒膠膜片，重氮片及氣泡片三者中，美國國家標準認可者，只有傳統的銀塩膠膜軟片，符合永久檔品質軟片。

　　銀粒軟片欲達到永久檔品質標準，其要求條件頗多，首先軟片須屬於安全軟片（Safety Photographic Film），符合此條件軟片，不得使用硝化纖維作片基材料，應以醋酸纖維或多元酯為片基的軟片，方符合要求標準，目前世界各軟片生產工廠，率多製供安全軟片，應無異議。但萬一發生疑義時，亦可採用引燃時間、燃燒時間、含氮量等方法，作片基鑑定試驗，以判定片基特性，其次軟片上附着的銀粒膠膜特性，仍有待試驗與片基固着性，膠膜過軟或過脆，均不合乎柔軟度。再者軟片耐溫濕度變化，藥膜耐刮程度，影像穩定度等，亦務需符合一定要求，始能列入永久檔品質軟片。

㈡永久檔沖片水準：係指軟片上定影液殘留量及銀化物殘留量對影像效果而言。永久檔沖片要求，有如軟片種類特性，對軟片保存壽命，亦是極具影響力的因素。沖片水準要求，顯與軟片種類息息相關，就銀粒膠膜軟片，所產生黑白影像者，要求定影液殘留量與銀合物殘留量，不得超過一定數量，此項要求全賴沖片時，以充分清水沖洗作業而達成。

1.定影液殘留量：永久檔沖片水準，要求完成沖洗作業之縮影軟片，應留有最低量殘留定影液，以硫代硫酸根（S_2O_3俗稱海波）重量計算，每平方公分低於千分之七毫克（S_2O_3：$0.7\ \mu gm/cm^2$）者始爲合格。並依美國國家標準局規定，使用最靈敏準確方法——甲基藍光譜儀檢驗法，加以試驗。然而在所有縮影永久保藏因素中，頗引軟片使用者所誤解：誤認爲只要在軟片中，含有較低成份硫代硫酸根，即可保證軟片長久貯藏，但事實上，殘餘硫代硫酸根限度，於軟片老化過程中，殘留硫代硫酸根，將與構成影像的銀粒作用，造成影像褪色或變淡，在無影像區域低密度區中，將產生斑點，同樣破壞軟片完善性與永久性。

2.銀合物殘留量：於永久檔沖片水準中，除殘留硫代硫酸根外，軟片上殘餘銀化合物，亦係產生影響而使影像變質的因素，目前在美國國家標準局規格中，雖未列入銀化合物最低允許量，但由於實際經驗領悟，於沖片作業中，具備水洗作業，如能達到定影液殘餘量，符

合美國國家標準規格規定者，銀化合物殘餘量，亦相對降低在安全的
殘餘限度內。期明瞭具有實用的保證功能，美國國家標準局，特製定
一種影像穩定性試驗，軟片經過一段潛伏試驗時期後，對影像穩定性
效果，即完成其評估價值。

　　㈢永久檔貯存環境：軟片貯存環境的變化，係由使用者單獨負
責，且完全由縮影片保存者控制的因素，應有良好的貯存環境，才能
獲得滿意的保藏效果。換句話說，若能維持優良的貯存環境，即使縮
影片品質與沖片水準，均未合乎理想，仍能使縮影片獲得應有年限，
更長久的保存壽命。反之，即使縮影片品質及沖片水準，均符合永久
檔品質，而貯存環境未達標準，或其中某個條件不符，抑能達標準唯
時有變化，未能長久保持恒定的水準，在這種貯存情況下，縮影軟片
自無法達到永久檔貯存的終極目標──永久保藏使用。

　　三、保藏要求條件：永久檔貯存環境的要求條件，不勝枚舉，凡
與縮影軟片直接接觸者，諸如軟片捲軸、包裝器材、貯存容器、儲藏
箱櫃、貯存房屋、空氣條件等要求標準，非常嚴格，皆必需符合永久
檔品質，各項保存要求條件，而縮影軟片的保存年限，則可用世紀（
百年）以計算，更可達到永久保藏的最高理想。②

　　㈠軟片捲軸：縮影捲片完成沖洗作業，無論是十六或三五糎（
ＭＭ），於短期貯存或永久檔保藏，都必須繞捲在片軸或軸心上，美
國國家標準，曾有一百英呎縮影捲片，使用片軸的規格尺寸。製作片
軸或軸心材料，最好是不生銹的材料，如塑膠、非鐵金屬，然鐵質材
料亦可使用，但必需經抗銹表層處理，諸以洋干漆、噴漆塗敷表面，
鍍錫，或其他抗銹處理。塗佈洋干漆或塑膠質的片軸，經長期貯存後，
如有釋放有害氣體，或滲出有害液體顧慮者，都不可使用。塑膠質材
料，亦不得含有過氧化物，捲片貯存於片軸時，軟片外圍均不宜用紙

張或橡皮筋匝緊，如果必需採用橡皮筋匝緊，則橡皮筋應採用不含硫橡皮。兼顧防火性貯存時，片軸或軸心，應用非燃燒性，且不會受熱分解而產生有害氣體，以致損傷軟片。並須經過高溫度試驗，放在溫度華氏三○○度（148.9°C）下四小時，片軸不致融化或變形者，始爲合格。

　　㈡貯存容器：軟片因貯存壽命程度有別，且貯存性質亦異，故所用貯存容器，亦有所不同，可分爲密封容器與開放容器兩種，由於使用環境條件，並不完全一致，其製作材料及標準，亦略有差別。

　　1.開放式容器：因使縮影片與周圍環境空氣接觸，並隨環境變更，舉凡紙質或塑膠封袋、活頁夾、片狀縮影片夾、孔卡及夾檔縮影片膠套等均屬之。而與縮影軟片直接接觸材料，包括紙張及黏結紙盒，紙袋的黏結劑，都必須符合規定的要求條件，凡是製造紙張的紙質紙漿，應屬於亞硫酸或硫酸高級紙漿，漂白或未漂白均可。在造成的紙張中，應不含有蠟質，塑合物及其他添加劑，亦不得有紙纖維浮離紙面，以致沾染至軟片藥膜上，在紙質中更不得含有金屬或金屬化合物的顆粒，並應具有優良的化學安定性，且黏結劑亦不會潮解液化，而產生有害物質，影響軟片貯存壽命。

　　2.封閉式容器：因限制縮影片與空氣接觸機會，同時具有保護軟片免遭機械性破壞的功能。封密式容器可採用圓形或其他形狀，且有緊密配合或緊壓嵌入式蓋子。使用鋼鐵材料，但需具有惰性的表面保護層，如鍍錫、塗佈洋干漆、磁漆，或用非鐵質材料，如陽極處理的鋁質，以及塑膠質材料等均可。無論是塑膠材料或洋干漆塗料，都不得滲出液體或產生有害氣體等顧慮者。容器氣密係由容器蓋子與容器緊密蓋合而達成。配合氣密封墊使用螺絲式或旋壓式均可。另有緊壓式氣密封蓋法，是由兩組防水性膠帶，在壓緊時產生密接而達成。但此種氣密封蓋，必需每二年更換膠帶一次。

綜觀開放容器與密封容器，由於製作材料及方法各異，所以各有其不同功能，且因軟片貯存壽命程度，以及貯存性質差別，所使用貯存容器，亦不完全一致。茲即中長程貯存，永久檔貯存，防火性貯存時，必須採用何種貯存容器，分別說明，以供參考。

中長程貯存——縮影軟片只要維持溫度在華氏九〇度（32.2℃），及濕度在60％以下，且溫濕度均避免發生急速變化，則無論是採用密封式容器或開放式容器內均可，如周遭空氣常超過濕度限度可能，且已採取較低貯存溫度時，或周圍空氣內可能含有不潔氣體及有害蒸氣時，則宜採用密封式容器貯存。

永久檔貯存——無論採用開放式容器或密封式容器，貯存環境均應有控制，開放式所使用紙盒等容器，必需在長期貯存時，不致於發生影響軟片品質，唯正常情況下，以採用密封式容器為宜，如果貯存環境有溫度控制，或不潔氣體顧慮時，則不得使用開放式容器貯存，以維護永久檔品質。

防火性貯存——縮影軟片兼顧防火性貯存時，務必採用密封式容器，除非軟片貯存在具有特殊設計的防火保險箱內，且已有防止水氣浸入的設備。軟片貯存容器，以使用金屬材料製作者為限，容器蓋子的密封設計，應容許內部產生每平方吋十磅壓力，而不致損壞變形。如使用膠帶密封，或用緊壓式膠帶密接密封，都必須先經試驗，足以證明符合此種貯存功能。

　　㈢包裝器具：縮影單片收藏，常放置在個別夾套，封袋或片夾中，用以防止灰塵，保護縮影片免受機械性損傷，同時對識別及存放取用，亦極為便利。縮影捲片如採用開放式貯藏，不用金屬罐密封，而將捲片連軸心直接存放在紙盒中，製作紙套及紙盒材料，因直接與縮影軟片接觸，或因使用紙張及黏貼封袋紙盒等材料不當，將直接影響縮影軟片壽命。甚者更因紙張的紙纖維脫落，沾染在影像藥膜上，紙張內含有化學填充料，日久使軟片變質，影像褪色，黏劑使用不當，沾染在軟片上，促使軟片變質等不良影響，自應有所限制，尤須考慮永久檔保藏，紙張紙盒等包裝器具，亦屬貯存條件要求因素，決不可疏漏與忽視其重要性。

1. 紙張要求：製作封袋、夾檔、紙盒等包裝容具所使用紙張，應屬高級漂白或未漂白的亞硫酸或硫酸紙漿，製成的紙張中，不得含直接磨細的木質紙漿（機械紙漿如報紙），紙張表面須光滑，不得有脫落的紙纖維，亦不得含臘及填充料，添加劑在加速老化試驗時，不得脫離紙張侵染軟片，更不可含有金屬或金屬化合物顆粒，紙張物理特性應適合其用途。同時化學性應穩定，在經加溫至華氏二二一度（105 °C），維持七十二小時後，折疊耐久試驗，應達未經加溫前紙張折疊耐久試驗 25 ％以上，方符合要求標準。

2. 黏劑要求：黏貼盛裝縮影軟片的紙盒、封袋、夾檔套等包裝紙器，所用黏劑應屬於不會潮解溶化的黏劑，亦不得對軟片影像藥膜有不良影響，並需符合老化試驗的要求標準。

3. 尺寸要求：在縮影片夾（Folder ——為紙張折疊無黏貼部位者）、夾套（Sleeve 或 Sheath ——為紙張折疊黏貼成兩端開口者）、封袋（Envelope ——分兩種，一為三面黏貼一面開口無封口折耳，另一種為有封口折耳者）等紙容器中，無論何種形式，均應較所裝縮影軟片略大，黏貼部份的折耳，力求尺寸狹小，在 6 ½×8 ½吋以下者，折耳寬度應窄於¾英吋，若超過此規格時，折耳寬度亦限於一英吋，黏劑不得侵出折耳寬度，以免存放於紙容器內的軟片，直接觸及黏劑，同時夾套、封袋製作，須力求平整，以免影響內存縮影軟片產生壓痕。

㈣貯存箱櫃：中長程貯存縮影軟片，不必考慮使用何種容器，但應貯存於抽屜式箱櫃中。製作箱櫃材料，以鋼鐵或其他非燃燒性材料製造者爲原則，如有專爲縮影片單獨設置貯藏室時，無論中長程貯存或永久檔保存，則任何適當的箱櫃或架子，均可用以貯存縮影軟片。

防火性貯存箱櫃要求──縮影軟片兼顧防火問題時，最重要而必須特別注意事項，就是貯存室或箱櫃，雖未被火災燒毀，但貯存的縮影軟片，遭受高溫或蒸熱氣影響，同樣遭受到破壞或損毀。由於試驗證明，在相對溫度 50％ 以下，縮影軟片於華氏二五〇度（ 121.1℃ ）高溫下二十四小時，無論是閱讀或用以複印，尚不致於發生任何可以察覺的損失。在華氏二七五～三〇〇度（ 135℃～148.9℃ ）高溫下，於數小時內，卽可能發生變形現象，甚至有些軟片藥膜亦將損毀。唯在較高相對溫度環境下，軟片將在較低溫度或較短時間內，卽開始發生變形結果。如屬於有背面塗層（保護膜）的軟片，亦將產生黏連或結塊現象。於有水蒸汽存在情況下，溫度在華氏二〇〇～二二五度（ 93.3℃～107.2℃ ）間，卽將產生嚴重變形與軟片黏連結塊，如長久暴露在水蒸汽或蒸汽已凝結成水的情況下，縮影軟片藥膜層將融化損毀。因此防火保險箱設計，應具備隔絕蒸汽及凝結水侵入的特性，縮影軟片在此類防火保險箱中時，亦必須放在防潮罐內。於貯存特性有防火要求時，貯存軟片的各項諸元中，務應選擇防止溫度上升，防止軟片與水蒸汽接觸的因素，具有同等的重要性。

依照美國國家防火協會（National Fire Protection Association）資料顯示，防火保險箱有各種耐火等級，自一小時～四小時不等，保證在華氏二千度（ 1093.3℃ ）高溫下，而箱內溫度不超過華氏三五〇度（ 176.7℃ ），在此等級保險箱中軟片，若放在氣密貯存罐內時，將不致超過華氏三〇〇度（ 148.9℃ ）。由此證明，縮影軟片完整性保藏，務使軟片貯存於具有氣密功能的氣密罐內，亦就是具有隔絕水蒸氣防火保險箱中，最後再放於有隔絕設備的存放窖中（即貯存室），最爲安全。

㈤貯存窖室：縮影軟片的貯存建築，於內部須闢有觀察與檢驗的房間，且全部面積應保持環境整潔，在空氣調節範圍內，牆壁及隔間均應具有防止表面和內部凝聚水滴設計，特別是在室外溫度降低，導致牆壁溫度低於室內空氣的露點時，最爲明顯。雖無兼顧防火性因素，縮影軟片貯存房屋，亦必須未雨綢繆，防範未然，以防止洪水浸犯、屋漏、飄雨等狀況發生。

1. 中長程貯存要求：縮影軟片祇以中長程貯存爲目的，通常並無嚴格要求，設立專門貯存室，只要按照中長程貯存要求的空氣環境，維持空氣中溫濕度標準即可。

2. 永久檔貯存要求：縮影軟片如有永久檔保存價值，務須單獨專設貯存空間，空氣調節更需符合貯存環境空氣要求條件，並與中長程貯存縮影軟片，辦公室，縮影作業間等場所分離，以避免空氣污染，造成永久檔品質損毀。

3. 防火性貯存要求：縮影軟片期獲得防範火災或類似災害的安全保障，應放置於防火保險箱，或具有絕緣設備的密封式容器內，無論是保險箱或絕緣容器，均需貯存在防火窖中。防火窖的建造，應依美國國家防火協會規定建築，使用空氣調節設備，亦須遵照防火協會規定的要求標準。

㈥空氣條件：係指縮影軟片貯存環境中，空氣條件要求標準，包括溫濕度限制條件，空氣調節要求，空氣調節控制，以及空氣中术潔物等因素，對縮影軟片保藏，均具有莫大的影響。

1. 溫度濕度限制條件：

　　中長程貯存──縮影軟片於相對溫度不超過60％，溫度不超過華氏九〇度（32.2°C），並應避免溫濕度急劇變化，如在較低溫度，或兩者均較要求標準更高，則對軟片保存將大有裨益。但溫度大過標準要求，造成不利影響，與溫度小於標準要求所得利益，不能成比例。

　　就濕度說，縮影軟片長時間暴露在超過60％，相對濕度空氣中，由於過濕緣故，軟片藥膜膠層，將被繁衍生長的黴菌破壞，甚至完全損毀，或造成軟片相互黏連結塊。如果軟片貯存於較低濕度下，由於乾燥原因，除可防止黴菌衍長外，對化學性分解變質速率，亦有抑制作用。惟軟片長期暴露在相對濕度15％以下，藥膜膠中水份，將被吸取而變脆，然一般極少發現因過份乾燥而變脆的軟片，即使是在相對濕度僅15％～20％間時亦然，同時軟片經常保持在低濕度下，容易產生電荷，因而導致吸附灰塵粒子，以影響軟片保藏。

　　以溫度言，縮影軟片經常維持在華氏約一〇〇度（37.8°C）之下，最後將降低若干種軟片柔軟性，於低溫度下，軟片較在室溫時更有脆性，如恢復到室溫時，又可恢復原有柔軟度。軟片在氣密容器內，可貯存於較低溫度。如軟片貯存於低溫度，在空氣中低於露點時，將導致軟片上聚集凝結水珠，為避免發生此現象，可保持氣密容器在密封狀態，携入處理環境內維持一段時間，等待軟片溫度逐漸上昇到空氣露點溫度以上時，再啟開密封容器，一捲軟片在室內恢復到室溫約需二小時，始可避免在軟片上凝聚水珠，亦可藉此時間，恢復因溫度降低而導致軟片脆性。由此足證，溫度對軟片深具有重要性，在無濕度控制貯存場所，溫度降低則使相對濕度增高，特別是未經密封的軟片，降低貯存溫度，則提高相對濕度，甚至會超過濕度要求範圍以外。

　　永久檔貯存──縮影軟片應在相對濕度40％以下，溫度應不超過華氏七〇度（21.1°C），同時避免溫度與濕度急劇變化，由於永久檔軟片極少使用，因此可將軟片裝入密封容器，貯存於較低溫度及濕度下，但在取用前，必需給予充份的恢復時間，俾使軟片因低溫所產生的脆性得以消除。

2.空氣調節要求條件：

中長程貯存——無論在貯存箱櫃中或貯存箱櫃中或貯存室內，保持中長程貯存要求濕度60％以下，均符合水準。但在下列情況下，必需特別注意各自要求條件，以維持軟片安全。

⑴採用各別箱櫃貯存時，保持濕度要求方法，必需注意箱櫃中放置軟片容器，各抽屜或各層間空氣流通，對外箱櫃門或抽屜，務須有相當氣密性。

⑵採用整間放置貯存軟片箱櫃時，貯存室內濕度控制在60％的方法，則需考慮各箱櫃，均應保留通風口，以維各箱櫃內容納空氣，保持與室內空氣均一性，且箱櫃通風口，應不違反防火及防水貯存要求條件。

⑶採用地下室或山洞庫等地，以作縮影軟片保存處所時，容易保持較低溫度，但相對濕度，則常易超過最高限度，因之必需裝設除濕機，且應採用密封罐存放軟片，以維護軟片安全。

永久檔貯存——永久檔貯存室或貯藏窖，應維持溫度在華氏七〇度（21.1°C）以下，相對濕度40％以下，且貯存室內，包括軟片檢驗室，應採用獨立空氣調節系統，使室內空氣較室外壓力略高（約需0.05吋水柱高），並需採用中長程貯存特性。

防火性貯存——縮影軟片兼顧防火貯存時，空氣調節要求標準，於貯藏窖所用空氣調節系統自動噴水消防系統，輸入輸出空氣導管等建築結構，務須符合國家防火協會規定，窖內用以貯存軟片的箱櫃，亦應採用隔絕水蒸氣的防火保險箱，以維護縮影軟片安全。

密封罐貯存 —— 縮影片使用密封罐貯存時，有關空氣調節規定，於縮影軟片在裝入密封罐內前，必需經過溫濕度調整，如以中長程或永久檔爲貯存目標者，則應依溫濕度條件，亦就是濕度 60 % 溫度華氏九〇度以下，或濕度 40 % 溫度在華氏七〇度以下（RH 60 % ／ 90 °F 或 RH 40 % ／ 70°F），其溫濕度調整時間及程度如表：

縮影軟片在要求的空氣溫濕度條件下達到平衡所需的時間表		
軟　　　片　　　型　　　式	達到 80 % 平衡	達到 100 % 平衡
單段、單條、單片、鬆散式	9 分鐘	90 分鐘
16 mm 捲片、整捲緊繞	3 日	2 週
35 mm 捲片、整捲緊繞	1 週	4 週
註：如果軟片是乾燥的，而調整室的溫濕度條件較貯存所需要的條件更佳時，達到 80 % 的平衡已夠。		

(1)在接獲應貯存的縮影軟片，未符合貯存條件時，務須依照表列規定溫濕度整調時間，按軟片形式特性，以作溫濕度調整，必需達到合格程度，方能裝入密封罐內，加以密封貯存。

(2)在貯存中縮影軟片，自密封罐內取出，暴露於不符合貯存要求條件空氣中，如需再度放回密封罐內以前，亦必須再經溫濕度調整，以維護軟片安全。

3.空氣調節控制要求：縮影軟片貯存室所用空氣調節設備，須能控制溫濕度，維持在所需條件內，永久檔空氣調節，可採用自動控制系統，但應經常使用濕度計（乾濕球溫度計）測量濕度，當空氣調節機，無法達到要求濕度時，可採用除濕機（需具電氣冷凍機原理）來輔助，同時除濕機並可裝設自動濕度控制，以達到要求的濕度。唯不能使用除濕劑方法，以輔助空氣調節降低濕度，由於室內流動空氣，將激動一些具有損害軟片危險顆粒灰塵，導致軟片產生磨擦或發生化學反應現象。至於加濕作用，除非軟片已在相對濕度低於 15 ％環境下，貯存有相當長時間方可，在加濕室內放置水盤，或某種化學溶液均欠理想，因恐造成軟片過度潮濕現象，導致軟片產生霉斑而損毀。

4. 防止空氣中不潔物：由空氣中引進的不潔物，約有顆粒固體及有害氣體等兩種，對縮影軟片都有不良反應效果，務必採取適當的防範措施，以維護軟片安全。

(1)顆粒固體：空氣中灰塵或固體顆粒，積存於縮影軟片上，將混淆縮影影像，或造成刮痕，如具有化學活性，更造成影像褪色或產生污點。預防方法係使空氣進入縮影片貯存室時，使用空調設備先經過濾，過濾方法係採用乾式過濾層，並以具有阻擋灰塵80％以上者,同時過濾層、框架及其塗料，均必須採用不燃性材料製造者為宜。

(2)有害氣體：空氣中吸入的有害氣體，諸如硫化物、過氧化物、油漆烟霧，以及其他有化學活性的氣體，將造成片基變質與影像退化。祛除空氣中有害氣體的適當方法，可使用水洗以降低二氧化硫，再經活性炭吸收劑，除去殘留二氧化硫及硫化氫雙重作用，惟空氣濾清水洗機中用水，應先經殺菌處理，且須保持清潔經常更換，清除空氣中所含有害氣體作業，務須維持一貫性控制。至於油漆烟霧，亦係氧化污染來源，貯存區如需油漆，應將縮影軟片暫移他地，俟油漆乾後，最少亦需二週　始可移回貯存室保藏。

(3)縮影軟片以永久檔保存為目標時，不得與硝化纖維片基軟片，同貯一室內，亦不可與硝化纖維軟片貯存室，共用一個空氣調節系統，因硝化纖維片基在分解時，將產生有害氣體，永久檔保存用銀鹽安全軟片於貯存時，不能與重氮片、氣泡片等其他類別軟片，直接接觸。同時永久檔縮影軟片貯存窖，最好遠離都市及工業區，以避免空氣中有害氣體侵害軟片。

　　四、保藏軟片容器：縮影資料由於軟片形式不同，在典藏方法上，亦略有差異，唯最高保藏原則，就是先由各單件資料媒體儲存，再歸納於一個完整而統一的典藏規格中，方便管理與使用。茲附圖說明各種儲存器材及典藏方法，以供參考。

　　㈠捲狀軟片儲存紙盒：分十六糎（ＭＭ）及卅五糎軟片用二種，係最簡單的成捲資料儲存方法，將成捲縮影軟片，裝納入一個紙盒內保存。

　　㈡捲狀軟片儲存卡匣：係最佳的一種包裝方法，可直接裝置在閱讀複印機上使用，僅限於十六糎（ＭＭ）縮影捲片使用。

　　㈢單捲縮影片儲存盒：適合儲存單捲縮影母片用，目前採用者，計有方形塑膠盒及圓形鐵盒兩種。

　　㈣夾檔縮影片儲存夾：分長條軟片及夾檔軟片二種，適合儲存及組合零星的縮影資料用。

　　㈤單份孔卡片儲存卡：於一張ＩＢＭ孔卡片上，儲存一幅以上縮影影像，以及目視資料。

　　㈥縮影單片儲存袋：適合少量且常用的縮影單片儲存使用，係採白色紙張製成。

　　㈦縮影單片儲存套：適合夾檔、孔卡、單片儲存用，可裝配成冊，管理便利。

　　㈧縮影單片儲存盒：配合縮影單片特性，設計專用儲存盒，係極為簡便措施，且有豎立檔存功能。

　　㈨縮影資料儲藏箱：縮影軟片貯藏箱櫃，可以收藏大量縮影資

料，無論是捲片、卡式、匣式、或單片、夾檔、孔卡片等不同形式媒
體，先經最初儲存處理，再存放在貯藏箱櫃中，更發揮縮影資料統一
典藏、調配、利用等功能。

　　(十)縮影資料防火櫃：具有高
溫耐熱功能，專供縮影軟片永久檔
防火性貯藏設計使用。

　　(土)自動化儲存設備：縮影軟
片大量庋藏，期達到快捷查索，特
使用自動化縮影資料儲存櫃，以解
決貯藏及檢索上困難。

縮影資料儲存容器
圖一　縮影捲片儲存紙盒

A. 匣式縮影捲片（16厘米）

B. 卡式縮影捲片（16厘米）

圖二　捲狀軟片儲存卡匣

A式膠質

B式　鐵質

圖三　縮影捲片儲存盒

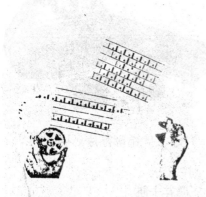

圖四　長條及夾檔縮影片儲存夾

圖五　孔卡片儲存卡

圖六　縮影單片儲存紙袋

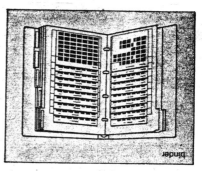

A式

B式

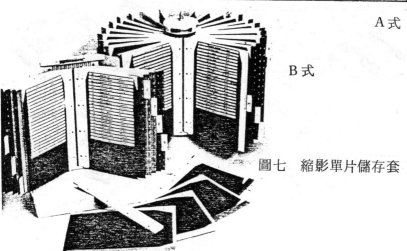

圖七　縮影單片儲存套

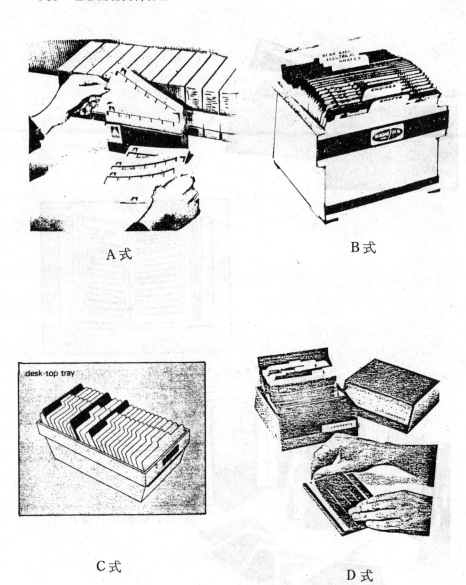

A式

B式

C式

D式

圖八 單片縮影儲存盒

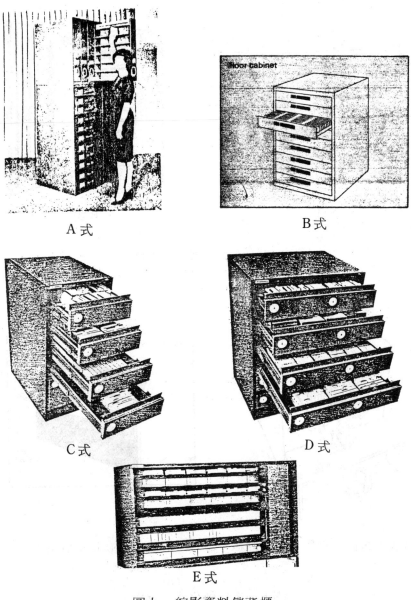

A 式

B 式

C 式

D 式

E 式

圖九　縮影資料儲藏櫃

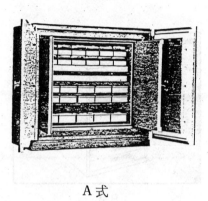

A式 B式

圖十 縮影資料防火櫃

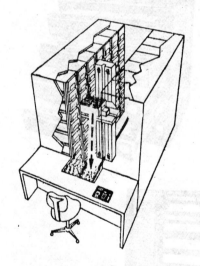

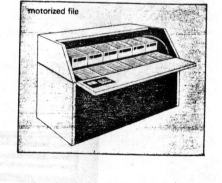

A式 自動化縮影資料典藏櫃　　　　B式 自動檔案檢索機

圖十一 自動化儲存設備

註　釋

註一　吳相鏞譯　縮影軟片之保藏　民國 68 年　教育資料科學
　　　月刊　第 15 卷第 1 期　p13-16.

註二　吳相鏞　如何達到縮影軟片永久保藏的目的　民國 68 年
　　　縮影研究專刊　p27-42.

第六節　圖書館縮影資料流通

　　圖書館藏文獻資料，採行縮影化管理，最大目的是讀者服務，亦
就是縮影資料流通使用，並且是迅速無誤地提供讀者作最有效的利用。
基於縮影服務觀點，特即基本認識、流通方式，以及閱讀規則三者，
略加說明，以供參考。

　　一、基本認識：圖書館縮影資料在利用上價值，必須透過讀者服
務，加以表示，基於服務體認，讀者服務與資料利用，實際上乃係一
體兩面，互為表裏，相輔相成。唯目前國內縮影服務工作，並未獲得
應有之重視，無論是人力配置、財力支援、設備購置等，每有偏頗簡
陋之嫌，誠屬憾惜。

　　㈠縮影作業最後工作是讀者服務：圖書館負有提高國民知識水
準，協助學術研究發展責任，縮影工作人員，亦是直接影響工作成敗
的重要環節，欲善盡職責，唯賴運用各種方式，提供讀者最佳服務。
縮影從業人員責任，包涵個人道德義務、工作熱忱、專業能力、忠誠
人格。換句話說，就是在工作中面臨挑戰，所發生積極反應。事實上，
就是個人工作時，在無受長官監督下，仍能自動自發，盡心盡力，任
勞任怨，本着良知良能，為讀者提供最佳服務，以完成上級賦予之使
命。由是證明，負責讀者服務的縮影工作人員，係居於何等重要地位，

所以縮影從業人員，應具有一共同體認，就是任務圓滿達成，必須全員密切配合，協調合作，共同努力，促使各項工作正常合理發展，方能邁進成功里程，尤其負責讀者服務的縮影工作人員，更應認清自己工作重要性，以免影響整體工作成效。

　　㈡縮影資料最終目的是資料利用：圖書館所攝製、採訪、整理、儲藏的縮影資料，終極目標，乃是將館藏全部資料，提供大眾利用。基於利用觀點，亦就是說，縮影資料的製作、徵集、整理、儲藏等作業，每求在利用上最高價值為基本原則。實質上，縮影資料選擇，係以讀者需要為優先條件，縮影資料徵集，係依使用情況，排定先後次序，縮影資料整理（編目），更以增加利用價值為最高原則。更具體地說，縮影資料供給讀者使用，亦即讀者服務，應力求增加資料利用機會，擴大資料利用價值，藉閱讀複印，館際合作，以及特定對象服務，安排適宜環境，利用各種有效方式，將館藏縮影資料，提供詳實說明及目錄，任由選擇使用，同時主動協助讀者解決困難，俾使縮影資料，在利用上價值，發揮終極的目的。

　　二、流通方式：係指讀者服務與縮影利用方式而言，有關縮影資料的流通方式，除第三節研討的採購、交換、贈與等方法外，最基本而直接的方式，就是閱讀參考，館際合作，複印服務等項目。

　　㈠閱讀參考：係縮影資料最基本的流通方式，亦就是直接提供讀者服務的工作，縮影資料閱覽室的工作人員，應盡所能，運用各種最有效方法，將館藏的縮影資料，提供最佳的讀者服務，以發揮縮影資料最大功能。

　　1.閱讀方式：縮影資料係特種傳播媒體，於閱讀時須借助閱讀機，以採閉架式為原則，讀者必須透過縮影資料閱覽室工作人員，始能取得所需要閱讀的縮影資料。

2.閱讀指導：圖書館縮影資料室，蒐藏各種形態縮影資料，諸如縮影捲片，縮影單片、夾檔軟片、孔卡軟片等不同形式的軟片，同時縮小倍率亦異，只有工作人員，方能提示最適宜閱讀機，以供讀者使用，並應指導讀者，進行閱覽活動。

(1)接受讀者諮詢，解答疑難問題，指導讀者利用縮影資料目錄或目片。

(2)指導讀者選擇及查索所需要縮影資料。

(3)提供讀者最新的縮影參考資料或有關書目及目片。

(4)指導讀者使用閱讀器材，並詳加解說及操作示範。

3.閱讀環境：縮影資料閱讀與圖書資料閱覽，具有顯著不同，最主要者，係閱讀縮影資料，必須借助閱讀機設備，同時更深受環境條件影響，無論是光線、空氣、溫度、濕度等因素，縮影資料閱讀環境要求，與普通閱覽環境比較，更是明顯差別。改善縮影閱讀環境，除人為因素：諸如工作人員素質（品德、學識、能力、精神）和服務熱忱。以及物質條件，諸如設備實用、堅固而合標準、佈置美觀舒適，使用方便而管理有效外，建築方面更需特別注意符合要求標準。①

(1)縮影閱讀室光線問題：室內光源來自電燈光源與自然光源二部份，電燈光源宜採用間接光源，以保持均勻光度，免使閱讀銀幕上，產生反光現象。自然光源係從窗戶投射進入室內，應避免強烈照射或黑影，以產生不良效果。

(2)縮影閱讀室空氣問題：縮影閱讀環境，應裝置最佳性能空調設備、發揮防濕、防塵、通風等功能，確保空氣清新，以免影響器材清潔、軟片永久藏用。故縮影閱讀環境空氣過濾（Air filtration），對器材保養與軟片維護，佔有最重要的地位。

(3)縮影閱讀室溫度問題：根據人體需要，最適宜溫度是華氏六十五度（ 18.3℃），由於縮影資料，必須在華氏八〇度（ 28℃ ）以內，方能獲得最佳而永久保存，所以縮影資料環境要求條件，在溫度方面，應維持華氏七〇度（ 21.1℃ ）上下，方係最理想的溫度。

(4)縮影閱讀室濕度問題：就空氣中濕潤標準而言，以保持百分之三〇至五〇（ 30％～ 50％ ）間，最爲適宜，如濕度過高，易使縮影軟片產生霉斑現象，濕度過低，又將使縮影軟片變脆，且導致工作人員與讀者，感到身體不適。

㈡館際合作：係指縮影資料館際共享而言，亦就是縮影資料流通使用，以及讀者閱覽服務的推廣工作，由於縮影資料，係特種傳播媒體，無法借給讀者個人，唯爲提供最佳讀者服務，以及擴大資料使用價值，特以館際合作方式，除採行購買、交換、贈與等措施外，尚可本著縮影資料館際共享宗旨，進行館際合作而辦理互借，以發揮縮影資料最大使用價值。

1.館際合作原則：各圖書館際間，本着「忠誠合作」崇高理想與「讀者服務」一貫精神，以公平、互惠、簡單、迅速、確實原則，達到縮影資料交流共享目的。但須遵重縮影攝製所有權，非經同意不得拷貝或出版，以從事商業行爲。

2.館際合作項目：係指各圖書館際間，合作服務的工作而言，包括縮影資料交換、贈與、互借，暨提供縮影資訊，目片或簡介，參考諮詢，以及其他讀者服務等工作，以提供最佳的合作服務。

㈢複印服務：縮影資料複印服務，係資料利用與讀者服務的推廣延申工作，實際上，就是閱讀的推廣工作，俾使縮影資料，發揮最大效用，並提供最佳讀者服務。

1.複印設備：縮影資料如需要副本時，必須利用複印機放大複印，通常複印設備是與閱讀設備，連結合成一體，亦就是俗稱"閱讀複印機"。一部優良的複印機，務須具備閱讀功能外，最重要者，尚須考慮影印尺寸規格，副本效果品質，保存年限、影印成本，以及處理方法。

2.複印方式：縮影資料複印方式，依據閱讀複印機性能，複印使用材料不同，而複印處理方法亦異，特列表比較分析，以供讀者參考。

複印處理方法比較分析表

處 理 方 式	穩定處理	乾銀處理	乾 銀 複印紙	靜 電 感光紙	靜 電 普通紙
乾式或溫式	濕	乾	乾	乾或溫	乾或溫
影 印 效 果	佳	佳	佳	良好	佳
副本耐久性	有限	有限	有限	長久	長久
影 印 成 本	高	高	高	中	低

三、閱讀規則：縮影資料最直接的讀者服務，就是閱讀複印服務，由於閱讀環境與設備，以及資料媒體不同，所以縮影資料閱讀室規則，同普通閱覽室略有差別，除必須辦理閱讀證、讀者儀容要求、個人物品處置、閱讀室秩序等基本規定外，縮影資料閱讀室，依事實上需要，務須特別注意下列要求事項：②

㈠縮影資料閱讀前，必須先行洗手，並擦乾手指，避免手指上油垢、汗水、灰塵等污染軟片，以維護縮影資料清潔。

㈡縮影資料係特種傳播媒體，以採閉架式閱覽為原則，讀者必須在縮影目片，目錄或簡介中，先行查索所需資料名稱，透過工作人員取得資料。

㈢縮影資料由於軟片形式不同，且縮小倍率亦異，讀者必須遵照工作人員指導，使用指定的閱讀機，以進行閱覽活動。

　　㈣讀者如係首次使用縮影媒體，或閱讀機類型，必須接受閱讀指導人員解說與使用器材示範。於使用完畢，讀者應隨手關閉閱讀機電源，以策安全。

　　㈤讀者於閱讀縮影資料時，若遇有機器操作，或閱讀發生問題，得隨即要求指導人員，協助解決困難。

　　㈥縮影資料閱讀室設備，無論是桌上型或固定型縮影閱讀機，非經指導人員許可，不得任意移動，或裝卸各種配件及附件，以免損壞機件。

　　㈦讀者若需縮影資料，拷貝複本或複印副本時，必須逐向指導人員洽詢，依規定提出申請，並說明工本費及繳費手續。

　　㈧縮影資料媒體，或閱讀器材，於使用中受到損壞時，讀者應無異議，承負照價賠償責任。

註　釋

　　註一　沈曾圻　顧　敏　縮影技術學　民國66年　技術引介社
　　　　　印行　p217.

　　註二　同註一　p218-219.

第六章　圖書館縮影作業實務

～國立中央圖書館臺灣分館個案分析～

國立中央圖書館台灣分館，其前身係日據時期台灣總督府圖書館，創立於民國四年八月，迄今已有六十七年歷史。民國三十四年十月，台灣省光復，由我政府接收，次年合併南方資料館，成立台灣省行政長官公署圖書館，三十七年五月，奉命改屬台灣省政府教育廳，更名台灣省立台北圖書館，至民國六十二年七月一日，奉行政院令改隸教育部，遂改名國立中央圖書館台灣分館，館址座落於台北市新生南路一段一號。

著者現在國立中央圖書館台灣分館服務，於民國六十八年五月十五日，奉令綜理參攷諮詢組務，主管參攷諮詢及縮影服務業務，負責策劃縮影圖書資料管理事宜，製訂縮影作業程序，設計縮影攝製模式，訂定縮影管理規章及報表，藉資建立縮影圖書資料管理制度。於進行製作過程中，實際參與各項縮影作業，深切瞭解體認縮影作業艱難，特卽圖書館縮影資料管理實務方面，以台灣分館作個案分析，提出個人實際經驗與具體作業，以供縮影界參攷。

第一節　縮影圖書資料規劃過程

附錄：臺灣分館發展縮影業務計劃

台灣分館現藏中外文圖書資料，約有四十五萬餘册，其中以日文台灣文獻及東南亞資料，名顯於國內外，且深具學術研究參攷價值。

由於該項圖書資料，數量龐大，藏用年久，維護困難。期有效保存文化遺產，維護館藏文物史料，除善加裱背裝補外，亟待迅速攝成縮影軟片，以利文化資源保藏流通，乃目前迫切完成任務。

早在民國五十六年，新生南路新館落成時，於三樓特設縮影室一間，內分縮影作業區、拷貝沖洗區、閱讀複印區，並設置閱讀台，可供十二位讀者使用。原訂推展縮影圖書計劃，目的在使館藏珍本圖書，透過縮影方式，期使該項圖書資料，開放以供各界人士研究參攷，並促進國內外館際合作及學術文化交流，乃決策規劃縮影圖書作業，購置縮影系統設備，以期發展縮影業務。

縮影室草創初期，所需設備及人員，均無固定預算財源，實難展開作業，幾經歷任館長熱心奔走設法，始於民國五十八年度，准予編列預算四十八萬元，先行採購德製 ROBOT—36 B 型縮影械,美國3M—200 型閱讀複印機，以及 3 M— 268 A 型裝孔機各乙台。五十九年度因財源短缺，未編列該項經費，六十年度雖列有預算十四萬元，以購買縮影軟片沖洗設備乙套，由於市價昂貴，經估價免稅價格亦需十五萬七千餘元，如果含稅更需二十四萬三千多元，致無法購置。六十一年度及六十二年度，更因圖書館預算大量核減，經費更感困難，故缺少財力支援，充實縮影各項設備，以完成縮影圖書計劃。

民國六十二年七月，奉令改隸教育部，於六十三年度，在中央預算中編列三十萬元，購買縮影軟片沖洗機設備乙套。然就縮影機械實際操作來說，縮影器材設備，係屬科學精密儀器，並非常人均能使用，必須專業技術人員，方能依序操作，但以該館歷年經費，均感短缺，既無經費聘僱專業人員來館工作，又無法自行訓練員工進行作業，故該項縮影圖書計劃，因而停頓。唯基於該館特種文獻資料，在典藏與流通上迫切需要，特自六十八年度起，逐年編列預算，擴充縮影設備器材，並調派員工接受專業訓練，正式開始進行縮影作業。

追憶本館縮影發展歷程，深懷諸任館長辛勤耕耘，十年有成，且頗具規模。俗云：創業維艱，守成更難。益感責任艱鉅，唯期吾縮影室工作同仁，於館長監督指導，暨各單位密切合作支持下，精心敬業，全力以赴，俾百尺竿頭更進一步，今後遵循三大目標邁進，方不負各級長官厚望。用特誌言，藉資策勵來茲，以示警惕而不忘也。

一、保持品質水準：台灣分館各特藏文獻資料，由於早期印刷術落伍，使用紙質低劣，色澤不均，兼以藏用年久，且有破損、油污、水漬、蟲蝕等現象（於攝製時必須善加修補外，並需選用適當攝製模式，按縮影作業一貫程序，依次進行各項作業），將造成軟片濃淡不勻，唯應力求字跡清晰辨認可讀為原則，餘如解像力、背景濃度、縮小倍率、物性外觀要求等條件，均須符合規格標準，以保持縮影片高品質水準。

二、促進館際合作：台灣分館現藏台灣文獻及東南亞資料，名聞中外，且深具學術研究價值。特訂發展縮影圖書計劃，期使館藏各項珍貴圖書史料，透過縮影方式，開放流通使用，並促進國際文化交流，敦睦館際友誼合作，藉資蒐集國外珍藏中文圖書資料，以供國內學術研究參攷，達成文化資源共享崇高理想。

三、加強縮影服務：台灣分館發展縮影圖書計劃，旨在維護文化資產、提高學術研究，加強館際合作，促進文化交流。尤以提高學術研究，加強讀者服務，更是本館縮影業務發展基本目標。為便利各界人士使用館藏縮影圖書資料，特籌設縮影資料閱讀室，提供縮影閱讀複印服務，同時更期透過館際合作方式，盡力為學者交換所需國外縮影資料，以解決學術研究上所遭遇之困難。

國立中央圖書館臺灣分館攝製縮影圖書資料表

一、報紙資料軟片

中國時報	台　北　版	35糎（MM）捲片	40捲
大　公　報	上　海　版	35糎（MM）捲片	9捲
	台灣航空版	35糎（MM）捲片	3捲
中央日報	上　海　版	35糎（MM）捲片	7捲
	福　建　版	35糎（MM）捲片	1捲
金融日報	上　海　版	35糎（MM）捲片	3捲

二、期刊資料軟片

台灣教育會雜誌（日文）	16糎（MM）軟片	6捲
台　灣　教　育　（日文）	16糎（MM）軟片	22捲
台　灣　時　報　（日文）	16糎（MM）軟片	32捲
實業之台灣　　（日文）	16糎（MM）軟片	5捲
台灣金融經濟月報（日文）	16糎（MM）軟片	2捲
經　濟　資　料　（日文）	16糎（MM）軟片	5捲
農聲（國立中山大學農學院刊物）	16糎（MM）軟片	4捲

三、圖書資料軟片

台灣分館特藏資料目錄（八種）	16糎（MM）軟片	1捲
美國圖書館藏中國方志目錄及善本書目	16糎（MM）軟片	1捲
廣東省各縣田畝調查册	16糎（MM）軟片	19捲
	35糎（MM）軟片	14捲
越南輯略	35糎（MM）軟片	1捲
大越史記全書	35糎（MM）軟片	1捲
南京市救濟院概覽等七種資料	35糎（MM）軟片	1捲
農村社會學大綱等三種資料	35糎（MM）軟片	1捲
孤兒院報告書等五種資料	35糎（MM）軟片	1捲

國立中央圖書館台灣分館縮影軟片統計表

數量分區 年份	攝製	拷貝	交換 換進	交換 換出	典藏
68 年 度	43捲(35MM)	125捲(35MM)	700片(4×6)吋 142捲(35MM)	700片(4×6)吋 45捲(35MM)	700片(4×6)吋 232捲(35MM)
69 年 度	65捲(16MM) 26捲(35MM)	134捲(16MM) 119捲(35MM)	49捲(35MM)	69捲(16MM) 95捲(35MM)	130捲(16MM) 99捲(35MM)
70 年 度	33捲(16MM) 9捲(35MM)	46捲(16MM) 214捲(35MM)	54捲(35MM)	40捲(35MM)	79捲(16MM) 237捲(35MM)
71 年 度	13捲(16MM) 15捲(35MM)	93捲(16MM) 94捲(35MM)	118捲(35MM)	20捲(35MM)	106捲(16MM) 207捲(35MM)

國立中央圖書館臺灣分館發展微影業務計劃

一、說明：

　　本館前身係日據時期台灣總督府圖書館，創於民國四年八月，已有六十五年之久，館藏中、日、韓及西文等圖書資料，計四十五萬餘冊。其中以台灣文獻，舊期刊報紙（清末至民國卅八年），善本圖書、普通線裝書、孤本圖書（民國卅八年前出版者），以及東南亞資料，最具有學術研究參攷價值。惟該圖書資料，數量龐大，藏用年久，難免部份破損，期有效保存文化遺產，維護館藏文物資料，除善加裱背裝補外，亟待迅速攝製微影軟片，以利庋藏流通，實是本館目前切需任務，故依發展業務實際需要，特訂本計畫。

二、宗旨：

　（一）維護文化資產、提高學術研究

　（二）加強館際合作、促進文化交流

三、方針：

　（一）配合部訂「文化建設」方案

　（二）適應學術研究參攷企求

　（三）發展本館微影業務需要

四、攝製範圍：以本館特藏資料爲範圍（見第二節附錄），現各特藏資料目錄，已攝製十六米釐微影軟片，並分函國外公共圖書館暨學術研究機構，洽商微捲軟片交捲業務事宜。其資料計分九項：

　（一）台灣文獻資料目錄

　（二）西文台灣資料目錄

　（三）館藏期刊報紙目錄（清末至民國三十八年）

　（四）善本書目

㈤普通線裝書目

㈥館藏有關中國西文圖書目錄

㈦廣東省各縣土地調查冊目錄

㈧孤本圖書資料（民國三十八年前出版者，約壹萬伍千餘冊）

㈨西文圖書目錄（東南亞資料）

五、實施方式：

㈠本館微影作業，由參攷諮詢組，承館長之命負責規劃實施，以提供學術研究參攷，不得從事商業行爲。

㈡本館微影作業，採攝製、沖洗、拷貝、檢驗、典藏、流通（閱讀、互借、交換）等一貫作業。

㈢本館微影作業，暫以攝製十六米釐及卅五米釐微捲軟片爲主。

六、微捲流通：

㈠閱讀：本館購置各型閱讀機及複印機各乙台，專設微影閱讀室，以供學者研究。

㈡互借：本館爲加強館際合作，特備微影軟片，供給國內公共圖書館暨學術機構借用，其辦法另訂之。

㈢交換：本館爲促進國際文化交流，特訂微影軟片交換辦法，處理國內外交換事宜（參見第六節）。

七、器材設備：本館微影作業器材設備暨待購器材一覽表（參見第五節附表）。

八、人員：

㈠管理人員：由本館調配正式人員一人，負責微影作業管理及申購器材、物品、資料整理、軟片典藏、閱讀、交換等事宜。

㈡技術顧問：敦聘具有微影專業知識及技術者一人，負責微影作業諮詢及技術指導事宜。

㈢技術人員：約僱具有微影作業知識及技術者二人，負責微影軟片
攝製，沖洗、拷貝、檢驗等一貫作業。

九、經費：

按本館微影業務實際需要，逐年編列預算支應，以維業務正常發
展。

十、附則：

本館微影業務發展計劃，呈教育部核定實施。

第二節　縮影圖書資料攝製範疇

附錄：臺灣分館特藏資料目錄簡介

台灣分館庋藏中、日、韓及西文等圖書資料，約有四十六萬冊，
其中以台灣文獻、舊期刊報紙（清末至民國三十八年以前）、善本圖
書、普通線裝書、孤本普通書（民國三十八年前出版者），以及東南
亞資料，最具有學術研究參攷價值。由於該項圖書資料，冊數龐雜，
藏用年久，維護非常困難，期有效保存文化遺產，維護館藏文物史料，
除善加裱背修補外，迅速攝製縮影軟片，以利文化資源保藏流通，實
乃經濟有效的方法。

該分館珍藏的圖書資料中，除民國三十八年前出版的孤本普通書，
約有一萬五千餘冊，尚在整理編製目錄中，餘皆編有各種特藏資料目錄，
並已攝製成縮影軟片一捲，茲附資料說明暨各目錄簡介於后，以供參
攷。

目前台灣分館自行攝製縮影圖書資料，分為報紙、期刊、圖書等
三大類，包括中日文資料，計三十九種，共有縮影軟片計16粍（MM）
九十七捲，35粍（MM）八十二捲，合計一七九捲。連同國內外館際

合作交換者，以及拷貝複製片，已藏有縮影單片（ 4 × 6 吋 ）七○○片，縮影捲片 16 糎二○九捲， 35 糎五六八捲。且編有館攝縮影圖書資料簡介，同時編製館藏縮影圖書資料目片，積極籌設縮影閱讀室，以供各界人士使用，並提供閱讀複印服務。

說　　明

壹、本微捲內容：

一、國立中央圖書館台灣分館簡介

二、本分館微影軟片交換辦法

三、各特藏資料目錄（請參閱各目錄簡介）

　　㈠台灣文獻資料目錄

　　㈡西文台灣資料目錄

　　㈢館藏期刊報紙目錄（清末至民國三十八年）

　　㈣善本書目

　　㈤普通線裝書目

　　㈥有關中國西文圖書目錄

　　㈦廣東省各縣土地調查冊目錄

　　㈧西文圖書目錄（東南亞資料）

貳、檢索方法：

一、每種目錄攝完，加閃光卡 10 幅（FRAME）

二、著者或書名索引，攝製於各書正文之前，以利檢索。

臺灣文獻資料目錄

　　台灣省立台北圖書館（國立中央圖書館台灣分館改隸前名稱）編

民國四十七年七月　台北　編者印行

　　（191）面　26公分

　　英文書名：Catalogue of Books Relating To Taiwan in
　　　　　　　the Provincial Taipei Library

　　本目錄所收台灣文獻資料，以館藏圖書期刊爲主，計分中文、日
文、西文三部份。採用日據時代台灣總督府圖書館和漢圖書分類表排
列，末附有關台灣參攷圖書書目，以供參攷。

西文臺灣資料目錄

　　國立中央圖書館台灣分館編　民國六十五年三月　台北　編者印行

　　（5）173面　21公分　精裝

　　英文書名：Catalogue of Materials in Western Ianguages
　　　　　　　Relating to Taiwan in the Taiwan Branch
　　　　　　　Library National Central Library

　　附：著者索引（英文）

　　本目錄以本分館現藏西文台灣資料（書刊）爲限，內容計分總類、
宗教、教育、語文、史地、政治經濟及社會、科學與醫學、工程、產
業、商業與交通等十類，各類資料均依著者姓名英文字母次序編排，
請參閱凡例，以利檢索。

館藏期刊報紙目錄（清末至民國三十八年）

　　國立中央圖書館台灣分館編　民國六十四年二月　台北　編者印行

　　（89）面　21公分

　　附：刊名首字筆畫檢字

　　本目錄全名爲：國立中央圖書館台灣分館館藏期刊報紙目錄（清末至民國三十八年），著錄資料以中文爲限，計期刊889種，報紙76種，依刊名筆畫編排，筆劃相同者以國立北平圖書館所編「中文目錄檢字表」排列，各類目依次：刊名、刊別、創刊年月、出版地、編輯者、出版者、及本館庋藏卷期資料，餘請參閱凡例，而利查索。

臺灣省立臺北圖書館善本書目

　　台灣省立台北圖書館編　　民國五十七年八月　　台北　　編者印行

　　（47）面　　21公分

　　本目錄編者現名爲國立中央圖書館台灣分館，該書目所收資料計分經、史、子、集、叢等五部共二十四類。

普通本線裝書目

　　台灣省立台北圖書館編　　民國六十一年四月　　台北　　編者印行

初版

　　（2）148面　　21.5公分　　精裝

　　非賣品

　　本書全名爲台灣省立台北圖書館（本分館改隸前名稱）普通本線裝書目計分總類、哲學、宗教、自然科學、應用科學、社會科學、史地、語文、美術等九大類，共2148部（種）普通線裝圖書，依「中國圖書分類法」排列，於每部首列書名，依次爲卷數、著者、出版年、出版者、備註等項。

有關中國西文圖書目錄

台灣省立台北圖書館編　民國五十一年六月（序）　台北　編者印行

74＋12面　35公分　精裝

英文書名：Catalogue of Western Books on China in the provincial Taipei Library

附：著者索引（英文）

本書全名爲台灣省立台北圖書館所藏有關中國西文圖書目錄，所收圖書以西文爲限，共2000冊，計分總類、哲學、宗教、自然科學、應用科學、社會科學、史地、語文、藝術等類，依日據時代台灣總督府圖書館及附設南方資料研究室所採分類表分別排列，餘請參閱目錄說明，以利查索。

廣東省各縣土地調查冊目錄

國立中央圖書館台灣分館編　民國六十四年　美國舊金山　中文資料中心印行

（27）＋77＋（5）面　有圖表　27公分　精裝

英文書名：A Catalog of Kuang-Tung Land Records in the Taiwan Brancn of the National Central Library

本目錄依本館庋藏資料整編而成，內容計有：分類統計表、縣名表、目錄三部份，其編排方法，請參閱凡例以利查索，而本書實際係在台北出版。

西文圖書目錄

台灣省立台北圖書館編　民國六十一年十一月　台北　編者印行
（ 13 ）237 面　26公分

英文書名：Catalogue of the Western Books Kept in the
　　　　　Research Department of Special Material Tai-
　　　　　wan Provincial Taipei Library

附：著者索引（英文）

本目錄全名爲台灣省立台北圖書館特藏資料研究室西文圖書目錄，所著錄資料以西文爲主，依地區分有菲律賓、越南、高棉、寮國、泰國、馬來西亞、新加坡、印尼、緬甸、印度、巴基斯坦、錫蘭、澳大利亞、紐西蘭等國。以內容分有政治、經濟、社會、產業、交通、移民、宗教、民俗、語文、藝術等十類，其分類採用日據時代台灣總督府圖書館分類表排列。

第三節　縮影圖書資料作業程序

附錄：臺灣分館縮影作業流程圖

縮影圖書資料作業，乃屬百年大計，決不可朝夕更改，於縮影作業進行前，必須確訂縮影圖書資料作業程序，以作實施縮影軟片製作時依據，循序漸進，始能達到縮影目標，完成縮影化管理任務。

台灣分館縮影圖書資料作業，依據設置規劃宗旨，配合未來縮影業務發展計劃，以及學術研究參攷需求，採取自行攝製館藏珍貴圖書資料，並與國內外學術文教機構交換合作，促使館際縮影圖書資料共享── 最高理想目標。

一、縮影軟片作業程序：台灣分館聘請顧問負責縮影技術指導外，

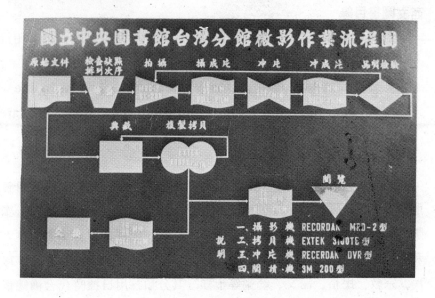

台灣分館縮影資料處理步驟

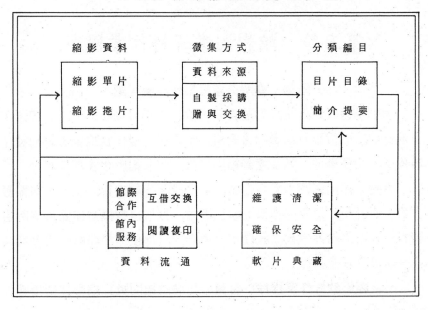

並自力訓練作業人員，設置縮影室，派有專技人員作業。縮影軟片製作，採取自行攝製方式，進行拍攝、沖洗、拷貝、檢驗、轉換等一貫性作業程序。目前暫以製作十六糎（MM）及三十五糎（MM）縮影捲片爲主，並製訂縮影作業程序圖，以作縮影管理與品質控制準則。

　　二、**縮影資料處理步驟**：台灣分館縮影室，除設有空調措施外，製作縮影資料專櫃儲存，專人管理使用。縮影資料處理，做照圖書管理方式，進行徵集（自製、採購、贈與、交換）、編目（編製目片、目錄、簡介）、典藏（清潔、安全）、流通（館內閱讀及複印、館際互借及交換）等連續性處理步驟。目前編有館攝縮影圖書資料簡介，並購有縮影單片閱讀機，十六糎及三十五糎捲片閱讀機，縮影複印機等各乙台，積極編製縮影資料目片，籌設縮影資料閱讀室，以供各界人士使用。

第四節　縮影圖書資料製作模式

附錄：臺灣分館縮影攝製模式圖

　　縮影圖書資料製作過程中，最重要者係根據原始資料類別與體積尺寸，事先愼密設計完善攝製模式，以說明縮影資料組合方式，亦就是賦予全部資料一貫性次序或連續性編號，於進行作業時，依固定編次，循序運作，持行有恆，藉供縮影攝製規範，並控制軟片品質水準。

　　台灣分館針對現藏圖書資料特性，設置縮影攝製模式三套，分別配合館藏圖書資料使用，以作攝製作業與品質管制準繩。各模式適用原則，除原件體積尺寸特殊者，必需另行設計模式外，悉依原始圖書資料形式，並密切配合體積尺寸大小使用。

　　報紙資料：體積尺寸在 39 × 27 公分以上，採用 35 糎（MM）

縮影捲片，以 18 $\frac{3}{8}$ × 10 $\frac{5}{8}$ 英吋模式製作。

期刊資料：體積尺寸爲 26 × 19 公分之間，採用 16 糎(MM)縮影捲片，以 10 $\frac{5}{8}$ × 7 $\frac{3}{4}$ 英吋模式製作。

圖書資料：體積尺寸在 22 × 15 公分以下，採用 16 糎（MM）縮影捲片，以 8 $\frac{11}{16}$ × 5 $\frac{15}{16}$ 英吋模式製作。

綜觀台灣分館縮影攝製模式基本次序，概分模式資料與原始資料二大類，包括反射目標，檢驗目標，攝製說明，正文內容，閃光卡等五項，分別說明，並附錄縮影攝製模式，以及基本作業次序，以供參效。

一、反射目標：採用柯達50％反射率試驗卡，於片頭及片尾各攝製二幅（Frame），以作檢驗背景濃度準據。

二、檢驗目標：包括美製 1010A 解像力試驗卡、縮小倍率、固定長度、捲片開始（終止）等五項，於片頭及片尾各攝製一幅。

三、攝製說明；包括國旗、國花（我愛中華文化）、縮影時間、製作單位名稱及地址、鑑製人、台灣分館簡介、縮影軟片交換辦法、攝製權說明、工作人員等資料，於正文內容開始前或結束後，在最適當間隔中攝製，使讀者瞭解縮影資料組合方式。

四、正文內容：包括原始資料簡介，保藏資料機構、庋藏數量及形式、資料鑑定等項，以保持原始資料眞實性，並增強縮影捲片法律效力。

五、閃光卡：採用數字或文字方式，製作黑底白字標示卡，依實際需要，於每冊或每種、每年或每月、每卷或每期內容攝完，加閃光卡十幅（Frame），以利檢索。

本館微影攝製格式圖

片頭		館介		交換辦法	
35mm 軟片用（大）1～3	16mm 軟片用（小）1～3	35mm 軟片用（大）1～7	16mm 軟片用（小）1～13	35mm 軟片用（大）一	16mm 軟片用（小）二

攝製說明
一、攝製說明
二、資料簡介
說明

攝製工作人員

攝製權

書　名

完

攝製權

攝製權　內容　完

檢驗目標
一、解像力試驗卡
二、縮小倍率
三、固定長度
四、捲片開始

內容

空白軟片　最少50公分（cm）

原件攝製開始

檢驗目標
一、解像力試驗卡
二、縮小倍率
三、固定長度
四、捲片終止

空白軟片　最少50公分（cm）

閃光卡

	圖書	期刊	報紙
	每種	每卷	每月份間
	月間攝製	月間攝製	攝製
	10幅	10幅	10幅

備註

一、模式使用原則：
(一)原件體積在39×27公分以上者，使用35種軟片攝製，以下者使用16種軟片攝製，模式另行設計。
(二)原件體積尺寸特殊者，模式另行設計。
二、閃光卡使用方法：
(一)報紙資料每月份間攝製10幅（FRAME）。
(二)期刊資料每卷間攝製10幅（FRAME）。
(三)圖書資料每種、冊、卷或函間攝製10幅（FRAME）。

拍攝記錄簿　　　　　　國立中央圖書館臺灣分館

記錄一

時間	70年8月6日　時
拍攝者	黃翠萍
捲號	0163／N0056
拍攝機	MRG-1□　MRD-2☑　Filemaster□
拍攝長度	100呎　690幅
內容	中央日報 上海版 36年7、8、12月
軟片	原件殘述
	16 ㎜／m □　Kodak ☑　其他□
	35 ㎜／m ☑　FUJI□
	原圖紙□　普通紙□　複印品□
	品質佳□　品質差☑　品質不均☑
備考	D：1.77　1.88　1.76　W：0.12　解像力：6.3×19＝120線／糎　已減濃度：fog：0.03　LD：1.03　HD：1.11　D：1.03　1.06　1.08　1.11
鑑定者	王會均
鑑定時間	9月15日　時
鑑定結果	重拍□　原件退還□　驗收☑　合格□

記錄二

時間	8月5日　時
拍攝者	吳陵
捲號	0164／P0069
拍攝機	MRG-1□　MRD-2☑　Filemaster□
拍攝長度	100呎　2560幅
內容	掃蕩 民國20年1月÷141期 民國23年12月180期
軟片	原件殘述
	16 ㎜／m ☑　Kodak ☑　其他□
	35 ㎜／m □　FUJI□
	原圖紙□　普通紙□　複印品□
	品質佳□　品質差☑　品質不均☑
備考	D：　1.93　1.92　W：　拍攝曝光量片頭8刻度 正文使用9刻度試驗　解像力：6.3×25＝158／糎
鑑定者	王會均
鑑定時間	9月15日　時
鑑定結果	重拍☑　原件退還□　驗收□　合格□　影像不完整

記錄三

時間	8月12日　時
拍攝者	黃翠萍
捲號	0165／N0057
拍攝機	MRG-1□　MRD-2☑　Filemaster□
拍攝長度	100呎　1005幅
內容	中央日報 上海版 37年1－4月
軟片	原件殘述
	16 ㎜／m □　Kodak ☑　其他□
	35 ㎜／m ☑　FUJI☑
	原圖紙☑　普通紙□　複印品□
	品質佳□　品質差☑　品質不均☑
備考	D：1.88　1.92　W：0.12　解像力：7.1×19＝135線／MM　已減薄濃度：W：0.04　1.25　1.27　1.25
鑑定者	王會均
鑑定時間	9月15日　時
鑑定結果	重拍□　原件退還□　驗收□　合格☑

國立中央圖書館臺灣分館申報攝製模式實例

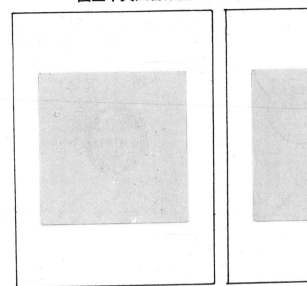

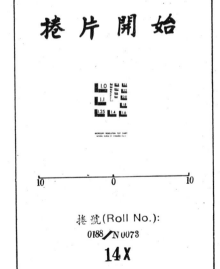

捲號(Roll No.):
0188／N 0073
14 X

中華民國

Republic of China

我愛中華文化

I Love Chinese Culture

中 華 民 國
國立中央圖書館
台灣分館
攝　製

監　製　人

館長：劉　昌　博
館址：台北市新生南路一段一號(106)
攝製日期：中華民國71年　月　日

Microfilm Publisher

TAIWAN BRANCH LIBRARY

NATIONAL CENTRAL LIBRARY

Supervisor:
Chang—Po Liu,　Director
Head Office:
　1 Hsinshen S. Road, Sec. 1.
　Taipei, Taiwan (106)
　Republic of China
Date: January　　**1982**

中 華 民 國
國立中央圖書館
臺灣分館

簡

介

中華民國
國立中央圖書館台灣分館簡介
National Central Library
Taiwan Branch

國立中央圖書館台灣分館有微捲攝製所有權，非經本館同意，不得拷貝及出版，違者依法追訴。

申　報

中　華　民　國
國　立　中　央　圖　書　館
臺　灣　分　館

依　據　館　藏　資　料
攝　製

申　報

中華民國 37 年 8 月

說　明

　本月份資料完整無缺，惟因館藏
用年久，而有缺版、破損、水漬
、蟲蛀等現象，故於攝製時，原件
以「原件缺第 XX 版」及「原件
污損」字樣，加以表示。

閃光卡十幅

申報

中華民國○○年○月

微　影
攝製工作人員

　　顧　問
吳　相　鏞　先生
　　策　劃
　　會　均　先生
王　　製
　　攝　卿　聰　先生
蔡　重　檢
　　重　卿　先生
蔡

本捲軟片攝製完成後經經鑑定內容與原
書無誤
原書仍歸還本館典藏閱覽組典藏

鑑定人：參攷諮詢組主任
　　　　王　會　均　先生

（鑑定工作完成於片尾簽字後生效）

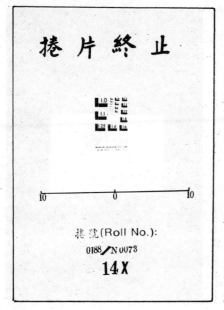

第五節　縮影圖書資料作業器材

附錄：臺灣分館縮影器材一覽表

　　工欲善其事，必先利其器。誠然，圖書館縮影資料管理，欲求高度效率，亦必須具備完善設備器材，方能達到預期理想目標。

　　圖書館縮影圖書資料製作，所需要設備器材，依機械功能，計分生產設備、使用設備、檢驗設備，以及其他設備等器材。圖書館於採行縮影化資料管理，暨縮影作業規劃與執行前，必需針對館藏圖書資料特性、類別、形態、數量等實際需求，並預計未來發展潛力（成長率），以決定作業程序、攝製模式、儲存形態、資料流通方法，以及服務對象及方式，供作選購設備器材準據。

　　台灣分館選擇縮影作業所需設備器材，除非特殊需要或專案處理外，係依本館業務及財力，分析機械性能，成本效益，並本著——「需要適用、經濟安全」原則，亦就是依價廉物美、堅固耐用先決條件，作為選購各項縮影作業器材攷慮因素。特卽縮影設備、沖洗設備、複製設備、檢驗設備、閱讀複印，以及輔助設備等機械器材，提供建議性意見，藉資選購參攷。

　　一、選購縮影設備原則：圖書館於採購縮影設備前，須針對事實上各項重要因素，進行比較分析，檢討研判，以決定購置最適合本身需要縮影器材。

　　㈠館藏特性：依現藏圖書資料性質、類別、形式及數量，決定製作形式，採用儲存型態：縮影單片、縮影捲片、夾檔軟片、孔卡軟片。

　　㈡設備規格：縮影機械形式，輪轉式、平台式、單片式、孔卡片等機型。

　　1.機體：亦就是體積尺寸，諸如寬度、高度、深度、重量、以及裝置時所需空間大小。

　　2.電源：諸如所需電壓、光源及燈光投射與裝置方式，以及亮度控制方法。

　　3.縮率：縮影比率範圍，亦就是具有幾種不同縮小倍率，可供使用，以及影像清晰度測定方法。

　　4.軟片：適用何種縮影片及規格：

　　　(1)軟片寬度：專供十六糎（ＭＭ）或三五糎軟片使用，抑二者均可使用。

　　　(2)軟片長度：亦就是軟片組盒容納軟片長度，一○○英呎或二一五英呎。

　　　(3)軟片形式：使用縮影捲片、縮影單片、孔卡片。

　　　(4)資料組合：每單元容納資料數量，以及原始資料分配組織方法。

　　5.鏡頭：縮影機鏡頭特殊設備裝置，使用何種角度鏡頭，具有幾種縮小倍率，以及焦距調整方法：係由人工操作或自動控制。

　　㈢機械性能：

　　1.曝光設備：亦就是自動曝光功能，設有測光儀器，控制按鈕係由人工或自動管制，於拍攝區內調整適當亮度，自行曝光。

　　2.警示設備：縮影機故障、軟片裝置錯誤、或軟片用完，均由自動警報器，發出警告鳴聲。

　　3.計數設備：軟片長度計數器，幅數指示器、曝光指示器。

　　4.控制設備：縮影機操作控制鈕、電源控制器、曝光控制鈕。

　　5.配輔設備：縮影機配有輔助設備，諸如自動裝片器、軟片收裝設備，以及配合電腦輸出作業。

㈣拍攝條件：

1. 縮影機拍攝台面尺寸，原始文件拍攝最大尺寸以及軟片影像最大尺寸。

2. 縮影機拍攝作業，影像配置方式，每次曝光畫面數量，以及軟片輸送速度。

3. 縮影機進行拍攝，原始文件餵料方式，裝設位置，作業程序。

㈤特殊因素：

1. 瞭解縮影機械代理商信譽程度，以及售後技術服務深度。

2. 分析縮影機器合理價格，購買方式，並判決成本效益因素。

3. 研析縮影機特性及用途，於事前蒐集資料，或由各製造廠商提供說明書，以供參攷。

綜合上列各種要素，於採購縮影設備時，必須慎重攷量，決定何種廠牌、機種、形式、方能獲得最適合需要縮影機，以利縮影作業。

二、採購沖洗設備原則：縮影軟片沖洗機廠牌、機種及形式頗多，因此沖洗作業程序，操作技術，使用藥劑，均略有不同，如何選購最適合沖洗機，特提供注意事項，以供參攷。

㈠機械規格：諸如機體外形大小、寬度、高度、深度、重量，以及機型係固定型抑輕便型。

㈡電源設備：電力供輸量，所需電壓及電流。

㈢水源系統：有關供水、排水、管通、開關等措施，以及耗水量、水流、水源、壓力和控制方式。

㈣沖片洗槽：沖片使用洗槽數量，顯影液及定影液容量。

㈤溫度調控：沖片作業時，有關水溫、顯影液溫度，以及烘乾溫度之調節設備，控制方法，以調控適當溫度。

㈥沖片速度：亦就是縮影軟片沖洗速度（呎／小時），每小時沖片呎數。

㈦適用軟片：沖洗軟片類型，如軟片寬度：十六糎（ＭＭ）或三五糎，軟片長度：每捲一〇〇英呎、二一五英呎、一〇〇〇英呎。

㈧附屬裝配：諸如架子、水箱、水池、軟片軸、警示器、藥劑補充器、軟片檢驗器，以及調溫控制器等附加設備。

㈨特殊功能：沖片機特性與功能，諸如自動繞片操作功能，沖片架形式，軟片輸送轉輪，以及操作方式；簡便、快速、安全等因素，均將影響一貫作業。

㈩合理價格：研析成本與效益、必須合乎需求。

三、購置複製設備原則：縮影軟片複製機，俗稱軟片拷貝機，於縮影製作單位，發行單位或服務單位，均佔有極重要地位，類似縮影資料印刷機，因此採購縮影複製機前，應詳加分析研判各項條件，俾選購最適切而實用機械，以利縮影軟片複製作業。

㈠複製機類型：拷貝機類型有捲片複製機、單片／夾檔複製機、孔卡片複製機。同時廠牌及類型頗多，於購置應慎重效量，抉擇最有利且又適合需要者，以免影響整個複製計劃及作業。

㈡複製機規格：諸如拷貝機外形大小、機體寬度、深度、高度、重量，以及電源、電壓、光源。

㈢縮影軟片類型：諸如適用縮影母片規格：十六糎（ＭＭ）／三五糎捲片，或４×６吋單片／夾檔片，抑ＩＢＭ孔卡片。複製軟片材料係銀鹽片、重氮片、氣泡片。

㈣複製作業程序：諸如複製作業速度、軟片容量長度，每次曝光複製份數能量，以及複製作業暗房設備或明室作業，專業訓練。

㈤複製機性能：各機種最主要特性，各項輔助設備，諸如自動計數器、曝光控制儀。

　　㈥複製機價格：合理價格、財務能力、投資效益等因素。

　　四、擇購檢驗設備原則：縮影製作單位，為確保縮影軟片水準，無論是縮影片或複製片，於完成沖片作業，必須實行檢驗工作，以控制縮影軟片品質標準。

　　㈠檢驗設備類別：諸如檢片台、濃度計、顯微鏡、放大鏡等必需器材。

　　㈡檢驗器材規格：諸如機種、形式、體積、重量，以及重要性能。

　　1. 檢片台：台面長度、寬度、高度、重量、電源、光盒亮度、容納軟片規格：寬度及長度，附帶放大鏡設備，以及重要性能，操作方式，合理價格。

　　2. 濃度計：機型體機寬度、高度、長度、重量、電力、光源、讀數表示方法、精確度、操作方式、輔助儀器，以及重要功能，合理價格。

　　3. 顯微鏡：類型、機體長度、寬度、高度、重量、放大倍率、檢視方式，以及特殊性能，合理價格。

　　五、採購閱讀複印機原則：由於閱讀複印機係屬使用性設備，且使用對象繁雜，除專業人員外，尚有普通讀者，從實用角度分析，必須考慮使用對象、方式、目的、場地、頻率等實際因素。更簡明地說，就是依需要及適合原則，並按閱讀環境、人體工學、設計工程、複印功能等條件，選購最經濟安全及完美實用閱讀複印設備。①

　　㈠基本閱讀環境因素：配合縮影資料閱讀室措施，諸如光線來源、電氣設備、環境衛生等條件。

　　1. 閱讀室光線來源（包括自然光線及照明光線），室內燈光照明亮度強弱程度。

2.閱讀機移動頻率，移動方式：係水平式、垂直式、斜角式。搬動位置：摺疊手提或裝箱推動而轉移位置，以及震動影響力。

3.閱讀機使用場地，室內使用，環境清潔條件，室外使用，防塵性能力。

　　㈡基於人體工學需求：適應人體生理上需要，減輕使用者疲勞，以維護身心健康。

1.閱讀機若專供片卡使用，於機上片卡定位設計，必需具有極平滑移動功能，以減少使用者疲勞。

2.閱讀機銀幕中心位置，與使用人眼睛平均高度，必須相互配合，且可調整傾斜角度，俾使螢幕與眼睛垂直。若須在各種場地使用，必需具有變換閱讀機枱面高度設備，任意調節適宜高度。

3.閱讀機銀幕週圍反射景物，或任何反光，尤以銀幕面對窗口時，更能損傷眼睛，影響閱讀者身心健康。

4.閱讀機片卡厚度開口大小及定位，均與焦距調節具有密切關聯性，必先檢查浮鏡設備，以免增加操作困難。

5.閱讀機旋轉影像能力，轉動方法係人工操作（轉軸式）或自動控制（按鍵式抑撥盤式）。縮影軟片於攝製時影像排列形式，無論是採用橫排列（Comic）或直排列（Cine），均能在銀幕上閱讀正確方向影像，以免造成歪斜閱讀姿勢，產生閱讀困難。

6.閱讀機低速掃描能力，或檢索方法：諸如閃光卡、轉輪計、移動線碼、光影標示等計數設計，均可節省使用者精力及時間。

　　㈢基於工程設計要求：亦就是機械性能，依經濟安全及需要實用原則，必須選擇保養容易及操作安全機種，以供閱讀複印使用。

1.閱讀機類別結構規格：機種係舉手式觀察器，手提式閱讀機，或固定式閱讀機。外形結構係塑膠、塑膠鋼或金屬合金製成。機外凸出尖銳物，損傷人體及衣物可能性。體積高度、寬度、深度、重量、以及附屬配件。

2. 閱讀機適用媒體：適用軟片係捲片、單片、孔卡片。軟片規格：16／35糎（MM）捲片，長度為100／215英呎，或4×6吋單片，抑IBM孔卡片。軟片影像為正像或負像，以及閱讀複印尺寸：A1、A2、A3、A4、B3、B4等大小尺寸。

3. 閱讀機操作方式：諸如軟片裝卸位置、裝卸方法、影像旋轉、焦距調整、亮度控制、軟片移動控制鈕位置，以及機械重心穩定程度。

4. 閱讀機銀幕形式：係前方投影或後方投影，螢幕顏色為綠色、灰色或藍色。銀幕大小如寬度及高度尺寸。

5. 閱讀機檢索方法：係人工檢索或自動檢索，檢索速度如軟片前進速度及收轉速度，每分鐘呎數（小時／呎）。

6. 閱讀機放大倍率：亦就是閱讀機適用倍率，備有幾種倍率鏡頭，可供使用。

7. 閱讀機燈光設備：諸如燈泡種類規格、有效壽命、補充方式、電源設置、所需電壓、通風設備、熱過濾器或散熱措施、維護方法等問題。

8. 閱讀機光學特性：諸如解像力清晰度、照明度均勻性、視角度損失率、焦距點精確力。

(1)解像力：於整個銀幕上，影像均勻尖銳清晰度。

(2)照明度：在銀幕中央、邊緣及四角燈光強度，顯著差異均勻性。

(3)視角度：從各個角度，作垂直直觀銀幕時，影像明亮度顯著損失。

　(4)焦距點：於閱讀時，影像移動位置，焦距點上清晰度。

　9.閱讀機保養方法：諸如燈泡更換、片卡承載裝置、軟片鏡窗等裝設方式，更換方法，以及清潔維護、機件保養。

　㈣基於複印功能需要：縮影片製作目的，不僅是提供閱讀使用，更能適應複印需求，俾完全達到閱讀複印目標。

　1.複印能力尖銳性：閱讀複印機通常係由閱讀機與複印機組合而成，亦就是由閱讀機再加複印功能構成，可作簡單結合分解，於複印時清晰度與尖銳焦點，均在閱讀機上調節，按鈕複印作業，將影像轉投射向複印機組，兩者尖銳焦點，應完全一致，且須經數次裝卸，仍不損失尖銳性。

　2.複印週期快速度：複印作業過程，包括切紙、送紙、曝光、顯影、乾燥、輸出複印物，同時完成再次複印準備狀態。全部作業所需時間，除曝光可由操作員略作調整外，餘均於機內預置各項操作固定時間及順序，全部複印時間愈短愈佳，若需複印大量資料時，爭取時效為最重要因素。

　3.複印資料高品質：係指複印物捲曲及退色程度，由於縮影片閱讀複印機，係採濕式靜電複印程序，用紙多經化學特殊處理，且為單面由藥液處置，使紙張本身產生不平衡內力，若處理方法失當，則容易產生捲曲現象，於複印作業中或複印完成，紙張捲曲均將影響使用效果，發生挾紙現象，更阻滯複印程序。複印物黑色字跡退色特性，常因存用時間久暫，或經日光照射減退。且退色程度亦因採用材料及處理方式而異，字跡色澤較深而經久不退者，自為高水準閱讀複印機。目前已有以普通紙，採用乾式靜電複印方式，應用於縮影片閱讀複印機者，更具備複印物高品質特性。

　4.複印紙有效壽命：閱讀複印機採用濕式靜電複印方式，用紙均係經過化學特殊處理，且各廠牌間亦難相互通用，有效使用壽命，期限長短差異鉅大。若有效使用壽命過短，於購置存放上頗有安全顧慮，由於貯存期限太短，供應商更不可大量儲庫，急待需要時，發生缺貨現象，必影響複印作業時效。

5. 複印紙裝填處理：縮影複印紙，無論是以濕式靜電複印或化學感光複印，均係採用經過化學藥劑處理特殊紙張，通常最忌潮濕，在低使用頻率狀況下，期保持複印紙堪用壽命，須於不使用時期，將複印紙自閱讀複印機內取出，另行存放陰涼而乾燥處所，以維護紙張使用壽命。由於複印紙自閱讀複印機內取出或重新裝入，操作手續繁簡難易至為重要，若果紙張裝填處理，必需更高精密度，尤其需由技術人員，方能調節使用，於複印作業時，將產生更多顧慮和困難。

6. 複印作業零故障：縮影片借助閱讀複印機，將影像放大於閱讀螢幕上，焦點調整適度，再轉映至複印紙上成為目視資料。複印過程包括切紙、送紙、曝光、顯影、乾燥、復原等一貫性程序，尤以機械操作，多由電氣控制或定時器及凸輪組控制，其中任何程序發生故障，均將影響全程作業進行。若採用捲筒狀複印紙，須經切斷、輸送、吸平、顯影、烘乾等程序，並經過諸多控制器及滾筒歷程。若果稍有捲曲、折疊、歪扭等極輕微而不正常狀況，均將影響整個複印作業程序進行。故整個複印機結構中，各項組合愈簡單，發生故障或然率愈少，若能自動停止於故障發生位置，不再前進，以便作適時排除。惟又需增加保護裝置，徒增複印機複雜程序，然閱讀複印機應能複印高品質文件，乃屬必要條件，且發生故障時更能輕易而自行排除，極為重要，最好是複印作業，全部過程中保持零故障，實係最高理想。

7. 複印成本效益：縮影片正常使用，自以在閱讀機上直接閱讀為宜，但在特殊情況下，非將縮影資料，複印成紙質目視文件不可時，且係資料大數量作業，複印成本效益與讀者負擔費用能力，便成為重要參攷因素，同時複印所用紙張材料，多屬於某一種複印機專用，大都不能互換或更改使用，於選購閱讀複印機時，複印成本效益分析，自屬最先決條件。

綜觀閱讀複印機各項重要因素，若欲選購完全符合要求條件者，目前任何廠牌尚難臻於最完美境地，又因使用對象、使用目的、使用場地，以及使用頻率等不同因素，更非必定選購一種最完美機器，以免耗費大量財力，而使用價值並非更高，即形成投資浪費，上列各項重要因素，僅供正需購買機器者參攷，並參酌個別需求，因事制宜，以期購得最需要而適宜器材。

六、選購輔助設備原則：縮影作業過程中，所需要機器設備，類別頗多，除縮影設備、沖洗設備、複製設備、檢驗設備、閱讀複印設備等必備器材外，基於作業上實際需要，尚須選購某些輔助器材，相互配合使用，以達到縮影作業目標，並依需要實用原則，選購最適宜器材。

㈠器材類別：基於作業與安全上實際需求，除生產、檢驗及使用等必需設備外，尚需清潔機、插片機、裝孔機、接片器、除濕機、電壓穩定器等器材，以相互配合作業。

㈡機械規格：諸如機種、形式、體積、重量、主要功能，以及合理價格等各項條件，均屬參攷因素。

1. 清潔機：縮影軟片清潔維護，選購軟片清潔機，並應注意機種形式，體積尺寸：寬、長、高度、重量、電源、作業程序、重要功能、附屬備件，以及合理價格。

2. 插片機：配合製作夾檔片，選購插片機，亦應注意機種形式，體積尺寸：寬、長、高度、重量、電源、操作方法、適用軟片，附屬配件，以及合理價格。

3. 裝孔機：縮影片裝製孔卡片，選購裝孔機，必須注意機種形式，體積尺寸：寬、長、高度、重量、電源、電壓、裝貼方式、特殊性能，以及合理價格。

4. 接片器：剪接軟片使用，選購時應注意機種形式，體積尺寸：寬、長、高度、重量、剪接方法，適用軟片規格，主要功能，以及合理價格。

5. 除濕機：維持縮影室內適當濕度，購置除濕機，於採購時必須注意廠牌機型，體積尺寸：寬、長、高度、重量、電源、電壓、結構、功能，以及價格。

6. 電壓穩定器：保持縮影、沖洗、複製等作業時電源恒定性，購置電壓穩定器，採購必須注意廠牌形式，體積尺寸：寬、長、高度、重量、所需電力、恒定電壓、控制方法、結構功能，以及合理價格。

綜論縮影作業，所需各項設備器材，於採購時，除依經濟安全及需要適用原則，以選擇最適宜，且又是最佳性能設備器材外，基於管理與維護上需要，台灣分館縮影器材，設立縮影室暨縮影資料閱讀室集中使用，並指派專人負責，建卡列管，以建立完善保養管理制度。

甲、台灣分館專設縮影室暨縮影資料閱讀室，各種機械設備係屬單位財產，由總務組按規定建卡列管，並呈報有關機關核備。

乙、台灣分館各項縮影設備器材，由參攷諮詢組依實際需要，循法定程序申購使用，並實施定期保養與臨時修護，洽請各廠商派遣技術檢查修護，以維持正常運作。

丙、台灣分館縮影作業，所需各項消耗品材料，由縮影室暨縮影資料閱讀室專人負責管理，並建立領用制度，隨時登錄，以備查核。

國立中央圖書館臺灣分館縮影室材料領用紀錄簿	年										
	月										
	日										
	品 名										
	單位										
	數量										
	經領人簽章										
	備 考										

國立中央圖書館臺灣分館縮影設備與員額配置說明表

機械儀器設置處所	機械儀器名稱	類型	數量	用途	配置員額						重要說明	附註
					專業人員	普通職員	技術人員	技工	工友	合計		
參考諮詢組縮影室	縮影機	柯達 MRD-2	1	縮攝圖書資料用	1		(2)			3	本館特藏台灣文獻資料，東南亞資料，舊期刊報紙（民38年以前）善本圖書等圖籍，殊具學術研究價值，基於典藏及閱讀需要，擬製作成微捲，自六十八年度陸續充實縮影設備器材，正式展開館縮影作業，其程序為攝影、沖洗、拷貝、檢驗等作業，然縮影技術用專業人員及技術人員工作，實難以擴展業務。	1.限於設有專室保管機械儀器設備。 2.本表配置員額所列人數，係最低需求人力，包括編制內與編制外人員，編制外人員以（）表示。
	縮影機	德製 ROBOT-36B	1	縮攝圖書資料用								
	縮影機	貝爾浩 FILEM-ASTER	1	縮攝圖書資料用								
	沖片機	柯達 DVR	1	沖洗軟片用								
	拷貝機	EXTEK 3100TB	1	複製副本軟片用								
	軟片清潔機	EXTEK 6065	1	軟片清潔用								

設置處所	機械儀器名稱	類型	數量	用途	專業人員	普通職員	技術人員	技工、工友	合計	重要說明	附註
	濃度計	EXTEK 4004	1	檢查軟片濃度用							
	顯微鏡	YKI 2800	1	檢驗軟片解像率用							
	檢驗台鏡片機	MINETTE	1	檢驗反繞片用							
	接片器	美製252型	1	剪接軟片用							
	裝孔機	3M 28BA	1	裝孔卡軟片用							
	閱讀複印機	3M 200	1	閱讀軟片反複印資料用							

設置處所	名稱	類型	數量	用途	配置員額 專業人員	普通職員	技術人員	技工	工友	合計	重要說明	附註
縮影資料閱讀室	電壓穩定器	AVR 110—20	1	縮影作業時穩定電壓用							七十一會計年度，購置閱讀複印機乙組，將置縮影資料閱讀室，提供公眾閱讀複印服務。	
	閱讀機	柯達321	1	閱讀縮影單片用		(1)				1		
	閱讀機	柯達322	2	閱讀十六糎捲片用								
	閱讀機	Realist Swinger	1	閱讀卅五糎捲片用								
	複印機	柯達323	1	配合柯達321、322型閱讀機複印用								

國立中央圖書館台灣分館添購設備器一覽表

區　分	器材名稱	單位	數量	用　　　途	備　　　考
複　製	拷　貝　機	組	1	複製縮影單片用	75 會計年度申購
輔　助	插　片　機	台	1	製作夾檔片用	74 會計年度申購
輔　助	除　濕　機	台	1	維持縮影室內濕度用	74 會計年度申購

註　釋

註一　吳相鏞　如何選擇縮微閱讀機及閱讀複印機　民國 67 年
教資月刊第十三卷第三期 1 ～ 7 頁。

第六節　縮影圖書資料管理規章

附錄：臺灣分館縮影管理各項辦法及報表

圖書館訂定縮影圖書資料管理規章，最主要目的係確立一個完美規範，俾使管理工作人員，於服務時有所遵循而一致施行，絕無因人而異，以免造成「人存政舉、人亡政息」之流弊。

台灣分館爲提供最佳的縮影服務，特製訂縮影圖書資料管理規章，諸如圖書資料縮影及複製微捲、縮影軟片交換，縮影資料閱讀複印等辦法，藉資建立優良縮影管理制度，以利館藏縮影圖書資料管理流通，方不致於造成因人異事，徒增困擾，遭人非議。

一、製訂圖書縮影及複製申請辦法：台灣分館爲便利讀者及國內外各機關團體，申請縮影館藏圖書資料或複製縮影微捲，特訂本辦法，於民國六十七年六月二日，經第二〇一次館務會議通過。惟目前由於人力、財力、時間等條件限制，本辦法暫緩實施。

　　二、訂定縮影軟片交換辦法：台灣分館為促進國際文化交流，加強館際合作，特訂本辦法，於民國六十八年十月二日，經第二五二次館務會議通過。目前國內外文教機構，諸如美國胡佛研究所東亞圖書館，國立中央圖書館、政治大學社會科學資料中心等單位，均與台灣分館訂有長期交換計劃，攝製美國國會圖書館藏中國方志資料，善本圖書、舊期刊報紙等縮影資料，藉資促使學術文化交流，增進館際友誼合作，以達到縮影圖書資源共享理想目標。

　　三、製定縮影資料閱讀複印辦法：台灣分館為便利各界人士使用館藏縮影圖書資料，特訂定本辦法，於民國七十年十二月二十八日，經第二七六次館務會議通過。且目前購置縮影單片閱讀機，十六糎縮影捲片閱讀機，卅五糎縮影捲片閱讀機，縮影軟片複印機各乙部，並積極籌設縮影資料閱讀室，以供各界人士使用。

國立中央圖書館臺灣分館館藏圖書資料縮影及複製微捲申請辦法

六十七年六月二日第二〇一次館務會議通過實施

一、本館為便利讀者及國內外各機關團體申請縮影館藏圖書資料或複製縮影微捲，特訂定本辦法。

二、本館現存可供閱讀資料均可申請攝製微捲；惟須經核准，始可攝製。

三、申請縮影及複製手續如下：

　1.申請人向本館參攷諮詢組辦理手續，填寫申請表。

　2.申請表填妥後，由參攷諮詢組會請本館典藏閱覽組簽註意見並檢出資料。

3. 參攷諮詢組依據檢出之資料及申請表核計應繳費用，並通知申請人約期取件。

4. 申請人接到通知後，應繳全部費用之半數，餘款於取件時一次繳清。

5. 國內外機關、學校可憑公函辦理申請手續，並一次繳款。

四、縮影及複製工本費（單位新台幣）如下：

（一）縮影：

1. 微捲材料費：每幅二元五角（包含正負片，但負片必須留存本館）。

2. 片頭費：每捲二十元（不足一捲者以一捲計）。

（二）複製：

1. 複製正片每幅一元五角，另加片頭費（如前項）及包裝費。

2. 代銷機構複製縮影微捲者以九五折計算。

（三）委託攝製複製縮影微捲工本費價目：

1. 縮製材料費：負片每張收費一元五角；正片每張一元二角；同時攝製正負片者以二元五角計算。

2. 人工費：如需加班趕製者，普通圖書每捲（以七百頁計）六十元；報紙及較難攝製之資料每捲七十元。

3. 片軸及包裝費：每件二十元（不需要片軸及包裝者免收）。

五、館藏圖書資料縮影微捲，非經本館同意，不得複製或出版。

六、本辦法經館務會議通過後實施。

說明：本館目前由於人力、財力及時間等條件限制，本辦法暫緩實施。

國立中央圖書館臺灣分館微影軟片交換辦法

（中華民國六十八年十月二日第二五二次館務會議通過）

第一條：本館爲促進國際文化交流，加强館際合作特訂本辦法。

第二條：本館微影軟片交換對象，以國內外圖書館暨學術研究機構爲主。

第三條：微影軟片交換，應本公平互惠原則，並須相互尊重攝製所有權。

第四條：凡交換之微影軟片，以雙方需要及認可之資料爲範圍。

第五條：雙方所提供之微影軟片，須符合左列標準：

㈠品質標準：

1.背景密度：0.9～1.5。

2.解像力：100L／MM。

㈡幅呎標準：

1.計算單位：幅（FRAME）/100呎，但以資料正文爲主，不包含片頭在內。

㈢計算標準：左列標準，其幅數差距在75～120％以內，雙方必須接受，不得異議。

十六米糎（16MM）：2000～2500幅（FRAME）/100呎

卅五米糎（35MM）：500～1000幅（FRAME）/100呎

微影軟片，若未達上列標準者，對方得要求更換。

第六條：微影軟片交換以拷貝之正片及負片爲主，視對方需要而定。

第七條：微影軟片交換所需片軸、紙盒、包裝、郵資等費用，均由提供者負責。

第八條：微影軟片交換方式：

㈠雙方各提供所藏圖書資料目錄，或微影軟片目錄，以作交

　　　換選擇參攷。

　　㈡雙方依據對方所藏資料目錄，選擇所需資料，通知對方攝
　　　製，以作交換。

　　㈢對方若無法提供交換資料，本館得依需要託請對方攝購他
　　　館微影軟片資料，以作交換。

第九條：本館微影軟片，僅供學術研究參攷，非經本館同意，不得重
　　　　新拷貝及出版，以從事商業行爲。

第十條：本辦法經館務會議通過後實施，修改時同。

國立中央圖書館臺灣分館縮影資料閱讀複印辦法

　　　　中華民國七〇年十二月廿八日第二七六次館務會議通過

一、本館爲便利各界人士使用館藏縮影圖書資料，特訂定本辦法。

二、本室開放時間：

　㈠星期一至五：上午九時～十二時

　　　　　　　　下午十三時三〇分～十七時

　㈡星期六：上午九時～十二時

三、讀者憑本館閱覽證或借書證，進入縮影閱讀室閱讀。

四、讀者進入本室須保持肅靜，不得穿着木屐、拖鞋、吸煙、睡眠、
　　談笑，以及隨地拋棄廢物。

五、讀者閱讀縮影圖書資料前，必須先行洗手，擦乾手指，戴用白手
　　套，避免手指油垢、汗水、灰塵、指印等污染軟片，以維護縮影
　　資料清潔。

六、讀者須先在縮影目片，目錄或簡介中，檢索所需資料名稱，填寫

借閱單，始得向管理人員取用軟片。

七、讀者就管理人員指定之閱讀機閱讀資料，使用完畢，請隨手關閉電源，以策安全。

八、本室內閱讀複印設備，非經管理人員許可，不得任意移動或裝卸各種配件，以免損壞機件。若遇有操作困難或機件故障，得隨時請管理人員協助解決困難。

九、讀者若需複印紙質資料，請依規定繳納工本費，每張暫定新台幣　元正。

十、讀者使用縮影軟片與閱讀器材時，須小心謹慎，若有故意損壞，應負修復賠償責任。

十一、本辦法提館務會議通過，並經館長核定後實施，修正時亦同。

國立中央圖書館臺灣分館縮影圖書資料借閱單

民國　　年　　月　　日

縮影圖書資料名稱	號碼	捲（片）分	類	號	碼

姓　名		職　業		住　址		身　份　證　字　號
				市縣　　路街　　巷　　號		市縣　　字第　　號

借閱人連同本人閱覽證或借書證一併交管理員核對取片，閱畢發還證件。

縮影室工作日誌

		重要記載	
計劃			
人員狀況			
設備狀況			
考核		檢討	

日期	填表人		
月			
日	核		

國立中央圖書館臺灣分館縮影工作統計表

日期＿＿＿＿＿＿　　　　　　　　　　　　　　　　　　　　　編號＿＿＿＿

數量區分 資料名稱	縮影 捲	拷貝 正(捲)負	沖片 正(捲)負	檢驗 捲	交換 出(捲)入	文件整理 件(冊)	包裝寄發 捲 箱	備註
合計								

製表人

第七章　圖書館縮影資訊發展

人類文明演化進步，科學發明日新月異，資訊工業蓬勃倡興，縮影技術與時俱增。由於知識快捷傳播，資料急驟生長，使人類面臨知識爆炸危機，掀起資料革命高潮，造成知識傳播與資料藏用上諸多困難。所以資料體系重新建立與流通，已是刻不容緩的重要工作，同時亦是學術研究與文化交流的重要工具。在一個文明與進步的社會中，文化資源實係研究發展必需原料，而與機械設備、研究人才、更具有同等重要性，無論是任何學術研究發展，非借助先賢知識結晶，作充分發揮與有效運用，均無足以為功。

縮影系統（Micrographics System）是一種最經濟、確實、安全、簡便、快捷的資料處理系統，縮影方法乃係一門新興科學技術，亦係資料管理最新方法。圖書館採行縮影科學管理，建立縮影圖書資料體系，不僅解決圖書資料庋藏與使用上困難，更能節省空間及人力，增加管理效率，提高圖書資料流通率與再生力，以及保護文化史蹟功能，促進圖書資料有效管理，快速流通，靈活運用，發揮高度使用價值，以適應知識發展需求。

第一節　問題與認識

圖書典籍係人類文明演化紀錄，人類智慧結晶，借助圖書資料功能而綿延傳授，亦就是人類文化資源，有效運用，創造繁衍，由於知識傳播，更直接影響國家與社會發展進步。惟圖書資料高度生長，快捷流通、安全維護，便構成資料處理嚴重危機，亦就是圖書館目前迫切解決核心問題。

　　一、圖書資料生長問題：由於科學技術，突飛猛進，不斷創造發明，導致資訊快速而鉅量增長，圖書館及資訊服務單位，形成圖書資料爆滿狀態，造成資料處理、儲存、服務上諸多困難。所以圖書館或資訊機構，於長年累月發展狀況下，計以數十萬龐雜圖書資料，若果利用縮影技術處理，全部圖書、報紙、期刊、圖表等資料，均攝製縮影軟片，不僅以解儲存空間問題，節省管理人員、財力，更能增加圖書資料再生能力，有效靈活運用，充分發揮圖書資料高度功能。

　　二、圖書資料流通問題：由於圖書資料高度生長力，形成資訊洪流汎濫，目前圖書館面臨册數浩繁資料，乃使用傳統方式，以人工處理與調閱，深感不便，且速度緩慢，難達快捷要求，浪費讀者時間，易招讀者不滿與怨言。若果採用縮影化處理，配合圖書館自動化作業，不僅檢索快速，調閱方便，爭取時效，增加圖書資料流通速度，避免人為因素，所造成偏差錯失。更因縮影軟片具有複製功能，拷貝副本分配使用，且製作成本低廉，又可減輕郵寄費用，倍增圖書資料經濟效益。

　　三、圖書資料維護問題：任何圖書典籍，由於紙質、裝訂、環境、濕氣、溫度、光線，以及空氣污染，均影響使用壽命，遭受自行毀滅危運，兼因天災人禍不幸事故，遇有戰爭、洪水、火災、地震等意外發生，一時易地遷移保存困難，將造成孤本及珍本圖書典籍，散失或損毀。目前圖書館或文獻機構，現藏孤本、珍本、善本圖書史蹟頗多，由於早期印刷術簡陋，使用紙質低劣，且庋藏年久，產生酸性作用，使紙張變色而脆碎，又遭受蟲蝕及水漬，導致破損而無堪使用，將形成廢紙而損失圖書典籍使用功能，以及學術研究參攷價值。兼以藏書册數龐雜，修補裱背費時費事，維護安全非常困難。若果全部採用縮影化處理，攝製縮影軟片，不僅是永久保存文化遺產，善加維護文物史蹟，最富有安全性途徑，同時亦是文化資源保藏流通，最經濟有效方法。

綜觀圖書館面臨圖書資料「處理、流通、維護」挑戰，發展縮影資訊，推動縮影服務，已是刻不容緩問題。目前吾國縮影管理科學正在起步，縮影作業技術，正在迎頭趕上，衡量國內縮影環境，技術水準，市場動向，以及發展潛力，如何充分有效運用縮影技術，發揮縮影科學管理功能，實係當前重要課題。圖書館建立縮影資料管理科學化，邁進縮影資訊里程，乃是一種必然趨勢，亦是最成熟有利時機。特值政府力倡文化建設，圖書館採用縮影管理新技術，進行縮影圖書資料處理，基於文化資產安全維護及使用價值理由，更具有新的貢獻，積極發展圖書館縮影事業，更富有時代性意義。

諺云：士先器識而後議文。誠然，針對圖書館核心問題，適應學術研究需求，分析縮影管理條件，縮影技術能力，以製作縮影圖書資料，建立縮影管理服務制度，衡盱國內縮影環境，以及縮影潛力，發展圖書館縮影資訊服務，實非難事。惟如何抉擇明確決策，於業務上密切配合，在行政上全力支持，消彌人為因素，克服工作困難，共同推動縮影事業，藉資發揮事半功倍預期功效，方是圖書館界，應有體認與共識。

第二節　方針與目標

圖書館建立縮影資訊服務制度，乃係百年大業，草創初期，千頭萬緒，無從着手，繁雜瑣碎，展開實際縮影作業，更深感困難重量。

因此，綜理縮影資訊服務職責者，應如何確定縮影經營管理方針與目標，始能有所遵循實行，獲得事半功倍的預期宏效。

一、方針：圖書館實係匯集中華文化典籍寶庫，必須配合國家社會需要，暨文化建設方案，發揚固有文化、光大民族遺產、創新時代精神，適應社會企求。

㈠配合文化建設：先總統昭示：文化建設為一切建設的源頭，而文化作戰又是總體戰的前衞；文化建設有深遠的淵源，文化作戰才有銳利的鋒鏑。蔣總統更具體指示：今天的文化建設要以倫理、民主、科學的精神，貫注於文化建設和心理建設。

教育部秉承訓示，積極籌劃五年文化建設方案，俾期借助社會教育功能，變化國民氣質，充實精神生活，藉資提高國民生活素質，培養社會和樸風尚。圖書館基於「保護文化資產，光大文化精神」宗旨，以館藏珍本典籍，孤本圖書資料，攝製縮影軟片，不僅是達到永久保存古物史蹟目的，更能提供學術研究，發揮圖書資料功能與使用價值，以適應知識發展需要。

㈡適應學術研究：圖書資料乃學術研究參攷必需工具，目前國內圖書館庋藏歷代善本典籍，孤本圖書、期刊、報紙（民國三十八年前出版者），以及台灣文獻，東南亞資料，均揚名中外，極為珍貴，具有學術研究參攷價值，深受中外學者重視。唯以庋藏年久，且早期印刷技術簡陋，使用紙質低劣，發生酸性作用，使紙張變色而脆碎，又因蟲蝕、水漬而破損，面臨自行毀滅危運，不但安全保護困難，而且無法充分利用，形成廢紙，徒增典藏與流通上困擾。若果全部攝製縮影軟片，不僅提供學術研究參攷，發揮圖書典籍高度使用價值，同時加強館際交換合作，促進國際文化交流，充實圖書館文化資源。

㈢充實館藏資源：圖書館基於發展業務上實際需要，開拓縮影圖書資料來源，建立縮影資訊服務體系，以館藏特性，就珍本典籍、孤本圖書、期刊、報紙等寶貴資料，攝製縮影軟片，採用縮影化管理制度。不但達到永久保護文化資產要求，提高圖書資料使用價值，同時自行攝製的縮影軟片，本諸不從事「商業行為，出售營利」宗旨，加強館際合作，以縮影資料交換方式，依據圖書館經營政策，暨國家各項建設需要，以及社會各界人士企求，蒐集國內外珍貴典籍，藉資充實館藏文化資源，並提供公眾研究參攷使用。

　　二、目標：圖書館秉循現階段文化建設最高指導方針，係基於三民主義——倫理、民主、科學的精神，重創中華文化新生命。更具體地說，文化建設最終目標，係建立文化中國為崇高理想，必須以中國傳統文化根源，配合科學技術發展，重建具有中華民族倫理精神，而又適應現代民主法治制度，更合乎科學群眾時代，社會繁榮進步，國民安和樂利，藉資塑造以倫理、民主、科學為本質——文化中國新形象。

　　㈠引進科學技術新知：歐美各工業先進國家，科學技術，不斷創新，深受各開發國家重視，作為經濟建設濫觴。圖書館暨科技資訊單位，必須配合國家各項建設，引進科學技術新知，並廣及各個層面，昇高尖端科技及重工業層次，奠定策略工業基礎。若果圖書館暨科技資訊服務機構，密切配合國家建設需要，鼎力發展精密科技，全面推動資訊工業，建立縮影資訊服務體系，以建設現代化國家，不但使國民享有富足而安樂的物質生活，同時更使國民感受健康而充實的精神生活。

　　㈡蒐換中華圖書典籍：目前國外圖書館或學術文教機構，庋藏我國歷代善本典籍，以及孤本圖書、期刊、報紙等珍貴資料，不勝枚舉，諸如美國國會圖書館藏善本圖書，中國方志，以及孤本圖書、期

刊、報紙（民國三十八年前出版者）等資料，英國各圖書館藏中國地
方志資料，法國國家圖書館暨巴黎大學圖書館藏中國古典文學，歐洲
各國圖書館藏中文期刊，日本國會圖書館及東京帝國大學圖書館藏中
國圖書典籍，冊卷龐雜，數以萬計。若果國內各圖書館，具有縮影資
訊服務能力者，作有計劃分配交換，就其館藏資料特性，攝製成縮影
軟片，全部儘速蒐換，以充實國內館藏資源，並提供公眾研究參攷。

　　㈢加強縮影資訊服務：目前國內縮影技術正在起步，圖書館縮
影事業正在發展，縮影資訊服務正在推動。各圖書館採行縮影化處理
者頗眾，且有全面跟進的趨勢。尤其較具規模者，不僅自行攝製館藏
圖書典籍，同時更向國外採購大量縮影資料，但均在充實館藏資源層
次，尚未積極開放使用，提供讀者閱讀複印服務。若能善加整理分類，
編製目片、目錄或簡介，設置縮影圖書資料閱讀室，開放學術研究使
用，並且拷貝縮影複製片，製作副本分贈各圖書館，或資訊服務單位
暨學術文教機構，抑以館際合作方式，進行互借及交換等縮影服務，
促進縮影圖書資料流通，提高縮影資訊服務功能，以邁進館際縮影資
料共享新境界。

第三節　編制與預算

　　編制與預算，係圖書館推動縮影資訊服務基柱，兩者相輔相成，
缺一不可。更具體地說，人員與經費，就是圖書館縮影事業發展動力，
並互為體用，相形益彰，特即個人體認，作建議性說明，以供參攷。

　　一、編制：係指縮影作業人員而言，由於圖書館採行縮影化管理
體系，為時短暫，且推行伊始，多係實驗階段，並無積極作為。在最
近數年來，館藏圖書資料生長壓力加重，始有積極推動趨勢。惟縮影

工作人員, 以編制員額及人事法規限制,無法納入正式編制,影響正常作業, 形成縮影資訊服務, 全面推動主要阻力。

㈠任務配制：圖書館採行縮影化管理, 所需要人力, 依業務上實際需求, 按任務區分而配制人員, 方爲有效運用, 而不浪費人力。

1.業務單位主管：目前各圖書館或資訊服務機構, 並無專設縮影業務單位, 均由館內相關業務單位, 秉承館長命令, 綜理縮影規劃、推廣、服務等工作, 特舉例說明, 以供參攷。

(1)國立中央圖書館：係由出版品國際交換處負責。（台北市南海路四十三號, 電話：三一四七三二六）

(2)國立中央圖書館台灣分館：係由參攷諮詢組負責。（台北市新生南路一段一號, 電話：七四一〇七九五）

(3)國立政治大學社會科學資料中心：係由研究服務組負責。（台北市木柵區指南路二段四六號, 電話：九三九〇六〇轉二六七）

(4)行政院國家科學委員會科技資料中心：分由秘書室負責縮影規劃及攝製, 第三組負責對外服務。（台北市南港區研究院路二段一二八之一號, 電話：七六一八一二四）

2.縮影工作人員：包括管理人員與技術人員, 由於工作性質不同,在縮影處理過程中, 各負職責亦異, 分別說明, 以供參攷。

甲、管理人員：係指縮影資料管理與服務人員而言。

(1)條件：必須具備圖書館及縮影專業知識。

(2)任務：負責縮影器材管理, 縮影資料分類、編製目片、目錄、軟片維護儲藏, 以及縮影圖書資料流通、縮影閱讀室管理、讀者閱讀複印服務。

乙、技術人員：係指縮影作業人員而言。

(1)條件：必須具有縮影作業知識與興趣。

(2)任務：負責原始資料編次、縮影、沖洗、複製、檢驗，以及成片處理等一貫性作業。

㈡專業訓練：係指縮影技術訓練，無論是編制員額或聘僱人員，可依下列方式，實施專業訓練。

1. 技術指導：圖書館基於縮影作業上需要，聘請學者專家擔任顧問，負責縮影技術指導或諮詢服務。諸如國立中央圖書館暨台灣分館，均聘請顧問，以從事縮影諮詢與縮影技術指導。

2. 研討實習：圖書館縮影工作人員，得分由縮影設備承售廠商負責訓練，或派赴其他縮影作業單位實習，抑參加縮影社團研習會。諸如中華民國資料處理縮影學會，以及方玲企業公司（美國貝爾浩縮影器材總代理），均常舉辦縮影研習會。

3. 自行訓練：圖書館具備縮影作業能力，得於現有員額中，調派具有縮影工作知識及興趣者，或聘僱臨時人員，自行訓練，以充任縮影作業。

4. 輔助訓練：圖書館縮影工作人員，得自館藏圖書、期刊、報紙等刊物中，蒐集有關縮影知識資料，自行研究參攷。

二、預算：經費係發展圖書館縮影業務，最重要原動力，亦是圖書館扶植縮影事業養分，如似人體缺乏養分，必影響健全發育。誠然，縮影業務經費短掘，圖書館縮影事業，必然頹縮停滯，影響正常作業。

㈠經費來源：圖書館縮影業務經費來源，其方式分專案撥款或經常經費兩種。

1. 專案撥款：圖書館採行縮影化管理服務，多先擬訂縮影作業計劃，呈報上級機關核准實施，草創伊始，或獲專案撥款，籌購設備器材，自行縮影作業，或托請其他單位，抑縮影廠商外包製作。

2. 經常費用：圖書館建立縮影資訊服務體系，依縮影業務上實際需要,逐年編列預算支應,以維持業務正常發展。切忌臨時請求鉅額專案補助撥款, 形成消化不良, 支用失當, 造成財力上耗費。

　　㈡經費項目:係指圖書館逐年編列預算時, 除參酌物價指數, 以符合業務上實際需要外, 而經費使用科目, 應具有彈性, 必須包括製作費、材料費、器材費、推廣費、維護費等項, 以利縮影業務發展。

　　1. 製作費:包括敦請顧問, 負責縮影技術指導, 暨約僱縮影作業人員, 自行縮影作業。或委請其他縮影單位、抑招請縮影廠商外包製作等費用。

　　2. 材料費:包括縮影軟片、片軸、沖片化學藥劑、軟片容器紙盒, 以及包裝用紙等消耗性物料費用。

　　3. 器材費:圖書館或縮影資訊單位, 依縮影業務發展需要, 衡諸財力, 編列預算添購所需設備器材, 配合使用, 以利作業進行。

　　4. 推廣費:包括館際合作(交換及互借), 館內服務(閱讀及複印, 若讀者複印資料, 酌收工本費), 以及編製縮影目片(目錄或簡介), 提供公衆使用, 係屬推廣服務性費用。

　　5. 維護費:縮影作業所需各種設備器材, 多屬精密儀器, 於製作過程中, 難免發生故障, 抑因購用年久, 或消耗品使用期滿, 必須定時更換新品, 其所需費用, 均應按縮影設備器材價值, 衡量機關財力, 逐年編列預算, 並與各縮影器材代理廠商, 訂立維護保養合約, 進行定時檢查維護保養, 促使各項縮影設備器材正常運作, 以利一貫性作業。

第四節　成本與效益

　　圖書館基於管理效率上要求, 評鑑縮影使用價值, 最主要目的,在進行系統化與創造性分析，以有效降低成本，達到最高管理效益。更具體的說，圖書館縮影化管理的價值分析，旨在控制成本與鑑定效益，採用最富有組織性、系統性、創造性、建設性的計值策略，亦就是成本與效益分析方法，有效控制成本，積極增進效益，以最低成本，追求最高效益，乃係圖書館發展縮影資訊服務最終目標。

一、成本（Cost）：係指圖書館採行縮影化管理，所需要人力、財力、物力而言，亦就是縮影圖書資料製作過程中，所耗費人工、材料、設備、管理及其他費用的總和～包括直接成本與間接成本兩種。

㈠直接成本：係指人工、設備、材料而言，以直接投入縮影圖書資料製作的成本。

㈡間接成本：係指行政支援，以及其他管理費用而言，以間接增加縮影圖書資料使用價值的成本。

圖書資料進行縮影化處理——縮影、沖洗、複製、檢驗、閱讀複印等一貫性作業，首先投入巨額設備成本外，尚需人工、材料，以及其他管理費用。於投入龐大的資本，並未能充分發揮功能，獲得預期效率，實應重視問題，評估成本效益，力謀解救之道，有效控制成本，減少材料耗費，最重要者，確立縮影作業流程，制訂縮影攝製模式，建建立縮影管理制度，以追求縮影資訊服務最大價值（Makimum Value），亦就是以最低成本，達成最可靠性的重要效益。

二、效益（Function）：就是使縮影資訊產生效用，並被公衆接受使用 的能力。計分主要或基本效用（Primary or Basic Function）及次 要效用（Secondary Function）。

㈠基本效用：係指縮影資訊服務最主要效用，若主要效用無法達成，縮影實無存在價值。

㈡次要效用：係指次於主要效用的重要效用，端視圖書館建立縮影資訊服務宗旨而定。

　　圖書資料採行縮影化管理，無論從典藏或流通角度分析，不僅具備節省空間，管理方便、永久儲藏、成本低廉等有形效益，且有確保安全，資料精確、檢索簡捷、爭取時效等無形效益，同時配合電腦輸出作業，促進圖書館自動化的特殊效益，俾使縮影資訊，作最經濟有效運用，創造成本效益以外的服務效益，造福廣大讀者。

　　綜觀縮影價值分析，圖書館採用有效降低成本，以達到縮影化管理最基本目標，並非偷工減料，或降低要求標準，而係着重品質水準，增進縮影價值，以減少材料浪費，或過度性程序，所耗費材料及人工，增加其成本。亦就是說，有效降低成本，必須達成相同或更佳效能，實無影響縮影服務標準，或縮影價值可靠性，方係圖書館縮影資訊最佳的服務效益。

第五節　規格與標準

　　縮影片規格與標準，亦就是製作縮影軟片模式規格與品質標準，於縮影作業中，佔有極重要地位。惟目前各縮影製作單位，對縮影軟片攝製模式與品質標準，大都忽略而不予重視，且深受縮影器材推銷商影響，未能達到預期理想，以發揮縮影資訊高度功能。

　　一、模式規格統一化：無論是何種縮影軟片形態，尤以縮影捲片，在製作造程中，係根據原始資料，事先愼善設計攝製模式，以說明縮影資料組合方式，並賦予全部資料一貫性次序，或連續性編號，於進行縮影作業時，按固定編次，循序運作，藉資確定縮影作業規範，俾使模式規格統一化。

　　㈠空白軟片：縮影捲片進行拍攝作業時，於片頭、片尾部份，各需預留五十公分以上，不得拍攝任何資料。

㈡反射區域：採用美國柯達公司，製品50％反射率測試卡，於片頭及片尾各攝製二幅（Frame），以作背景濃度檢驗準據。

㈢檢驗目標：包括美國國家標準局製1010A解像力試驗卡，縮小倍率、固定長度、捲片開始或捲片終止等標記，於片頭及片尾各攝製一幅。

㈣攝製說明：包括縮影作業單位名稱及地址、鑑製人職務及姓名、縮影日期、攝製權說明、以及有關工作人員等資料，在正文內容開始前或結束後，於最適當間隔中攝製，俾使讀者瞭解縮影資料組合方式。

㈤正文內容：包括原始資料簡介，儲藏資料機構、庋藏數量、資料形式、處理方法、內容鑑定及簽證等項，以保持原始資料正確性與眞實性，藉資提高資料可靠度，增強縮影片公證力。

㈥檢索方法：縮影捲片檢索方法，計有閃光卡方法、連續號碼法、線條代號法、影像控制法、碼表計程法、二進位數法等多種，以閃光卡法最簡單，且採用最普遍。依縮影資料使用上實際需要，採用最適合檢索系統，惟需製作二種檢索方法，配合各機種閱讀複印機性能，以利縮影資料快捷查索。

綜論縮影片攝製模式規格統一化，除應注意上述事項外，務必建立縮影片作業記錄簿，詳細登記縮影時間、軟片捲號、攝製人員姓名、使用機種及軟片、原始資料名稱、原始資料背景、檢驗人員及結果、以及鑑定人員職務及姓名、鑑定時間及結果，若有不合格時，更應注記疵病事實，處理意見，修正事項等有關資料，以備查攷，藉資樹縮影片法律效力。

二、品質標準國際化：係指已曝光及完成沖洗作業的縮影片，必須符合要求條件，亦就是縮影片品質標準國際化。惟目前各縮影作業單位，深受縮影器材代理廠商影響，對縮影片品質標準，非但無受重視，尚力主降低製作水準。同時圖書館或資訊單位，以及學術研究機構，亦多以擁有大量縮影資料爲滿足，而忽略發展高品質縮影片要求。著者於實地參與製作體認，深祈各縮影作業單位，不僅要減少消耗性材料浪費，降低製作成本，激勵工作人員，提高縮影片生產力。更重要者，係實際有效施行縮影片品質管理制度，使國內縮影片品質，達到最可靠度與無缺點要求，方符合價廉物美原則。亦就是品質佳而成本低目標，藉資建立縮影片國家標準，促使品質標準國際化。①

　　㈠片基密度：最佳標準 0.04 以下

　　　　　　　　最高不得超過 0.16

　　㈡背景密度：

　　　　理想標準 1.10　　亦就是縮影作業單位製作標準

　　　　最佳標準 1.00～1.20　亦就是縮影片品質國際標準

　　　　允收標準 0.90～1.30　亦稱尚佳標準可拷貝二代以上複

　　　　　　　　　　　　　　　製片

　　　　最低標準 0.80～1.40　亦稱商用標準可拷貝一代或不能

　　　　　　　　　　　　　　　產生複製片

　　　　　原始文件由於藏用年久變色或污損，無字跡部份背景密

　　　　度，以 0.80 值爲允收標準，低於 0.80 值者，即屬不合品

　　　　質。如係紙質不佳或色澤不均，造成局部濃度深淺差別者，

　　　　不在此限，惟應力求字跡，均能清晰辨認爲目標。

　　㈢解像力：每厘米 100～120 條線，幾乎是國際性標準，亦是縮影作業單位攝製目標。由於解像力要求條件，實與縮小倍率及縮影片等級，具有密切關聯性，除美軍對工程圖樣解像力，另有特殊要求

標準外。基於實用立場與國內縮影技術水準觀察，一般縮影片解像力，每厘米達到一〇〇條線，應爲合理標準，亦就是商用允收標準。

　　　　低於 79 條線／厘米 ………不合格縮影片

　　　　80～90 條線／厘米 ………最低標準

　　　　90～100 條線／厘米 ……允收標準（合理解像力）

　　　　100～120條線／厘米 ……國際標準（高品質解像力標準）

　　　　高於 120 條線／厘米………最高標準（極佳品質解像力標準）

　　解像力國家標準，由於中國文字筆劃及結構，均與拉丁文字迥異，特分中國文字系資料與拉丁文字系資料，訂定兩種不同要求標準如表：

縮影片解像力要求標準表：

縮　攝　倍　率		12x	16x	20x	21x	24x	28x	30x	36x	44x	50x
中國文字系資料	可分辨之線條組指數	8.0	7.1	6.3	6.3	6.3	6.3	6.3	限於設備性能暫不列入		
	解　像　力	96	114	126	132	152	176	189			
拉丁文字系資料	可分辨之線條組指數	8.0	7.1	6.3	6.3	5.0	4.5	4.5	4.0	3.2	3.2
	解　像　力	96	114	126	132	120	126	135	144	140	160

　　㈣定影液殘餘量：縮影片定影液殘留量要求標準，以硫代硫酸根（$S_2O_3^{--}$）含量計算，最高不得超過每平方公分千萬之七克（0.7 $\mu gm\ S_2O_3^{--}/CM^2$）。

　　㈤物性要求標準：縮影片在外觀要求上，亦就是目視檢驗時，應絕無刮傷、撕破、針孔、裂痕、氣泡、灰塵、焦點模糊、影像重叠、幅面殘缺，以及油跡、指印、汚物、文件歪斜或重叠、影像內有異物等物理性疵病，以影響縮影片使用效果。附縮影片目視檢驗疵病分類標準表：

縮影片目視檢驗疵病分類標準表

疵 病	疵 病 分 類	
	一 級 縮影片	二、三、四級 縮影片
◉ 圖號或文件號模糊不清	重 大	重 大
◉ 填入格內之文字或符號出格或過淡以致不易辨認	重 大	重 大
◉ 線條有斷續現象或過淡以致不易辨認	重 大	重 大
◉ 日期模糊不清或漏列或焦距不準而不能辨認	重 大	一
◉ 無中心線記號	重 大	一
◉ 縮影片上有氣泡，撕裂或沖片藥液殘跡	重 大	重 大
◉ 縮影片上有刮傷且通過或接觸影像內容區域	重 大	重 大
◉ 縮影片上有異物並遮蔽或損傷影像內容區域	重 大	重 大
◉ 縮影片之保護層上有異物或刮傷、條痕、氣泡、重疊痕跡、斑點等且遮蔽或損傷影像內容區域（無保護層則不適用）	重 大	重 大
◉ 資料拍攝模式不符	重 大	一
△ 縮影片上有異物於影像區域但未遮蔽或損傷影像內容僅影響縮影片之外觀	輕 微	輕 微
△ 縮影片之保護層上有異物或刮傷、條痕、氣泡、重疊痕跡、斑點等但未遮蔽或損傷影像內容者（無保護層則不適用）	輕 微	輕 微
○ 縮影片上有手指印或油跡	控 制	控 制
○ 縮影片上有刮痕但未通過或接觸影像區域	控 制	控 制
○ 縮影片上有異物但未接觸影像區域	控 制	控 制
○ 縮影片影像區內背景顯現灰塵斑點	一	控 制
○ 縮影片保護層上有異物或刮傷、條痕、氣泡、重疊痕跡、斑點等但未接觸影像區域（無保護層則不適用）	一	控 制

註　釋

註一　吳相鏞　縮影片的品質標準　民國七十年　教育資料科學
　　　第十八卷第三期七八～八二頁。

第六節　版權與法效

　　縮影片法律地位，係指版權與法效而言，亦就是縮影片攝製權與
證據力。世界各國已使用或接受縮影片者，諸如美國、烏拉圭、阿根
廷、哥倫比亞、英國、瑞士、丹麥、西德、比利時、澳洲、日本等十
七國，均訂有相關明確條款，縮影片取代原本文件，具有法定的效力。
目前國內縮影技術運用日廣，惟吾國現行各種法規中，均未確定縮影
片法律地位，代替原始文件法定效力，致使行政機關或企業機構及民
間社團，雖已採行縮影作業，但仍無法紓解資料貯存壓力，更產生資
料管理上雙重負荷力，形成縮影作業阻力，未能發揮縮影片多元性效
益。

　　一、版權：係指縮影片攝製所有權，或新版圖書刊物，發行縮影
片著作權及發行權。於現行出版法暨著作權法中，應予確訂有關縮影片
攝製所有權，或著作權及發行權，縮影片製作或發行單位，獲原著作
人同意，並依法註册者，取得縮影片攝製權、發行權及著作權，非經
原製作或發行者同意，不得拷貝或複印出版，違者依法追訴，藉資建
立公認制度，以保障縮影片攝製所有權，以及縮影片發行權及著作人
權益。

　　二、法效：係指縮影片或縮影文件證據力而言，有關行政機關檔
案，或人民權益相關文件，應在民、刑事訴訟法或相關法規中，明確規定

縮影片製作單位，縮影作業人員，以提供縮影文件者法律責任，並規定縮影片依法定程序作業者，取代原始文件，縮影文件依法簽證者，具有原本、抄本、謄本效力，發生法律上證據力，藉資樹立公證制度，以確保縮影片公信力。

綜觀縮影片或縮影文件法律效力，視同原始文件，在吾國現行法規中，並無明確而具體規定，惟以歐美各國實例，衡諸我國國情暨社會發展需要，縮影片或縮影文件，依授權、簽證、認可、驗印等四項程序，產生法律上證據力，亦就是具備原始文件法律地位，視同原始文件效力。①

甲、授權：係由原資料權責機關，或原資料保管單位，授權製作者。

乙、簽證：係由縮影片製作機關，或原業務單位，責成攝製工作人員，依法定程序作業，並經鑑定簽證，以示負責者。

丙、認可：係由上級機關、司法機關，或主管註冊官署認可者，具有原始文件效力。

丁、驗印：係由出具縮影文件機關，於紙質目視文件上，註明本文件與原始文件內容完全無訛，並驗明用印取證者。

註　釋

註一　杜　陵　科學的資料處理——縮影　民國六十九年　縮影研究專刊四頁。

第七節　理想與努力

　　檔案文件或圖書資料，使用縮影技術處理，係最經濟有效資料管理方法。世界各資訊工業發達國家，無論是圖書館或資訊服務機構，大都採用縮影片作資料儲存媒體。我國適應策略工業發展，積極拓展資訊工業，於圖書館或資料服務單位，須隨資訊科技倡興更新，昇高縮影技術運用層次，提供縮影資訊服務，以發揮縮影多元化效能。

　　一、最高理想：吾國正謀積極發展資訊科技工業，衡諸未來縮影技術發展需要，在基本上，必趨向科學化、機械化。圖書館或資料服務機構，必需全力配合資訊科技建設，實現縮影資訊服務最高理想—高層次縮影技術運用，廣層面縮影資訊服務。

　　㈠建立縮影片公證制度：中央機關統一制訂全國縮影作業規範，暨縮影片國家標準，實施縮影片鑑定制度，使各縮影製作機關，依序進行縮影片作業，作為縮影片品質鑑定依據，發揮全國統一功能，藉資建立縮影片公證制度，以擴大縮影片製作效果與使用範圍。

　　㈡製訂縮影片管理法規：行政院會同司法院，研訂縮影資料管理法，送請立法公佈實施，明文規定縮影片製作機關，暨製作人員、保管人員法律責任，各機關團體以及公民，採用縮影片或縮影文件，取代原始文件，同具法律上證據力。

　　㈢興建縮影片儲藏公庫：基於縮影片永久檔保存需要，中央機關或獎助民營團體，統一規劃分區興建，符合貯存環境條件要求標準，縮影片儲藏公庫，使各縮影製作機關，依縮影母片數量、體積需要租用，以達到縮影片永久保藏目的，無需各縮影片製作機關，自行耗資籌劃興建，形成國家財力浪費。

二、積極努力：各政府機關或公民營機構，深感資料日積月累，不斷生長，形成資料爆滿現象，徒增保管、處理、使用上困難，且是急待解決問題。目前採用縮影新技術，以處理文書檔案或圖書資料者，日益增多，且普及相當層面，並投資鉅量財力、人員，以及時間，但未發揮縮影多元化功能，紓解資料爆滿所造成壓力。

㈠縮影設備器材：目前各縮影作業單位，所需各種縮影設備器材，係由國外進口，不僅價格昂高，而且技術服務不佳，同時各代理廠商，基於業務發展，多作誇大宣傳，影響縮影片品質標準。若鼓勵工商企業界，投資設廠，國人自力生產，各種縮影設備器材，減少國外進口，抑制器材價格，普及使用率。

㈡縮影建教合作：縮影科技發展，日新月異，並配合電腦作業，形成資訊系統中重要環節，同時縮影資訊服務，日趨迫切需要，縮影片製作、管理、流通，係一貫性長期作業。目前各縮影作業單位，面臨技術性與人員訓練問題，日益嚴重，且急待解決。除獎助學術機構出版縮影書刊，舉行縮影專業知識講習外，於大專院校圖書館系或圖書資料科，講授縮影圖書資料管理課程，並與縮影作業具有規模圖書館或資訊處理機構，辦理縮影建教合作計劃，以培養縮影技術人才，提高縮影片製作水準。

㈢縮影資訊服務：圖書館或資料處理機構，利用縮影片新式媒體，昇高縮影技術運用層次，廣大縮影資訊服務層面，乃是必然性發展新趨向。惟目前各縮影製作機關，或資料處理機構，大都停滯於縮影片製作保存階段，未能使縮影片有效運用，違反建立縮影資訊體系宗旨。基於統謀運用需要，中央籌劃縮影資訊中心，並分區設置縮影資訊服務綱，各圖書館暨資料服務機構，各依儲藏資料特性、製作、蒐集、運用縮影媒體，提供學術研究參攷，發揮縮影資訊服務功能。

綜觀我國縮影科技發展新趨勢，縮影技術廣被運用，縮影片利用電腦檢索，形成資訊時代最佳傳播媒體。必須積極努力，研究發展縮影資訊工業，更新技術服務，製訂縮影作業規範暨縮影片國家標準，建立縮影片檢驗、公證制度，訂定縮影管理法規，確立縮影片法律地位。藉資建立整體有效縮影資訊服務體系，俾使全國各界人士，均能充分利用縮影資訊服務，並且無需任何專業人員指導，或具備縮影專業知識，即能自行運用，方是建立縮影資訊體系最高理想。

附　篇

一、中英名詞對照表

A unit information　　單元資料

A unit Record　　單元紀錄

Absorber　　吸收器

Adelstein, P. Z.　　艾德斯坦（人名）

Alarm Monitor　　監視鈴

Alexander, Samuel N.　　亞歷山大（人名）

Alhazen　　阿勒哈僧（人名）

Alternative title　　副書名

American Library Association（A.L.A.）　　美國圖書館協會

American National Standards Institute（A.N.S.I.）　　美國
國家標準協會

American Society for Information Science（A.S.I.S.）
美國資訊協會

Ammonia Vapor　　氨氣（阿摩尼亞）

Amperes　　安培（電）

Antihalation　　防光暈

Aperture card　　孔卡

Aperture card Microfilmer　　孔卡縮影機

Aperture card Mounter　孔卡裝貼機（裝孔機）

Archival　永久檔

Archival Record film　永久檔品質

Art　藝術或藝術性

Author　著者（作者）

Auto-Transformer　自動變壓器

Automated Film Slitter　自動接片器

Automatic Xerography　自動複印機

Back ground　背景

Back ground Density　背景密度

Back Number　舊報編號

Base Density　片基密度

Bibliographic control　目錄控制

Binary code　二進位數法（二進位代碼法）

Blip counter　光點計數器

Blip Mark　影像標記

Blip Sensor　光點檢索器

Book　圖書

Brewster, David.　布魯斯特（人名）

Bubbles of Gas　微小氣泡

Card Program Store　卡片程式儲存

Card Punch　打孔機

Card to card Duplicator　孔卡片複製機

Cartridge　匣式

Cartridge Film　匣式軟片

Cartridger　匣式縮影捲片

Cartridge‑pak　ABR用片匣

Cassette　卡式

Cassettes　卡式縮影捲片

Central file　中央存檔

Characters　符號

Chinese National Standards（C. N. S.）　中國國家標準

Cine　直排列

Cleaner　清潔機

Clear　清除

Coating　塗佈劑

Code　代碼

Code Line index　線條代碼法（鍵示法）

Color Coding　顏色索引邊

Com　孔姆

Comic　橫排列

Committee on Scientific and Technical Information
（COSATI）　美國科學技術資料委員會

Computer Programming　電腦程式

Contact Print　接觸複印方式

Contrast　反差（對比）

Control Panel　控制盤（控制板）

Copyboard　拍攝枱面

Copy Film　拷貝片

Copy Selector　複製程式器

Cost　　成本

Cycles／Second　　週／秒（電）

Cylinder　　鋼瓶

Cross Reference Guide　　參見指引

Daguerre, Louis-Jacgues-Mande.　　達格爾（人名）

Daguerre Photographic Method　　達格爾照相法

Dancer, John. Benjamin　　丹瑟（人名）

Date of Publication　　出版日期

Defense Documentation Centre（DDC）　　美國國防文獻中心

Densitometer　　濃度計（密度計）

Density　　密度（濃度）

Device　　處理器

Diazo Film　　重氮軟片（又音譯達索軟片）

Digit Punching Positions　　數字打孔位置

Direct Duplicating Print Film　　同極性複製軟片

Direct Duplication　　直接複製

Distribution fiche　　複製單片

Double Frame　　雙幅

Double Page　　雙頁

Dragon, Rene′ Prudent　　崔剛（人名）

Dry-Developing　　乾式顯影

Dry-Processing　　乾式處理

Dry-Silver film　　乾銀軟片

Dry-Silver Paper　　乾銀式複印紙

Duo　　雙排

Duo Format　　雙行雙向式

Duplex　　雙面

Duplex Format　　雙行單向式

Duplicator　　複製機（拷貝機）

Dye　　染色顏料

Dynamic information　　動態資料

Eastman, George　　伊士曼（人名）

Eastman Kodak. Co.　　伊士曼柯達公司

Economy　　經濟或經濟性

Edison, Thomas. Alra.　　愛廸生（人名）

Educational research information centre.（ERIC）　　美國教
育資源訊息中心

Efficiency　　效率或效率性

Electric impulse　　電衝

Electro-Mechanical File　　電控機械縮影片檔案櫃

Electronic Auxiliary Machines　　電腦附屬（輔助）機器

Electronic Computer　　電腦

Electronic Computer　　電子計算機

End　　終止

Enlarge　　放大

Enlarger-Printer　　放大複印機

Entry　　輸入

Envelope　　封袋

Fiche　　單片

Fiche to Fiche Duplicator　　片狀軟片複製機（單片拷貝機）

File Blip　　行列光點

File-Reader-Filler　　閱讀裝填機

Film　　軟片

Film Chamber　　夾檔層

Film Pull Down　　計碼法（即碼表計程法）

Fineart　　美術

Fine Griam Print Film　　微粒複製軟片

First Generation Technolgical Development　　初步技術時期

Flash Target（Flash card）　　閃光卡法（閃示法）

Fog　　霧翳

Folder　　片夾

Format　　模式

Frame　　幅

Frame indicator　　格位指示器

Function　　作用（效用）

Glass plate　　感光玻璃（玻璃板）

Goebel　　葛柏博士（人名）

Goldberg, Emanuel.　　戈登堡（人名）

Great Encyclopedia Dictionary　　大百科全書字典

Grid index plate　　交換式指示版

Guidelines　　指南

Halogen Iamp　　鹵素燈泡

Hard-Bound　　精裝書籍

Hard Copy　　硬性複印（印刷圖書）

Hard Copy　　複印文件（目視文件）

Hardware　硬體

Harvard Educational Review　哈佛教育評論

Heading　標目

Herald Tribune　紐約前鋒論壇報

High Gamma Value　高伽瑪值

Holdings　館藏

Hollerith card　穿孔卡

Horizontal Rows　IBM孔卡片橫行

Huntington Libary　美國漢訂頓圖書館

Image Count　影像計數法（影像控制法或鍵盤控制法及計數法）

Illuminator　光源

Inactive information　靜態資料

Index　索引

Indexing Method　索引方式

Ink Dot　墨點

Input　輸入

Inspection Loupe　檢片放大鏡

Inspection Station　檢片台

Inspector　檢片器

International Business Machines Corporation（IBM）美國國
　際商業機械公司

International Standards Organization（I. S. O.）　國際標準
　組織

Jam　夾紙

Jacket File Folder　靭性膠套

Jacket Filler　　夾檔充填機

Jacket Holder　　夾檔匣

Jacket inserter　　夾檔插片機

Jacket Loader　　夾檔裝填機

Kalver Film　　卡瓦軟片（即氣泡片）

Key-set　　字鍵操作

Latent image　　潛像

Leader　　片頭

Library of Congress　　美國國會圖書館

Library of Congress Card Number　　美國國會圖書館卡片編號

Light-emitting diode（LED）　　二極發光體

Linear or Sequential　　線性或連續性

Long Term film　　長程壽命

Low Gamma Value　　低伽瑪值

Lumenized　　濾光

Magazine Load　　軟片匣裝填

Magnetic pen　　磁筆

Magnifying glass　　驗片放大鏡

Main entry　　主輸入

Maximum Value　　最大價值

Mark Sensed Card　　磁卡

Master Film　　母片

Mclarthye, George. L.　　麥克阿瑟（人名）

Medium Contrast Film　　中度反差複製片

Medium Term film　　中程壽命

Methylene Blue Method　　甲基藍法

Micodot　微點

Micro Aperture Cards　　孔卡縮影軟片

Micro Aperture card system　　孔卡縮影軟片系統

Micro Computer　微電腦

Micro fiche System　　片狀縮影軟片系統（縮影單片系統）

Micro Filming Camera　　縮影照相機（又稱縮影機）

Micro-Jackets　　夾檔縮影軟片

Micro-Jacket Film　　夾檔縮影片

Micro Jacket system　　夾檔縮影軟片系統

Micro-opague　　非透明性縮影資料

Micro-Reel　　縮影片盤

Micro-Reels　　捲狀縮影軟片（縮影捲片）

Micro-reprinting　　非透明縮小印品

Micro-republishing　　縮影重刊

Micro Roll Film System　　縮影捲片系統或稱捲狀縮影軟片系統

Micro Sheet Film　　片狀縮影軟片

Micro Strip Film System　　條狀縮影軟片系統

Micro Strip Holded　　條狀縮影片匣

Micro-tape　　縮影紙帶

Micro Card　　縮影卡片

Microduplication　　縮影複製

Microfiche　　片狀縮影軟片（縮影單片）

Microfiche Copy　　縮影單片複製本

Microfilm　　縮影軟片（早稱縮影膠片）

Microfilm Processor　　縮影片沖洗機（縮影片處理機）

Microfilm Recordak Model　　瑞柯達克縮影照相機模型

Microfilm Specification　　縮影軟片規格

Microfilm Systems　　縮影資料系統

Microfilmer　　縮影機（縮影照相機）

Microfilming　　顯微照相

Microfilms　　俗稱縮影資料

Microforms　　縮影形式

Micrographic　　縮影技術

Micrographics　　縮影技術學（簡稱縮影學）

Micrographics System　　縮影系統

Microimage　　顯微影像

Microprint　　縮影印刷片

Micropublishing　　縮影發行（縮影出版）

Micropublishing industry　　縮影出版工業

Microscope　　顯微鏡

Microscope Lens　　顯微鏡鏡頭

Microscopic Grains of Silver　　微小銀粒

Microstrip　　條狀縮影軟片

Microstrip Filler　　條狀縮影片裝填機

Microstrip Printer　　條狀縮影片複印機

Microstrip Reader　　條狀縮影片閱讀機

Microstrip Reference Station　　高速檢索資料中心

Mil　　密爾（1吋＝7000密爾）

Miracode　　二進位數法（二進位代碼法）

Misfile　錯檔

Mount　貼裝

Multi-Column Card Selector　多欄卡片選別機

Multiple image　複合影像式

National Cashier Registrar（NCR）　美國國民收銀機公司

National Fire Protection Association　美國國家防火協會

National Microfilm Association（N.M.A.）　美國國家縮影協會

National Technical Information Service（NTIS）　美國國家技術資料服務處

Negative　負片

Negative to Negative　負片複製負片

Negative to Positive　負片複製正片

Newly encoded data　重新整理資料

News　報紙

Niepce, Nicephore　尼艾普斯（人名）

Notch coding　缺口索引邊

Notes　附註

Odometer　碼表計程法（簡稱計程法或計碼法）

Odometer　計碼表

Optical Mark-Scoring Reader　光磁讀卡機

Option　任選裝置

Output　輸出

Page Blip　單頁光點

Pagination　頁數

Panchromatic　鹵化銀全色片

Panchromatic Micro Image（PCMI）　　全色微粒縮影影像

Pattern of utilization　　縮影運用形式

Period　　期刊

Philadelphia Bibliographical center　　美國費城目錄中心

Photo cell　　光電池（縮影攝機用測光器）

Photoduplication Department　　照像複製部

Photographic Paper　　照相紙

Photography　　攝影術

Picture　　照片

Picture Area　　攝圖區

Pin　　鍵

Pin-Board　　操作盤

Place of Publication　　出版地

Planetary Microfilmer　　平台式縮影機

Porta, Baptista.　　波特（人名）

Portable-Reader　　手提式閱讀機

Positive　　正片

Positive to Negative　　正片複製負片

Positive to Positive　　正片複製正片

Pressure Pad　　壓力盤

Primary or Basic Function　　主要或基本效用

Printer　　複製機

Printer　　複印機

Printer Size Selector　　複印尺寸選擇裝置

Printer Switch　　複印鈕

Processor　顯影機（顯像機）

Prostar　普魯士達（廠牌名）

Protective Sheet　保護紙

Publisher　出版者

Punch Card　打孔卡片

Punctuation Marks　標點符號

Quartz-Halogen Lamp　石英鹵素燈

Quartz-iodide Lamp　石英碘燈

Rapid random retrieval　高速檢索

Reader　閱讀機

Reader Microprint　公司名稱

Reader-printer　閱讀複印機

Reading Devices　讀卡裝置

Rearranging　重組處理

Recordak Datapak Ahu Film　柯達超薄縮影軟片

Reel　盤式

Reflector Flood Lamp　反射燈

Reproducibility　再生性（再生力）

Resolution　解像力（解像率）

Retrieval　檢索或檢索性

Roll No:　捲號

Roll to Roll Duplicator　捲狀軟片複製機（捲片拷貝機）

Rose, F. Clay　羅斯（人名）

Rotary Camera　輪轉式縮影機

Rotary Microfilmer　輪轉式縮影機

Rotary-Switch　　旋轉式開關

Safety Photographic Film　　安全軟片

Science　　科學或科學性

Screen　　檢示幕或顯示幕

Screen grid Display　　格位顯映幕

Seal　　密封

Second Generation Microfilm　　第二代縮影軟片

Secondary Function　　次要效用

Security　　安全或安全性

Security File　　安全檔案

Selecting　　卡片選擇

Selective Control　　複印數量控制器

Sequential Number　　連續號碼法（號碼程序法）

Sequential Number　　連續編號

Sheath　　夾套

Sheet-to-Sheet　　片對片

Silver Beherate　　二十二碳酸銀（化學名詞）

Silver Benzotriazole　　苯甲菲一氮二烯伍圜酸銀（化學名詞）

Silver Chloride Agcl　　氯化銀

Silver Densitometrie Method　　銀粒濃度法

Silver Halides　　鹵化銀

Silver Phthalate　　苯二甲酸銀（化學名詞）

Simplex　　單面

Simplex-cine Format　　單行直式

Simplex-comic Format　　單行橫式

Single Frame　　單幅

Single Page　　單頁

Sleeve　　夾套

Software　　軟體

Spaces　　空號

Speed　　速度或速度性

Splicer　　接片器

Spurlous Resolution　　虛偽解像力

Start　　開始

Step and Repeat Microfilmer　　單片式縮影機

Sub-title　　副書名

Subject Heading　　主題

Suction　　空氣吸送裝置

Symbol of Holder　　收藏單位代號

Syncro Mark-Bilp　　光電檢索標記

Technology　　技術或技術性

Terminal　　終端機

Third Generation Microfilm　　第三代縮影軟片

Time of exploration　　探測時期

Tinny plate photographic Method　　錫板照相法

Title　　標題

Title proper　　正書名

Title strip　　標題長條（標條）

Toner Metering System　　EMS 1000 型專利顯影方式

Translucent index Edge　　半透明索引邊

Translucent indexing edge 　　半透明索引邊

Trarler 　片尾

Type of Microform 　縮影形式

Ultra-fiche 　超微縮影單片

Ultraviolet light 　紫外光線

Union List of Microfilms 　縮影資料聯合目錄

Unit-Card System 　單元卡制

Unit indexing 　索引單元

Unit Record Machine 　單元紀錄機器

Unitrecord Machine 　電腦輔助機器

V-Mail 　美國Ｖ式郵件

Veaner, B. Allen 　偉納（人名）

Vertical Columns 　IBM孔卡片直欄

Vesicular Film 　氣泡軟片（又名凡士軟片）

Visionary Period 　幻想時期

Volt 　伏特（電）

Warm-Rollsers 　加熱滾軸

Watt 　瓦（電）

Xerox copyflo 　機械名稱

Zone punching positions 　主打孔位置

Zoom 　伸縮式微調裝置

二、縮影流程圖符號

　　各種縮影軟片系統作業流程圖中所用之符號，爲了使用文字强調說明作業內容，得不使用規定的系統流程圖符號（System Flowchart Symbols）加以標明。但讀者在縮影系統設計及作業時，仍宜使用流程圖符號，使能望圖生義，及表明縮影系統資料處理應經過的途徑，與運用縮影系統解決問題的步驟之詳細分析。如此可使主管業務人員容易瞭解狀況，及使操作縮影機器及電子計算機（電腦）的技術人員，有條不紊的，依照流程圖的說明，按部就班作業，使能一貫完成全程作業。

　　設計縮影系統流程圖，多採用美國標準制（United States of America Standards Institute）的流程圖符號，茲分別按圖說明如下：

1. PROCESSING 處理

Any operation on data where the operation is the execution of a defined action.

任何主要資料的處理作業步驟。

2. MANUAL OPERATION 人工作業

Offline process using human techniques and associated speeds.

使用人力技術及有限速度的線外作業。

3. DECISION 決策

A determination of direction to follow when qiven a number of alternative paths.

資料在處理程序中之分叉點，可就數種可能的資料流程方
向，選擇其中之一執行之。

4. PREDEFINED PROCESS 預定處理

A process consisting of one or more operations
that are specified elsewhere.

在開始處理資料之前，即已經決定的一種或數種處理方式。

5. OFFLINE STORAGE 線外儲存

Represents any offline storage of information rega-
rdless of the medium on which the information is
recorded : storage not under control of the central
processing unit.

代表不受電子計算機（電腦）之中央處理裝置（CUP）所
控制的任何線外儲存資料的媒介物，例如：紙質文件、卡
片、磁帶、或打孔紙帶，與各種系統之縮影軟片。

6. DOCUMENT 文件

A medium for conveying information usually in
paper form.

任何可以儲存資料的媒介物，通常係指紙質文件而言。

7. INPUT／OUTPUT 輸入／輸出：

Making information available for processing(input)
or the recording of processed information(output)
The abbreviation of input/output is I／O.

將資料收供處理（即輸入），或者紀錄已處理的資料（即
輸出），通常用簡寫 I／O 代表輸入／輸出設備之任何一
項作業。

8. PUNCHED TAPE 打孔紙帶

An I/O function in which the medium is punched tape.

一種用以儲存資料的打孔紙帶之媒介物，作爲輸入／輸出作業之用。

9. COMMUNICATION LINK 通訊聯接線

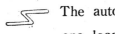

The automatic transmission of information from one location to another.

利用自動化的設備，將資料自某一處傳遞至另外一處。

10. INFORMATION FLOW 資料流程方面

△　◁
▽　▷

Indicates the direction in which information is transmitted from one location to another.

Used most often with the communication link symbol.

指出資料自某一處傳遞至另外一處的方向，通常係與通訊聯接線一起使用。

11. CONNECTOR 資料流程連接處

A means of representing on a flowchart the junction of two lines of flow or a break in a single line of flow.

代表在縮影系統或其他系統中，銜接兩組資料流程，或者一組中斷的資料流程。

12. MAGNETIC TAPE 磁帶

Representation of a medium on which data is recorded.

代表一種用以儲存或紀錄資料的媒介物。

13. AUXILIARY OPERATION 輔助作業

An offline operation performed on equipment not under direct control of the central processing unit.

使用不受中央處理裝置（CPU）直接控制的設備，所作的非線上作業。

14. PUNCHEO CARD 打孔卡片

A card that is punched with a combination of holes to represent letters, digits, or special characters.

係指一種打有代表文字，數字或符號的孔洞卡片。

15. MANUAL INPUT 人工輸入

The entry of data into a computer or system by direct manual manipulation of a device.

係指利用人工操作的機器，用作輸入資料進入電子計算機（電腦）或其他系統作業。

16. MICROFILM 縮影軟片

An information processing function in which microfilm is the medium for the recording of data.

係指一種利用縮影軟片作爲紀錄資料的媒介物，用於處理資料的作業。

17. ONLINE STORAGE 線上儲存

An I/O function utilizing auxiliary mass storage of information that can be accessed online : storage under direct control of the central processing unit.

在中央處理裝置（CUP）控制之下，利用可供儲存大量資料的輔助儲存裝置，可於線上作業時，即時取得所需資料。

18. DISPLAY 顯示

A device on which a visual representation of data is shown, e. g., online indicators, video devices, console printers. and plotters.

係指一種顯示資料的視覺裝置，例如：線上指示器，錄影裝置，控制台印表機及繪圖機等。

19. TERMINAL 起終點

A point in a system or communication network at which data can enter or leave, e. g., Start, stop, delay, or interrupt.

代表資料處理系統中或通訊網中的資料，於該處開始進入流程或離開流程之點，例如：開始點，終止點，遲延點，或停頓點。

註 釋

黃克東　縮影系統資料處理　民國五十九年　銘傳女子商業專科學校印行　p81-85.

三、參考圖書資料表

沈曾圻　顧　敏　縮影技術學　民國六十六年　技術引介社印行

吳相鏞　如何保持縮影片之品質　民國六十六年　國立中央圖書館出版品國際交換處印行　油印本

吳相鏞（主持研究人）　我國政府機關檔案資料使用縮影管理之程序及其法律地位研究　民國七〇年　行政院研究發展考核委員會編印

杜　陵（主持研究人）　建立我國縮影片國家標準及其保存年度極限之研究　民國七〇年　中華民國資料處理縮影學會編印

黃克東　縮影系統資料處理　民國五十九年　中央警官學校印行

　　　　電腦縮影名詞辭典　民國六十八年　系統出版社印行

國立中央圖書館　善本圖書微捲目錄　民國六十四～七〇年　編者印行

　　　　國立中央圖書館縮影業務概況　民國六十八年　該館出版品國際交換處印行　油印本

李德竹（Joseph Becker 著）　資訊科學概論　民國六十五年　楓城出版印行

林瑞華　卡系與資料整理　民國六十四年　撰者印行

中國圖書館學會出版委員會　圖書館學　民國六十三年　台灣學生書局印行

中華書局編輯部　圖書館學要旨　民國四十七年　中華書局印行

藍乾章　圖書館經營法　民國四十八年　中國圖書館學會印行

王振鵠　圖書選擇法　民國六十九年　國立台灣師範大學圖書館印行

顧　敏　圖書館探訪學　民國六十八年　台灣學生書局印行

金敏甫　圖書編目學　民國五十四年　正中書局印行

倪寶坤　圖書館編目學　民國五十一年　台灣中華書局印行

國立中央圖書館　國立中央圖書館中文圖書編目規則　民國四十八年
　　編訂者印行

方同生　非書資料管理　民國六十七年　弘道文化事業公司印行

中華民國資料處理縮影學會　縮影研究（第1～4輯）　編者印行

柯達縮影專刊編輯委員會　柯達縮影專刊　民國六十七年五月　柯達
　　（遠東）公司台北分公司印行

美國貝爾浩公司　縮影系統簡介　民國七十一年　方玲公司印行
　　縮影系統圖錄規格說明　方玲公司提供

美國柯達公司　縮影資料管理簡介　柯達（遠東）公司台北分公司縮
　　影系統組印行
　　縮影系統圖錄規格說明　柯達（遠東）公司台北分公司縮影系統
　　組提供

美國3M公司　縮影資料管理簡介　中國縮影公司印行
　　縮影系統圖錄規格說明　中國縮影公司提供

美國AM公司　縮影系統圖錄規格說明

美國Brumac公司　濃度計圖錄規格說明

美國Dupage公司　縮影系統圖錄規格說明

美國愛德公司　縮影系統圖錄規格說明

美國Microbra公司　縮影系統圖錄規格說明

美國Microseal公司　縮影系統圖錄規格說明

美國NB公司　縮影系統圖錄規格說明

美國Realist公司　縮影系統圖錄規格說明

英國 Imtec 公司　縮影系統圖錄規格說明

西德 Microbox 公司　縮影系統圖錄規格說明

日本 Binko 公司　顯微鏡圖錄規格說明

日本佳能公司　佳能縮影系統　台灣總代理佳能公司印行
　　縮影系統圖錄規格說明　台灣佳能公司提供

日本富士公司　縮影系統圖錄規格說明

方同生　科技資料的服務與發展　民國七十一年二月八日　中央日報
　　二版

朱小瑄　美國縮影系統一九七八年使用現況調查　民國六十八年九月
　　縮影研究專刊　p43-47.

　　文件資料建立縮影系統的評估　民國七〇年九月　縮影研究第三
　　輯　p62-66.

杜　陵　科學的資料處理——縮影　民國六十八年九月　縮影研究專
　　刊　p2-4.

　　檔案資料管理使用縮影系統作業之研究　民國七〇年九月　縮影
　　研究第三輯　p1-5.

李清志　利用縮影系統處理善本書芻議　國立中央圖書館館刊　第六
　　卷第二期　p39-42.

吳文進　資料處理的最新技術——縮影系統　民國六十八年九月　縮
　　影研究專刊　p9-12.

吳相鏞　從軟片中瞭解縮影系統　民國六十七年　中國圖書館學會年
　　刊　p89-96.

　　有關縮影片法律效力的幾項建議　民國六十七年五月　柯達縮影
　　專刊　創刊號　p15-20.

　　如何達到縮影軟片永久保藏的目的　民國六十八年九月　縮影研

究專刊　p27-42.

乾銀片技術及其使用評估　民國六十九年九月　縮影研究第二輯
p20-32.

資訊利器——電腦與縮影技術的結合　民國七〇年九月　縮影研
究第三輯　p18-26.

如何選擇縮微閱讀機及閱讀複印機　民國六十七年七月　科技新
知簡介　第四〇期　p1-7.

微縮軟片之品質要求及檢驗法　國立中央圖書館館刊　新十卷第
一期p1-17、第二期p1-7.

縮影軟片性能試驗研究　教育資料科學月刊　第十三卷第四期
p8-28.

黴菌對縮影銀粒片、重氮片及熱效應片之侵害　教育資料科學月
刊　第十四卷第一期　p19-23.

縮影複製片的原理及應用　教育資料科學月刊　第十四卷第二期
p11-14.

縮影軟片之保藏　教育資料科學月刊　第十五卷第一期　p13-
16.

重氮複製片複製性能試驗研究　教育資料科學月刊　第十五卷第
二期　p2-24.

重氮片樣品使用壽命——預估試驗　教育資料科學月刊　第十五
卷第三期　p13-21.

縮影片的品質標準　教育資料科學　第十八卷第三期　p76-86.

縮影片資料回饋與解像率及背景密度之關係研究　教育資料科學
第十九卷第一期　p37-77.

余俊傑　未來的書目：電腦編製的書目，並論柯達公司電腦輸出縮影

書目之作法　教育資料科學　第十九卷第一期　p78-110.

易强華　電腦輸出資料——縮影膠卷　國風　第一期　p24-31.

金台寶　縮影科學簡介　民國六十九年九月　縮影研究第二輯　p43-56.

馬濟美　顯微攝影與圖書館事業　圖書月刊　第一卷第一期　p11.

黃世雄　縮影資料問題之探討　民國六十九年九月　縮影研究第二輯　p4-7.

縮影媒體運用趨勢　民國七十一年四月　縮影研究第四輯　p1-5.

黃克東　縮影資料處理　局務簡訊　第五卷第六期　p54-58.

黃鴻珠　電腦與縮影捲片之關係　教育資料科學月刊　第七卷第四期　p44-45.

陳弘毅　縮影與法律問題　民國七〇年九月　縮影研究第三輯　p6-17.

張秋濤　縮影膠片對文化進步的貢獻　文星　第十六卷第六期　p30-32.

張澤民　檔案縮影管理之研究　民國六十九年九月　縮影研究第二輯　p8-10.

資訊縮影檢索的商榷　民國七〇年九月　縮影研究第三輯　p27-32.

張繼忠　資料專案處理及縮影存檔辦法　民國五十九年八月九～十日經濟日報二版

程榕寧　杜陵闡述資料縮影作業　民國七〇年十一月八日大華晚報十一版

鄭善印　縮影與證據能力　民國七十一年四月　縮影研究第四輯　p34-47.（日本　秋山茂著）

蔡　瑄　資料縮影管理的展望　民國七〇年九月　縮影研究第三輯
　　p53-55.

羅志承　八〇年代的縮影技術　民國七十一年四月　縮影研究第四輯
　　p23-30.

顧　敏　縮影資料的生成及其趨勢　新聞學報　第三期　p98-103.
　　縮影資料的基本研究　教育資料科學月刊　第六卷第五～六期
　　p20-25.第七卷第一期　p28-30.　第七卷第二～三期　p37
　　-39.

　　縮影技術的發展及其運作模式　民國六十八年九月　縮影研究專
　　刊　p5-8.

　　縮影事業與資訊工業　民國七〇年九月　縮影研究第三輯　p46
　　-52.

　　孔姆系統對資料處理的影響　第一次全國圖書館業務會議紀要
　　p161-165.

　　認識縮影資料　中國圖書館學會會報　第二十八期　p52-60.

龔玉良　貴重文件由縮影而傳遍全球　民國七十一年四月　縮影研究
　　第四輯　p33.

國際標準　工程圖與其他製圖事務所文件之縮影——第二部份：品質
　　標準與管制（ISO 3272/11-1978(E)）

　　縮影資料產品：銀鹽軟片之密度　（ISO 6200-1979(E)）

美國縮影學會（MS-104）　銀鹽第一代縮影片之品質控制與檢查

美國軍用標準（Mil-M-9868D）　3.5 ——背景濃度3.6——
　　影像之解像力

英國標準　工程圖35MM縮影資料技術　（BS 4210：Part　2：
　　1977）

銀粒感光乳劑縮影片之濃度 （BS‐5976號1980年頒定）

西德標準 銀鹽片 （ DIN 19051 第20頁）

縮影單片（Microfiche） （DIN 19054）

中國國家標準（CNS 2779 ） 計數值檢驗抽樣程序及抽樣表 民國

五十八年七月 經濟部中央標準局印行

William, Saffady. Micrographics. Littleton, Colo. Libraries untimited, inc. 1978.

Introduction to Micrographics. Published by National Micro-film Association 1974.

Micrographics Systems (Systems Analysts)

附註：未錄著者及出版事項

Microimagery Formats.

附註：未錄著者及出版事項

Franklin I. Bolnick. Micrographic retrievel-computer intec-face, Microfilm Seiences Corporation.

Jacket Systems,

附註：未錄著者及出版事項

Jacket Handbook, Published by Bell E. Howell.

" Microfilm Systems "（ TP 40143 ） Application Guide to Microfilm Systems, August 1980.

" Silver Film "（ TP 40144 ） Application Guide to Microf-ilm Systems, June 1979.

" Diazo film "（ TP 40145 ） Application Guide to Microf-ilm Systems, December 1979.

" Vesicular Film "（ TP 40146 ） Application Guide to Microfilm Systems, June 1979.

" Processing Chemistry for silver Film " (TP 40147)
Application Guide to Microfilm Systems, October 1980.

" Densitometry " (TP 40148)　Application Guide to Micro-
film Systems, April 1979.

" Resolution " (TP 40149)　Application Guide to Microfilm
Systems, April 1979.

" Quality Control " (TP 40150)　Application Guide to Mic-
rofilm Systems, January 1980.

" Processors installation and set-up " (TP 40151)　Applic-
ation Guide to Microfilm Systems, January 1980.

Positive or Negative reading films : The basis of choice
The Journal of Micrographics. Vol : 10, No : 3. January
1977.

Panorama　Published by Business Systems Markets Division,
Eastman Kodak Company. Vol : 12 : 3 , 13 : 1 - 3 , 14 : 2
- 3 , 15 : 2 , 16 : 1 .